Desenhando Ruas para Crianças

Dados Internacionais de Catalogação na Publicação (CIP)
(Simone M. P. Vieira – CRB 8ª/4771)

Global Designing Cities Initiative
Desenhando ruas para crianças / Global Designing Cities Initiative, National Association of City Transportation Officials; Tradução de Daniela Tiemi Nishimi de Oliveira. – São Paulo : Editora Senac São Paulo, 2024.

Título original: Designing Streets for Kids.
Bibliografia.
ISBN 978-85-396-4957-0 (Impresso/2024)

1. Urbanismo 2. Desenho de ruas : Urbanismo I. NACTO - National Association of City Transportation Officials. II. Oliveira, Daniela Tiemi Nishimi de. III. Título.

23-2007g CDD – 711.4
BISAC ARC010000

Índice para catálogo sistemático:

1. Urbanismo : Desenho de ruas 711.4

Desenhando Ruas para Crianças

Editora Senac São Paulo – São Paulo – 2024

ADMINISTRAÇÃO REGIONAL DO SENAC NO ESTADO DE SÃO PAULO
Presidente do Conselho Regional: Abram Szajman
Diretor do Departamento Regional: Luiz Francisco de A. Salgado
Superintendente Universitário e de Desenvolvimento: Luiz Carlos Dourado

EDITORA SENAC SÃO PAULO
Conselho Editorial: Luiz Francisco de A. Salgado
Luiz Carlos Dourado
Darcio Sayad Maia
Lucila Mara Sbrana Sciotti
Luís Américo Tousi Botelho

Gerente/Publisher: Luís Américo Tousi Botelho
Coordenação Editorial: Verônica Pirani de Oliveira
Prospecção: Dolores Crisci Manzano
Administrativo: Marina P. Alves
Comercial: Aldair Novais Pereira

Edição e Preparação de Texto: Camila Lins
Coordenação de Revisão de Texto: Marcelo Nardeli
Revisão de Texto: Caique Zen Osaka
Coordenação de Arte: Antonio Carlos De Angelis
Coordenação de E-books: Rodolfo Santana
Impressão e Acabamento: Gráfica Serrano

Título Original: *Designing Streets for Kids*
Capa: Kat Gowland
Tradução: Daniela Tiemi Nishimi de Oliveira
Revisão Técnica: Marieta Colucci Ribeiro, Eduarda Aun e Eduardo Pompeo Martins
Revisão da Tradução e Formatação Final: Affinity Translation

Av. Engenheiro Eusébio Stevaux, 823
Prédio Editora – Jurubatuba
CEP 04696-000 – São Paulo – SP
Tel. (11) 2187-4450
editora@sp.senac.br
https://www.editorasenacsp.com.br

Desenhando Ruas para Crianças

senac

NACTO

Global Designing Cities Initiative

National Association of City Transportation Officials
120 Park Avenue, 21st Floor
New York, NY 10017
www.nacto.org

Library of Congress Control Number:
2019956886
ISBN: 978-1-64283-071-2

Corinne Kisner
Diretora-executiva
da NACTO

A National Association of City Transportation Officials (NACTO) é uma associação de 81 importantes cidades e órgãos norte-americanos formada para intercambiar ideias, percepções e práticas de transporte e abordar de forma cooperativa as questões nacionais de transporte. A missão da NACTO é criar cidades voltadas para as pessoas, com opções de transporte seguras, sustentáveis, acessíveis e igualitárias, que promovam uma economia forte e uma qualidade de vida vibrante. Fazemos isso por meio da comunicação de uma visão ousada para a mobilidade urbana do século XXI e da construção de uma forte capacidade de liderança entre os agentes municipais de transporte, da capacitação de uma coalizão de cidades para liderar a política de transporte nos níveis local, estadual e nacional, e da elevação do estado da prática para o desenho de ruas que prioriza as pessoas que caminham, usam a bicicleta e o transporte coletivo.

Conselho Diretor da NACTO em 2019

Skye Duncan
Diretora
da Global Designing Cities Initiative

A Global Designing Cities Initiative (GDCI) é um programa da NACTO. Nossa missão é inspirar a mudança em direção a cidades seguras, sustentáveis e saudáveis por meio da transformação de nossas ruas. Somos um time de designers, planejadores e estrategistas urbanos comprometidos a trabalhar apoiando os profissionais da cidade para a realização dos projetos. Concentramos nossos esforços em fortalecer os agentes e comunidades locais para se tornarem agentes de mudança, equipando-os com o conhecimento, as ferramentas e as táticas necessárias para melhorar a mobilidade urbana e mudar fundamentalmente o papel das ruas em nossas cidades.

Conselho Consultivo da GDCI

Agradecimentos

Este projeto não teria sido possível sem o suporte e a orientação da Bernard van Leer Foundation, Bloomberg Philanthropies, FIA Foundation e Fondation Botnar. A equipe de projeto agradece também aos membros da Global Expert Network e a outros colaboradores internacionais. Nosso muito obrigado a Heather Boyer, da Island Press.

Equipe Principal de Projeto da GDCI

Skye Duncan
Diretora

Ankita Chachra
Gerente Sênior de Projeto

Annie Peyton
Associada Sênior de Programa

Anna Siprikova
Associada Sênior de Programa

Kat Gowland
Associada de Projeto

Comitê Consultivo

Sumário

Introdução

Nota da edição brasileira **xi**
Prefácio **xiii**
Sobre o guia **xiv**
Ruas para crianças ao redor do mundo **xvi**
Influências globais **xviii**

A

1 Focando nas crianças **2**

1.1 Princípios para ruas amigáveis às crianças **4**
1.2 Crianças e cuidadores como usuários das ruas **6**
1.3 O desenvolvimento da primeira infância **8**
1.4 As necessidades das crianças nas ruas **10**
1.5 Crise global de saúde pública **12**
1.6 Identificando os desafios **14**
1.7 Prosperando nas cidades **15**
1.8 Dez ações para melhorar as ruas para crianças **16**

B

2 Desenhando em múltiplas escalas **20**

2.1 Trabalhando em várias escalas **22**
2.2 Planejando ruas para crianças na escala da cidade **24**
2.3 Bairros para caminhar **26**
2.4 Bairros para pedalar **28**
2.5 Bairros para o transporte coletivo **30**

3 Estratégias de desenho de ruas **32**

3.0 Estratégias de desenho de ruas **34**
3.1 Melhore: atenda às necessidades básicas **35**
3.2 Proteja: projete para velocidades apropriadas **36**
3.3 Recupere: aloque espaço para as pessoas **37**
3.4 Ative: incorpore brincadeiras e aprendizagem **38**
3.5 Amplie: integre os espaços adjacentes **39**

4 Transformando as ruas **52**

4.0 Diferentes tipos de rua na cidade **54**
4.1 Ruas próximas aos principais destinos **56**
4.2 Ruas de bairro **66**
4.3 Ruas comerciais e de uso misto **74**
4.4 Avenidas **82**
4.5 Condições especiais **92**
4.6 Cruzamentos **102**

5 **Elementos de desenho de ruas** 110

5.1 Travessias de pedestres 112
5.2 Calçadas 114
5.3 Espaços de descanso e brincadeira 116
5.4 Assentos 118
5.5 Brincadeira e aprendizagem 120
5.6 Natureza e paisagismo 122
5.7 Paradas de transporte coletivo 124
5.8 Espaço cicloviário 126
5.9 Infraestrutura cicloviária 128
5.10 Elementos adicionais 130

C

6 **Como fazer a mudança acontecer** 134

6.1 Crie um plano de implementação 136
6.2 Trabalhe em conjunto com múltiplos atores locais 138
6.3 Envolva crianças e cuidadores 140
6.4 Ferramentas e métodos de engajamento 142
6.5 Demonstre as possibilidades 146
6.6 Ruas temporariamente abertas às crianças 150

7 **Expandindo** 154

7.1 Faça uma abordagem abrangente 156
7.2 Atualize as políticas públicas 160
7.3 Integre o uso do solo e a mobilidade 162
7.4 Lance programas e iniciativas eficazes 166
7.5 Aloque recursos financeiros 168
7.6 Mensure o impacto 170

Fontes 172

Agradecimentos 174
Notas 178
Referências 181
Apêndice A | Tabela de conversão 185
Apêndice B | Argumentando a favor das crianças 186
Apêndice C | Inclua as crianças em todas as políticas e planos 188
Apêndice D | Exemplos de indicadores 192

Nota da edição brasileira

Mais que um lugar de passagem, a rua é um espaço de convivência. É com isso em mente que arquitetos e urbanistas de todo o mundo têm repensado o projeto das cidades para que priorizem as pessoas, especialmente as crianças.

Este guia, elaborado pela National Association of City Transportation Officials (NACTO) e pela Global Designing Cities Initiative (GDCI), duas entidades internacionais que colocam as pessoas no centro das discussões sobre a mobilidade urbana, mostra como o desenho de ruas, ao contemplar a necessidade de crianças e seus cuidadores, pode tornar as cidades lugares mais seguros e democráticos.

Com projeto gráfico da edição original, o livro traz estudos de caso que abrangem diferentes contextos culturais, sociais e econômicos e aponta, com base em exemplos reais, alternativas e estratégias para o redesenho do espaço urbano a partir da perspectiva das crianças.

Para arquitetos, planejadores urbanos ou interessados em temas ligados à cidade, esta publicação do Senac São Paulo espera contribuir não só para a formação de profissionais com um novo olhar para o espaço urbano, mas também para que as novas gerações habitem cidades mais saudáveis e com mais qualidade de vida.

Bernard van Leer Foundation

"Este guia de desenho para crianças apoia as cidades no desenho das ruas enquanto espaços públicos de encontros sociais, igualdade e inclusão. Ele leva em consideração as necessidades específicas de bebês, crianças pequenas e cuidadores para transformar as ruas em espaços públicos que criam e promovem interações saudáveis e percursos seguros tanto para as crianças quanto para os cuidadores. Este guia oferece recomendações de desenho, construção e manutenção de ruas saudáveis, vivas, receptivas, prósperas, verdes e dignas de brincadeiras."

Cecilia Vaca Jones
Diretora de Programa da Bernard Van Leer Foundation

Bloomberg Philanthropies

"Desenhando Ruas para Crianças oferece a voz que faltava na luta por ruas melhores e mais seguras. Este guia se baseia nos esforços da Bloomberg Philanthropies para levar os projetos de segurança no trânsito aonde eles são mais necessários, não apenas para as próprias crianças, mas também para suas famílias e cuidadores."

Michael Bloomberg
Fundador da Bloomberg Philanthropies
Ex-prefeito da Cidade de Nova York

FIA Foundation

"Priorizar os direitos e a saúde das crianças nas áreas urbanas é fundamental para enfrentar a poluição do ar e os perigos viários e para promover a mobilidade ativa e com emissão zero de carbono. As crianças merecem fazer percursos seguros e saudáveis. Ao colocar as crianças no centro do desenho de ruas urbanas, este recurso apoia cidades mais seguras, limpas, verdes, igualitárias e habitáveis."

Saul Billingsley
Diretor-executivo da FIA Foundation

Fondation Botnar

"Este livro traz não somente orientações sobre como planejar e projetar ruas para crianças e jovens, mas como fazer isso com eles, de forma ativa. Levar seus pontos de vista em consideração pode adicionar novas ideias inesperadas e revigorantes para o benefício de todos nós, crianças e adultos. Além disso, a inclusão de crianças e jovens de forma significativa como os principais atores locais aumenta sua confiança e competência e permite que contribuam ativamente para a sociedade como cidadãos esclarecidos."

Susanna Hausmann-Muela
Diretora de Programa da Fondation Botnar

Prefácio

Nas cidades ao redor do mundo, as ruas são o jardim da frente para as crianças – e também seu meio básico de transporte. As crianças usam as ruas para ir à escola, encontrar amigos, dar um passeio com os pais, brincar e explorar os arredores. Mas a maioria das ruas não foi construída pensando nas crianças. Elas foram projetadas em torno dos automóveis, com largas faixas de tráfego e pouco espaço para a vida humana. Os pais e cuidadores ensinam às crianças que as ruas são locais perigosos a serem evitados e que devem ser percorridos apenas junto com um adulto. Com 1,3 milhão de mortes no trânsito por ano – sendo 20.000 delas de crianças –, os sinistros de trânsito continuam sendo uma das principais causas de morte e ferimentos no mundo e impelem as crianças e pessoas vulneráveis a ficar à margem das ruas.

Após um século de construção de infraestrutura para os automóveis, há uma revolução entre os planejadores urbanos, engenheiros e moradores para recuperar as ruas para as pessoas que não estão dirigindo. Esses espaços têm sido redesenhados com sucesso em centenas de cidades, provando que é possível transformar as ruas em lugares seguros, atraentes e economicamente vibrantes que colocam as pessoas – especialmente as crianças – em primeiro lugar. Porque ruas seguras que são boas para crianças também serão boas para pessoas de todas as idades e habilidades.

Desenhando Ruas para Crianças lidera o esforço em prol das ruas focadas nas crianças, com base no Guia Global de Desenho de Ruas e no Urban Street Design Guide, da NACTO, e nos projetos de cidades pioneiras do mundo real. O que aqui apresentamos integra o que há de melhor em diferentes países e contextos culturais para criar princípios universais para as ruas levando em conta seus usuários mais vulneráveis.

Janette Sadik-Khan,

Diretora da Bloomberg Associates
Cadeira Permanente da Global Designing Cities Initiative
Ex-comissária do Departamento de Transportes da Cidade de Nova York

Sobre o guia

Desenhando Ruas para Crianças é um suplemento do Guia Global de Desenho de Ruas, da NACTO-GDCI, que estabeleceu uma nova referência mundial para desenho de ruas urbanas. Ele se baseia no princípio segundo o qual as pessoas devem ser colocadas em primeiro lugar, com um foco particular nas necessidades específicas das crianças e de seus cuidadores enquanto pedestres, ciclistas e usuários de transporte coletivo em ruas urbanas ao redor do mundo. Este guia abrirá caminho para que as cidades implementem ruas que sejam seguras e saudáveis, confortáveis e convenientes, inspiradoras e educativas – ruas que atendam melhor a todos.

O ideal é que os dois guias sejam usados juntos, uma vez que Desenhando Ruas para Crianças fará referência a algumas ideias apresentadas no Guia Global de Desenho de Ruas. No entanto, o guia que aqui apresentamos pode ser usado de forma independente.

O guia tem como objetivos:

- Destacar a importância de desenhar ruas que abordem as necessidades de crianças e seus cuidadores.
- Compartilhar ferramentas, estratégias, exemplos de desenhos de ruas e estudos de caso de todo o mundo para que seus leitores os adaptem a seus contextos locais.
- Fornecer recomendações e orientações para o desenho de ruas.
- Inspirar líderes, orientar os profissionais e envolver as comunidades – inclusive as crianças – para entender o que é possível fazer em suas ruas urbanas.
- Ajudar seus leitores a imaginar, planejar, desenhar, construir, programar e conservar ruas que priorizem as crianças e seus cuidadores.

Guias de desenho referenciados da NACTO

Guia Global de Desenho de Ruas (Global Street Design Guide)

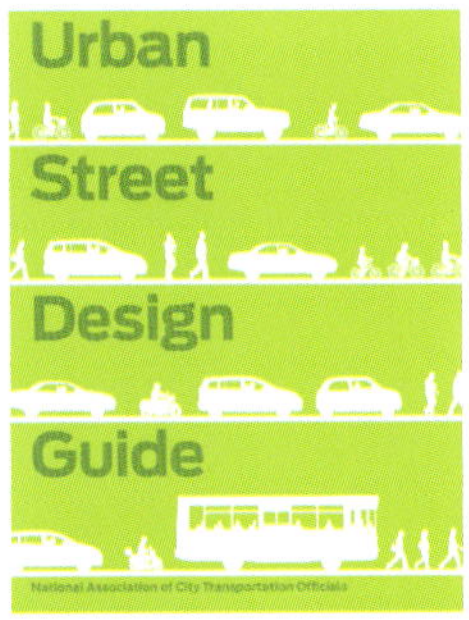

Urban Street Design Guide ("Guia de Desenho de Ruas Urbanas", sem tradução para o português)

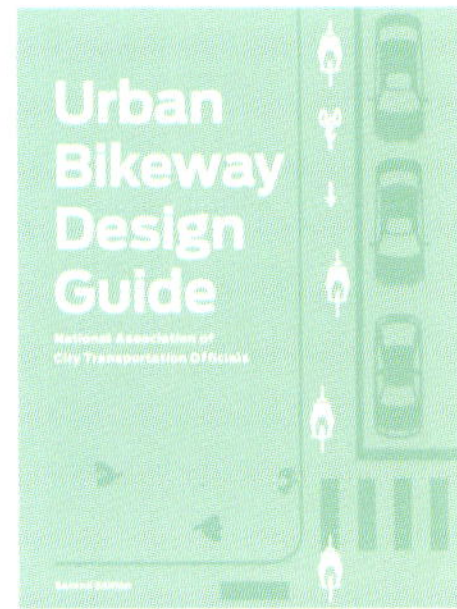

Urban Bikeway Design Guide ("Guia de Desenho de Ciclovias Urbanas", sem tradução para o português)

Transit Street Design Guide ("Guia de Desenho de Ruas de Transporte Coletivo", sem tradução para o português)

Urban Street Stormwater Guide ("Guia de Águas Pluviais para Ruas Urbanas", sem tradução para o português)

Outras publicações referenciadas da NACTO

Designing for All Ages & Abilities ("Desenhando para Todas as Idades e Capacidades", sem tradução para o português)

Blueprint for Autonomous Urbanism ("Projeto de Urbanismo Autônomo", sem tradução para o português)

Don't Give Up at the Intersection ("Não Desista no Cruzamento", sem tradução para o português)

Bike Share Station Siting Guide ("Guia de Localização de Estação de Bicicletas Compartilhadas", sem tradução para o português)

Guidelines for Regulating Shared Micromobility ("Diretrizes para Regulamentar a Micromobilidade Compartilhada", sem tradução para o português)

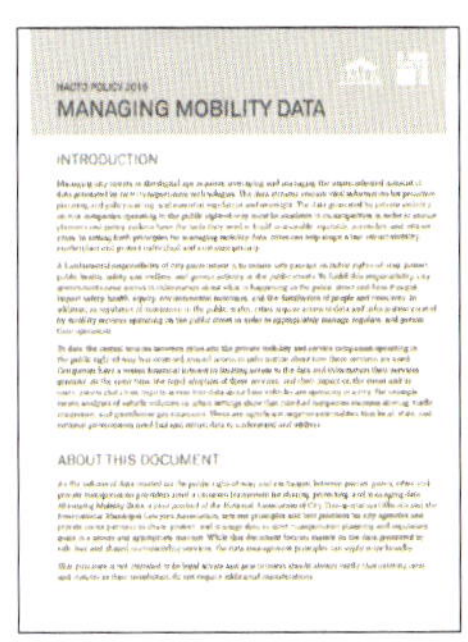

Managing Mobility Data ("Gerenciando Dados de Mobilidade", sem tradução para o português)

Ruas para crianças ao redor do mundo

Ruas desenhadas para todos

Ruas que são desenhadas considerando as necessidades das crianças e dos cuidadores atendem melhor a todos que as usam: dos adultos mais idosos às pessoas com deficiência e às fisicamente aptas. Embora globalmente as ruas urbanas variem amplamente em contexto, cultura e estética, diferentes cidades enfrentam com frequência desafios e oportunidades similares de desenho de rua. Independentemente das diferenças, portanto, os princípios de desenho de ruas e a necessidade de focar nas crianças permanecem os mesmos. De Amsterdã a Acra, de Windhoek a Wellington, as cidades precisam colocar as pessoas em primeiro lugar quando desenham ou redesenham suas ruas. As crianças são mais bem atendidas quando podem usar totalmente as ruas urbanas, e não apenas os parques e playgrounds. Ao priorizar as crianças, as ruas serão mais seguras e confortáveis, bonitas e agradáveis para todas as pessoas.

Influências globais

Estudos de caso e destaques no guia

1. Adis Abeba, Etiópia — 149
2. Amsterdã, Holanda — 72
3. Asheville, EUA — 148
4. Auckland, Nova Zelândia — 101
5. Barcelona, Espanha — 108, 125, 145
6. Bogotá, Colômbia — 109, 158
7. Boston, EUA — 45
8. Boulder, EUA — 144
9. Chennai, Índia — 169
10. Chicago, EUA — 43
11. Cidade do México, México — 45, 125, 167, 187
12. Copenhagen, Dinamarca — 46, 63
13. Detroit, EUA — 41
14. Edmonton, Canadá — 164
15. Filadélfia, EUA — 48
16. Flandres, Bélgica — 171
17. Fortaleza, Brasil — 42, 64, 129, 147
18. Friburgo, Alemanha — 161
19. Gaborone, Botsuana — 40
20. Gante, Bélgica — 148
21. Gwangju, Coreia do Sul — 50
22. Hadera, Israel — 47
23. Hanói, Vietnã — 152
24. Kuala Lumpur, Malásia — 100

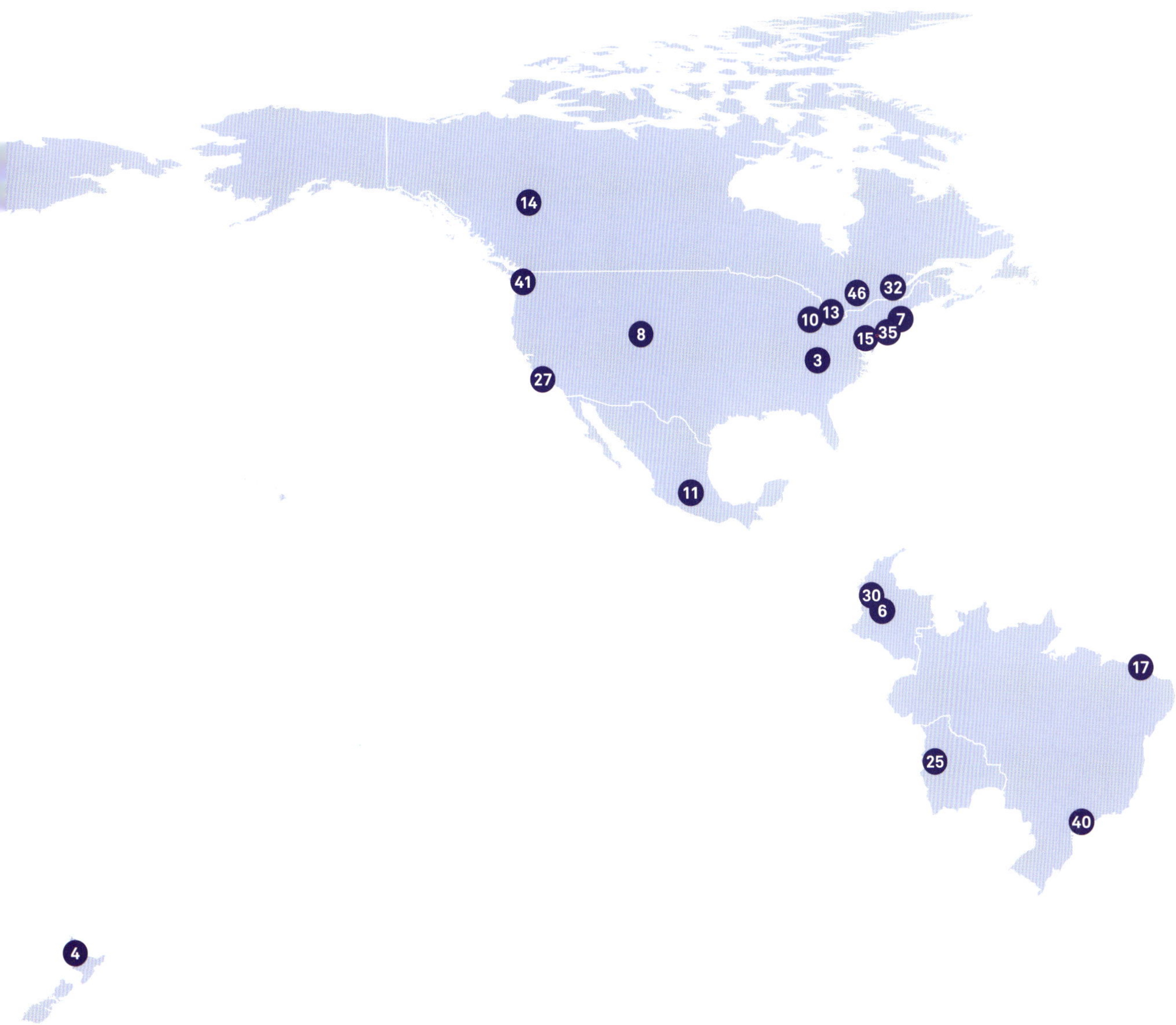

25.	La Paz, Bolívia	187
26.	Liubliana, Eslovênia	80
27.	Los Angeles, EUA	152
28.	Lusaka, Zâmbia	62
29.	Madri, Espanha	165
30.	Medellín, Colômbia	88
31.	Milão, Itália	129
32.	Montreal, Canadá	73
33.	Moscou, Rússia	89
34.	Nairóbi, Quênia	169
35.	Nova York, EUA	90, 123
36.	Oslo, Noruega	145
37.	Pontevedra, Espanha	157
38.	Reino Unido	151
39.	Roterdã, Holanda	164
40.	São Paulo, Brasil	98, 145, 153, 165
41.	Seattle, EUA	51
42.	Seul, Coreia do Sul	164
43.	Shenzhen, China	144
44.	Tbilisi, Geórgia	42
45.	Tirana, Albânia	44
46.	Toronto, Canadá	101
47.	Viena, Áustria	165
48.	Vyksa, Rússia	125

A

1 Focando nas crianças

Pune, Índia

1 Focando nas crianças

As ruas compõem a maior rede contínua de espaços públicos de uma cidade e a plataforma para a mobilidade, permitindo (ou impedindo) o acesso aos recursos urbanos. Desenhar ou redesenhar as ruas urbanas pela perspectiva das crianças nos mostra por que é necessário elevar o padrão de segurança, acessibilidade e diversão. O ambiente pode ter efeitos de longo prazo na saúde das crianças, em seu desenvolvimento físico e cognitivo e no bem-estar social. Quando as lideranças da cidade investem em um projeto de ruas que seja bom para as crianças, criam ruas que atendem melhor a todas as pessoas.

Esta seção aborda as necessidades das crianças nas ruas urbanas, os desafios que elas enfrentam atualmente e como ações de projeto específicas para crianças podem trazer amplos benefícios para todos os usuários das ruas.

1.1 | Princípios para ruas amigáveis às crianças

Ao projetar ruas para crianças, os principais objetivos e consequências devem ser a mobilidade independente e aprimorada e a qualidade dos espaços públicos. Garanta que a infraestrutura, legislações, programas e prioridades gerais da cidade estejam alinhados com os princípios centrais para moldar ruas seguras e saudáveis, confortáveis e cômodas, além de inspiradoras e educativas.

Crianças, cuidadores e outras pessoas devem ter opções eficientes e sustentáveis para se locomover pela cidade de forma mais segura, previsível e com pouco tempo de espera.

As crianças e os jovens adultos se beneficiam de uma mobilidade independente, com autonomia para caminhar, pedalar e usar o transporte coletivo, e devem se sentir seguros utilizando as ruas. Os cuidadores, por sua vez, devem ter independência quando se locomovem com crianças pequenas.

O reconhecimento das ruas enquanto espaço público pode assegurar não apenas que elas sejam lugares de deslocamento, como também espaços para descansar e passar o tempo. Para crianças e cuidadores, as ruas podem oferecer oportunidades de brincadeiras ao ar livre, inspiração, desenvolvimento pessoal e conexões interpessoais.

As ruas para crianças devem ser

SEGURAS E SAUDÁVEIS

As ruas e as opções de mobilidade devem garantir infraestruturas seguras e o acesso igualitário aos principais serviços da cidade. As ruas devem ser desenhadas de forma a eliminar ou minimizar os fatores de risco que ameacem a vida e promover o bem-estar físico e mental de crianças e seus cuidadores.

Ruas seguras e saudáveis incluem infraestrutura para pedestres contínua e acessível, instalações seguras para ciclistas e usuários do transporte coletivo, velocidades veiculares seguras, ar limpo, acesso à natureza por meio de paisagismo e arborização, oportunidades para a prática de atividades físicas e iluminação adequada.

CONFORTÁVEIS E ADEQUADAS

Os desenhos de rua que se atentam a detalhes que vão além das necessidades básicas podem incentivar crianças e cuidadores a passar mais tempo usando as ruas, tornando-as convidativas a passeios adicionais e deixando os trajetos existentes mais agradáveis. Ruas com opções de transporte coletivo e tempos de percurso confiáveis permitem que as famílias planejem suas rotinas com mais previsibilidade.

Ruas confortáveis e adequadas incluem locais de permanência para momentos de descanso ou de conexão interpessoal, opções confiáveis de transporte coletivo com orientações legíveis e indicação de horários, sombreamento e abrigos apropriados ao clima local ao longo das calçadas e nas paradas de transporte coletivo, e equipamentos como sanitários e bebedouros.

INSPIRADORAS E EDUCATIVAS

Embora a sobrevivência seja o mais importante, crianças e cuidadores devem ser capazes também de prosperar. Ruas ótimas para crianças e cuidadores são interessantes, alegres e educativas. Estas ruas servem não apenas para o deslocamento entre lugares, mas são elas próprias um destino. É fundamental que os ambientes para crianças favoreçam a aprendizagem e a inspiração. As crianças são fortemente influenciadas por seus ambientes, especialmente durante seus anos de formação.

Ruas inspiradoras e educativas são bonitas, têm espaço para aprendizagem, desenvolvimento e brincadeiras (por meio de imagens, cores, texturas e jogos) e oferecem oportunidades para a imaginação se ampliar.

1.2 | Crianças e cuidadores como usuários das ruas

O desenho de ruas para crianças deve levar em consideração suas necessidades, assim como as de todas as pessoas que interajam com elas, incluindo gestantes e idosos cuidadores. Ao mesmo tempo que as necessidades das crianças variam de acordo com suas idades e seu contexto local, também são universais.

Todas as crianças – todas as pessoas – precisam de comida, abrigo, brincadeiras, alegria e relacionamentos saudáveis com outras pessoas. As ruas podem oferecer oportunidades para atender a essas necessidades. Embora essas demandas possam variar, o que é bom para um grupo de pessoas geralmente ajuda o outro grupo. As ruas que são boas para as crianças são boas para todos.

A relação com o cuidador é importante para o desenvolvimento social e emocional da criança. O ambiente construído deve dar suporte tanto ao cuidador quanto ao ato de cuidar por meio da oferta de espaço, privacidade e oportunidades de socialização para ele e para as crianças.

Uma porção significativa da arquitetura cerebral é moldada nos três primeiros anos de vida, e é neste período que as crianças crescem e aprendem mais rápido.[1] Um ambiente rico em estímulos, como cores, padrões e texturas, é a base para desenvolver as habilidades cognitivas infantis.[2]

As gestantes podem precisar caminhar mais lentamente e necessitar de assentos, inclusive lugares prioritários no transporte coletivo, durante todos os trimestres, e não apenas quando estão visivelmente grávidas. Elas podem se locomover de bicicleta se não houver restrição médica.

Bebês e crianças pequenas dependem totalmente dos cuidadores para sua mobilidade e acesso aos serviços.

Bebês com menos de 6 meses são normalmente carregados no colo ou levados em carrinhos ou outros dispositivos sobre rodas e, muitas vezes, cochilam pelo caminho, portanto uma infraestrutura acessível é essencial. De 6 meses a 1 ano, os bebês muitas vezes querem olhar para o cuidador ou para o mundo e normalmente engatinham.

Com frequência, os cuidadores carregam muitos suprimentos para um bebê ou uma criança pequena e precisam de condições de acesso para caminhar e usar o transporte coletivo. As mudanças de nível no piso, os vãos nas superfícies das ruas e o espaço restrito dentro do transporte público reduzem significativamente sua mobilidade.

As crianças pequenas, entre 1 e 3 anos de idade, podem caminhar junto com seus cuidadores e ser levadas de bicicleta, e algumas conseguem andar de patinete ou equilibrar-se em suas próprias bicicletas, perto de seus cuidadores.

As cadeirinhas dianteiras de bicicletas são mais adequadas para crianças de 9 meses a 3 anos de idade.

1

Conforme as crianças crescem, ganham mais independência e liberdade, começando pela ida à escola com seus cuidadores, caminhando ou de bicicleta. Mas elas também podem se locomover pela cidade sem os adultos, a pé, de bicicleta ou usando o transporte coletivo, e andar sozinhas ou em grupos. Muitas crianças de 5 a 8 anos podem atravessar ruas e pedalar por espaços com tráfego de veículos muito lento ou pouco frequente.

Os adolescentes andam normalmente desacompanhados ou em grupos com pessoas de sua idade, e não com cuidadores. Eles devem poder contar fortemente com redes seguras para pedestres, infraestrutura cicloviária e de transporte coletivo para ir à escola e circular pelos lugares onde vivem. As ruas podem oferecer espaços sociais para os adolescentes, que costumam ser vistos como um incômodo e são excluídos dos parquinhos, pátios escolares e outros espaços públicos.

Muitas crianças de 3 a 8 anos andam acompanhadas por cuidadores, conseguem andar de patinete ou de bicicleta por conta própria e podem muitas vezes correr tão rápido quanto um adulto praticando corrida. Elas normalmente podem brincar com segurança nas calçadas com uma supervisão mínima, e podem aprender a atravessar alguns tipos de ruas de forma segura junto com seus cuidadores. Elas podem insistir em se mover de forma independente, mas muitas vezes se cansam rapidamente. O transporte coletivo é um modal popular para essa idade, pois a distância de suas caminhadas é geralmente menor do que a de um adulto.

Mundialmente, cuidadores são predominantemente mulheres. No entanto, os sistemas de transporte raramente são projetados em função das necessidades dessas cuidadoras ou das crianças, o que pode limitar ou impedir seu acesso aos serviços da cidade.

Entre os 8 e os 13 anos, em média, as crianças podem começar a expandir a mobilidade independente e a desenvolver habilidades para a vida por meio de atividades como ir à escola de bicicleta ou usar o transporte coletivo sozinhas, sendo possível que caminhem ou pedalem por distâncias maiores. Com seu julgamento visual aprimorado, as crianças podem usar as ciclofaixas em condições semelhantes às de um ciclista adulto iniciante e atravessar ruas maiores por conta própria. Elas também podem começar a atuar como cuidadoras de irmãos mais novos ou de outras crianças.

1.3 | O desenvolvimento da primeira infância

O estímulo ao desenvolvimento cerebral saudável nos primeiros anos de vida de uma criança estabelece uma base sólida para seu futuro, fornecendo as peças necessárias para conquistas educacionais, produtividade econômica, cidadania responsável, saúde ao longo da vida, comunidades fortes e parentalidade bem-sucedida para as futuras gerações.[3]

Ao criar um ambiente que seja seguro, alegre, bonito e que encoraje a conexão entre as pessoas, o desenho de rua pode incentivar o desenvolvimento saudável de bebês, abrindo caminho para que eles se tornem crianças saudáveis, adolescentes saudáveis e adultos saudáveis.

O desenvolvimento do cérebro humano

O cérebro de uma criança cria mais de um milhão de novas conexões neurais por segundo. As primeiras experiências de vida, particularmente entre o nascimento e os 3 anos de idade, influenciam quais conexões serão reforçadas, estabelecendo uma base sólida para futuras funções cerebrais de nível superior, e quais conexões serão limitadas, podendo restringir as possibilidades de desenvolvimento dessa criança.[4]

Estas conexões reforçadas e limitadas formam a base da arquitetura cerebral, desenvolvendo funções importantes como a audição, a linguagem e as habilidades cognitivas. O cérebro se desenvolve em interação com seu ambiente e com os aportes que recebe.

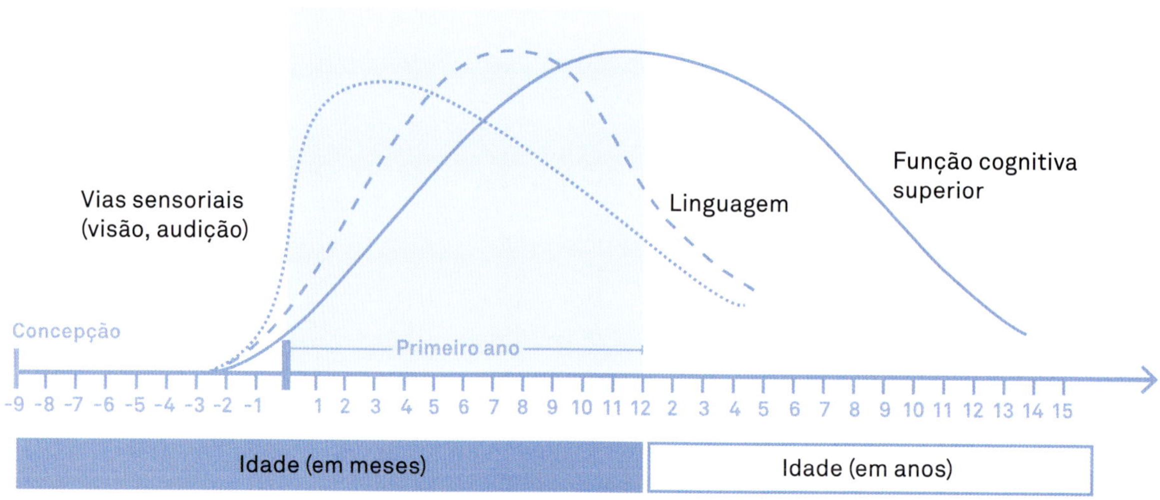

O tempo do desenvolvimento cerebral é genético, mas as primeiras experiências determinam se os circuitos serão fortes ou fracos. As conexões neurais para diferentes funções se desenvolvem em sequência: primeiro, são as vias sensoriais que dão suporte à visão e à audição básicas, seguidas pelas habilidades iniciais de linguagem e pelas funções cognitivas superiores.

Os circuitos cerebrais mais complexos têm como base os circuitos iniciais mais simples. O estímulo ao desenvolvimento saudável do cérebro durante os primeiros anos estabelece uma base sólida para a vida futura.
(Adaptado de Center on the Developing Child [Centro para a Criança em Desenvolvimento] da Universidade de Harvard.)

Moldando ruas para o desenvolvimento cerebral saudável

O ambiente onde os bebês e as crianças pequenas passam seu tempo pode influenciar fortemente suas experiências diárias e contribuir para a saúde e o bem-estar geral, tanto das crianças quanto de seus cuidadores. Além de moradias, instalações de serviços de saúde, creches, escolas, parques e playgrounds, as ruas oferecem uma importante oportunidade espacial para vivenciar ambientes seguros, saudáveis e estimulantes, que podem promover o desenvolvimento saudável do cérebro.

Ruas para crianças saudáveis

REDUZA AS FONTES DE ESTRESSE

Embora alguns níveis de estresse sejam parte importante do desenvolvimento de um bebê, em excesso podem enfraquecer a arquitetura do cérebro em desenvolvimento e afetar também os níveis de estresse e de bem--estar mental dos cuidadores. Ruas bem desenhadas podem minimizar os riscos adicionais de mortes e ferimentos no trânsito, reduzir a exposição a níveis extremos de poluição sonora e do ar e promover a saúde mental e o bem-estar de maneira geral.

INCENTIVE OS RELACIONAMENTOS RESPONSIVOS

Os bebês e seus cuidadores interagem entre si por meio de expressões faciais, gestos, conversas, sons e sorrisos. Estas interações de duas vias são essenciais para reforçar as conexões cerebrais nos primeiros anos de vida. Ao oferecer espaços públicos convidativos e de alta qualidade, as ruas urbanas podem promover essas importantes interações e dar suporte à construção do relacionamento entre as crianças pequenas e seus cuidadores.

FORTALEÇA AS HABILIDADES VITAIS CENTRAIS

Circuitos e conexões cerebrais são reforçados por meio do uso repetido, e o ambiente infantil determina quais destes circuitos e conexões se fortalecem.[5] Ruas bem desenhadas podem estimular as crianças pequenas a aprender e a brincar, o que ajuda a desenvolver habilidades e funções cognitivas durante suas jornadas diárias.

1.4 | As necessidades das crianças nas ruas

OPÇÕES CONFIÁVEIS DE MOBILIDADE

Oferecer opções de mobilidade seguras, confiáveis e integradas significa melhorar o acesso aos principais destinos e aos importantes serviços que crianças, cuidadores e famílias necessitam em seu cotidiano, inclusive os trajetos que ocorrem fora dos horários de pico e para destinos diversos. A capacidade de deslocar-se pelo ambiente local é fundamental para que as crianças amadureçam, se desenvolvam e ganhem confiança e senso de autonomia. A mobilidade independente é importante para todas as crianças, inclusive aquelas com deficiências, pois as prepara para uma vida autônoma quando adultas.

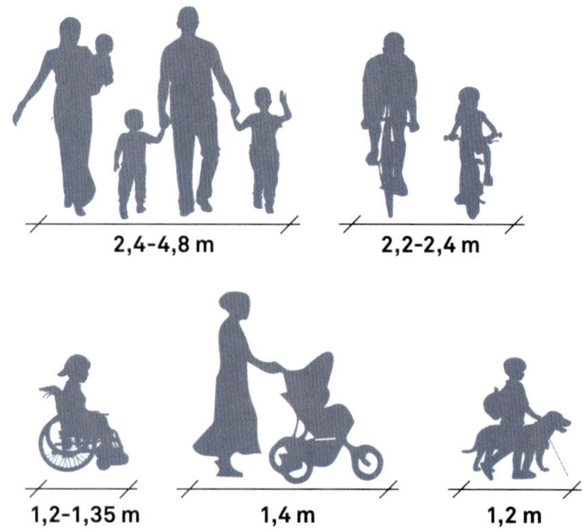

ESPAÇO

As crianças pequenas são acompanhadas por cuidadores. Elas podem estar em carrinhos de bebê ou ser carregadas no colo, ou andar de mãos dadas ou de bicicleta lado a lado com seus cuidadores, o que permite a comunicação e conexão entre eles. As brincadeiras infantis espontâneas também requerem mais espaço. Quando as calçadas são estreitas, os cuidadores podem restringir a circulação a distâncias seguras ou os espaços para brincar, correr ou pular; já calçadas mais largas e áreas sem carros permitem às crianças mais liberdade para brincar e desenvolver sua independência.

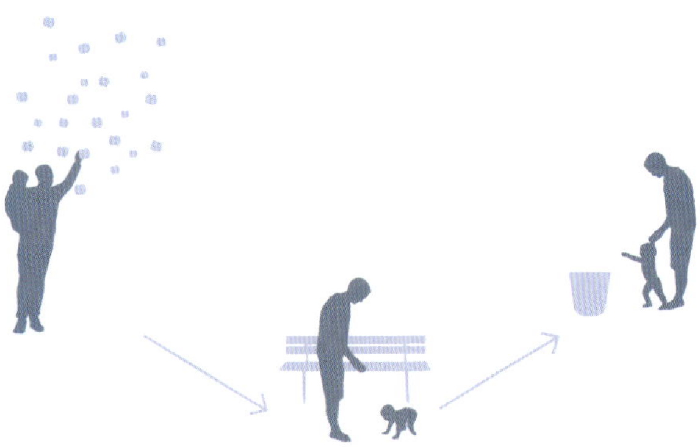

LUGARES DE DESCANSO E PERMANÊNCIA

Em comparação aos adultos, as crianças pequenas normalmente andam mais devagar e se cansam com mais facilidade. Tanto elas quanto seus cuidadores precisam de locais para descansar, comer e se reagrupar ao longo do caminho. Um cuidador carregando uma criança no colo ou levando-a em um carrinho pode caminhar em ritmo diferente. Os lugares de descanso e permanência oferecem às crianças e cuidadores, assim como a outros adultos, um espaço apropriado para repousar enquanto usam o espaço público. Estes espaços podem convidar às interações sociais e incentivar as famílias a usar as ruas por períodos de tempo mais longos.

INTERAÇÃO SOCIAL

As conexões entre as células nervosas do cérebro são formadas toda vez que uma criança interage com seu ambiente ou com outras pessoas. O cérebro está mais flexível nos primeiros cinco anos de vida, tornando este um período crítico para o aprendizado e o crescimento. Ruas bem desenhadas incentivam que essas experiências cotidianas promovam interações e conexões sociais mais significativas entre as crianças, os cuidadores e seus ambientes.[6]

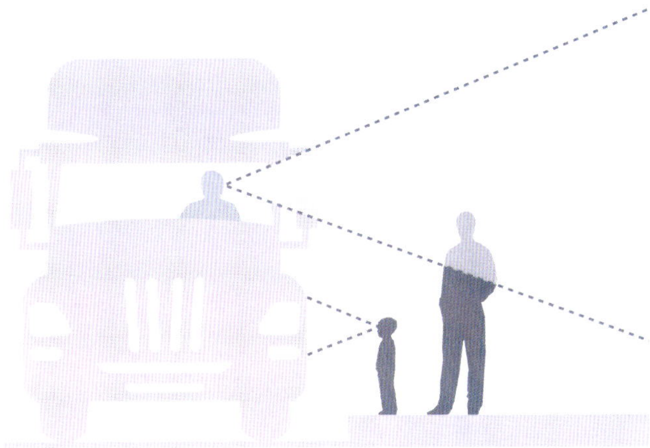

VISIBILIDADE

A altura média de uma criança de 3 anos é 95 cm, portanto sua visão e experiência do mundo são diferentes da de um adulto. Elas estão mais próximas do que os adultos dos escapamentos veiculares, de instalações prediais, dos cestos de lixo, do pavimento e de outros detalhes, vivenciando-os mais intimamente por conta de sua altura. As crianças também são menos visíveis aos condutores de carros e caminhões, cujo design muitas vezes não leva em consideração sua estatura nem a de outros usuários.

BRINCADEIRA E APRENDIZAGEM

Brincar é fundamental para o desenvolvimento das crianças porque aumenta os níveis de atividade física, melhora as habilidades motoras e incentiva a socialização e a criatividade. As ruas oferecem oportunidades de trazer a aprendizagem e a brincadeira à vida cotidiana das crianças, seja caminhando por uma calçada ou aguardando em uma parada de transporte coletivo. As brincadeiras não estruturadas surgem de interações intencionais com os ambientes cotidianos e favorecem a imaginação, o desenvolvimento cognitivo e a resiliência ao possibilitar que as crianças assumam a liderança e tomem decisões.[7]

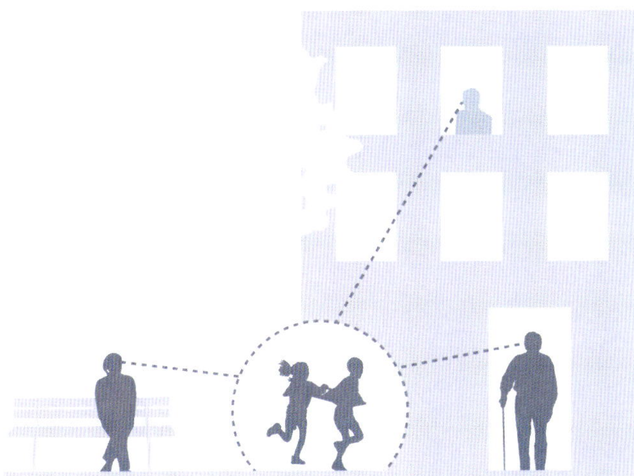

SEGURANÇA

As percepções, atitudes e crenças dos cuidadores têm impacto significativo sobre as crianças. Se os cuidadores se sentem inseguros ao usar as ruas, é menos provável que deixem as crianças se moverem de forma independente ou que se aventurem a sair com elas. A limpeza, a prática de velocidades veiculares seguras, o desenho da rua e a segurança fornecida por uma calçada ou um espaço público ativo, mas não excessivamente lotado, são fatores importantes que influenciam a percepção de segurança do cuidador.

AMBIENTE SAUDÁVEL

Em comparação aos adultos, as crianças têm o corpo e o cérebro menos desenvolvidos e mais vulneráveis aos ambientes que habitam. Para promover sua saúde e desenvolvimento, é necessário um ambiente no qual os riscos viários insalubres, como a violência no trânsito, a poluição do ar e os ruídos excessivos, sejam minimizados enquanto as oportunidades de aprendizagem e as conexões saudáveis sejam incentivadas.

1.5 | Crise global de saúde pública

Os principais desafios que as crianças enfrentam nas cidades provêm do entorno ou são exacerbados por ele. Sinistros de trânsito, poluição do ar ambiente, problemas de saúde mental, falta de atividade física e outras questões são agravadas por um desenho de rua que priorizou consistentemente os veículos motorizados em relação às pessoas e aos meios de transporte sustentáveis. Essas ameaças afetam todas as crianças, mas são particularmente severas para as de regiões de baixa renda.[8]

Em todo o mundo, **500 crianças morrem por dia** em sinistros de trânsito.[9]

As lesões causadas no trânsito são a **principal causa de morte** entre pessoas de 5 a 29 anos de idade.[10]

SINISTROS DE TRÂNSITO

Estudos têm evidenciado uma clara relação entre a velocidade dos veículos e a morte de pedestres, mostrando que não deveriam ser permitidas velocidades superiores a 30 km/h em ruas urbanas.[11] As crianças, que têm corpos menores e mais frágeis, correm riscos mais altos de morrer em sinistros de trânsito a qualquer velocidade.

Cerca de **127.000 crianças de até 5 anos de idade morrem por ano** ao redor do mundo devido à poluição atmosférica.[12]

POLUIÇÃO ATMOSFÉRICA

A poluição do ar ambiente tem consequências significativas sobre a saúde de todos os moradores de áreas urbanas e afeta particularmente as crianças e os fetos em gestação, que são mais sensíveis ao ambiente. As crianças inalam de três a cinco vezes mais ar por quilo corporal que os adultos, e os nascituros podem ser afetados pela poluição do ar ainda no útero.[13] O tráfego viário e o design de alguns veículos por vezes favorecem níveis perigosamente altos de poluição do ar.

Para as crianças, a exposição à poluição sonora pode levar à **inabilidade de concentração, ao aumento dos níveis de estresse** e à **redução da função cognitiva.**[14]

ESTRESSE MENTAL

Níveis elevados de poluição sonora e luminosa podem causar o aumento nos níveis de estresse, a interrupção do sono e a piora no desenvolvimento cognitivo. Um desenho de ruas precário desencoraja as pessoas a usá-las, aumentando assim o isolamento social e reduzindo as oportunidades para crianças e cuidadores construírem laços sociais, que atuam como atenuadores contra o estresse mental.

81% dos adolescentes (dos 11 aos 17 anos) ao redor do mundo **são insuficientemente ativos fisicamente.**[15]

FALTA DE ATIVIDADE FÍSICA

Ruas que são hostis aos pedestres, ciclistas e usuários de transporte coletivo e carecem de opções de mobilidade confiáveis ou seguras podem incentivar os cuidadores a levar as crianças à escola e a outras atividades de carro, promover estilos de vida sedentários e privar as crianças de uma mobilidade independente e de oportunidades para brincar. O número de crianças e adolescentes obesos aumentou em dez vezes desde os anos 1970.[16]

1.6 | Identificando os desafios

Ruas com fontes de risco e estresse ameaçam crianças e cuidadores com condições perigosas e reduzem as oportunidades diárias de aprendizagem e construção de relacionamentos saudáveis.

Analise como os fatores de risco aqui identificados podem contribuir para gerar desafios específicos em um bairro ou cidade e como a melhoria do desenho de rua pode abordar tais fatores.

TRÁFEGO EM ALTA VELOCIDADE

O tráfego em altas velocidades, frequentemente incentivado por projetos de ruas que priorizam os carros e permitem tais velocidades, aumenta muito o risco e a gravidade das colisões.

FALTA DE INFRAESTRUTURA

A ausência de lugares seguros para caminhar ou pedalar força as crianças a se deslocarem por lugares inseguros nas ruas urbanas.

POLUIÇÃO SONORA

Os ruídos em áreas urbanas, incluindo buzinas e veículos em marcha lenta ou em aceleração, aumentam o estresse mental. Ruas com maior volume de veículos e velocidades mais altas tendem a ser mais ruidosas.[17]

FALTA DE CONTATO COM A NATUREZA

Ruas com nenhuma ou muito poucas árvores e espaços verdes não apenas carecem de sombras, como também de oportunidades para a interação com a natureza. O contato com a natureza tem demonstrado aumentar o bem-estar físico e emocional.

BAIXA VISIBILIDADE

A ausência ou a má qualidade de demarcações, os pontos cegos devidos ao projeto precário da rua e a falta de iluminação adequada contribuem para a baixa visibilidade de pedestres e ciclistas por parte dos motoristas, aumentando o risco de colisões.

DESIGN DE VEÍCULOS

As emissões veiculares afetam a saúde respiratória. Ainda, pedestres atingidos por carros grandes, como SUVs, correm significativamente mais risco de vida ou de ser gravemente feridos.[18] Devido à altura desses veículos, é mais difícil para o motorista enxergar os pedestres, especialmente as crianças.

GESTÃO PRECÁRIA DE ÁGUA

Os problemas com a gestão da água ou inundações podem ser causados por infraestrutura deficiente e excesso de superfícies impermeáveis. Áreas com água parada podem causar doenças de origem hídrica em pessoas que vivem nas proximidades, e o manejo inadequado da água pode impedir a mobilidade de pedestres e ciclistas.

FALTA DE MANUTENÇÃO

A falta de limpeza e de coleta geral de resíduos nas ruas pode causar problemas para as crianças, que ficam mais próximas do chão e são mais propensas a tocar em coisas que encontram nas ruas.

QUESTÕES DE SEGURANÇA PESSOAL

Condições inseguras, ou a falta de segurança percebida por crianças e cuidadores, podem ser agravadas por lugares desertos, sujos e sem manutenção.

ILHA DE CALOR URBANO

Vastas áreas asfaltadas e outras superfícies impermeáveis em áreas urbanas contribuem para o aumento das temperaturas, o chamado efeito ilha de calor urbano. Isso é agravado onde há falta de sombreamento. Esse extremo desconforto afeta particularmente as crianças e os adultos mais idosos.

FALTA DE OPÇÕES DE MOBILIDADE

A ausência de opções seguras de mobilidade frequentemente leva à dependência de veículos particulares, os quais, por sua vez, levam a estilos de vida sedentários. Foi percebido que o acesso ao transporte público, à infraestrutura cicloviária e a instalações recreativas de baixo custo está intimamente associado à atividade física.

1.7 | Prosperando nas cidades

1

Assim como um desenho de rua precário pode prejudicar as crianças, um bom desenho pode protegê-las, melhorando sua saúde e inspirando-as a aprender e a brincar em seus anos de formação. Ao melhorar o ambiente das ruas para as crianças, as cidades podem atingir padrões de alto nível de segurança, conforto e beleza, tornando esses espaços melhores para as pessoas de todas as idades e habilidades. O desenho de rua que considera o público infantil tem amplos benefícios que afetam positivamente todos os moradores de áreas urbanas – não apenas as crianças.

SALVANDO VIDAS

Um desenho de ruas aprimorado levará a menos fatalidades e lesões causadas por sinistros de veículos motorizados entre todas as pessoas, não apenas as crianças. As lesões causadas no trânsito têm um alto custo financeiro e social, e isso recai desproporcionalmente sobre pedestres, ciclistas e motociclistas, em particular aqueles de países em desenvolvimento.

MOBILIDADE EFETIVA

Crianças e cuidadores têm diferentes necessidades de mobilidade e podem fazer mais trajetos interligados fora do horário de pico. A oferta de infraestrutura e de opções de mobilidade que acomodem a necessidade de múltiplas paradas e modais em um único trajeto pode ter impactos de amplo alcance. A priorização de alternativas sustentáveis sobre o uso de veículos privados motorizados – como o transporte coletivo frequente, eficiente e confiável, o compartilhamento de bicicletas, uma infraestrutura cicloviária segura e uma rede acessível de percursos a pé – melhorará o acesso à cidade, tornando-a mais igualitária e desejável para todos.

SAÚDE FÍSICA E MENTAL

Todos os anos, pessoas morrem ou sofrem de doenças crônicas relacionadas à má qualidade do ar ou à falta de atividade física. As ruas urbanas podem incentivar a melhoria da saúde física e mental ao fornecer opções de transporte sustentáveis e ativas, criar espaços públicos convidativos e incorporar elementos da natureza.[19] Quando bem desenhadas, as ruas podem melhorar significativamente os efeitos a longo prazo sobre a saúde, reduzir os ataques de asma e doenças pulmonares, diminuir o estresse e melhorar o bem-estar físico e mental.

OPORTUNIDADES ECONÔMICAS

As ruas que priorizam o transporte sustentável movimentam mais pessoas usando um espaço do mesmo tamanho, portanto a infraestrutura atende a um contingente maior. Os trajetos podem ser mais rápidos, dando aos cuidadores mais tempo para passar com suas crianças e para acessar seus locais de trabalho. As cidades que investem em infraestrutura, como em ruas mais seguras para pedestres e ciclistas, economizam com cuidados em saúde para os cidadãos em despesas de longo prazo: a atividade física na infância leva a uma vida adulta mais saudável.[20] Finalmente, ruas seguras, bonitas e inspiradoras convidam crianças e cuidadores a se movimentarem e a passar mais tempo nesses espaços, inclusive em áreas comerciais.

CONEXÕES SOCIAIS

A qualidade de vida de uma cidade está diretamente relacionada à forma como suas ruas possibilitam à população se conectar a lugares e pessoas importantes para sua vida. As ruas podem incentivar as interações sociais, criar comunidades mais fortes e seguras e melhorar a igualdade social. Ruas bem desenhadas – que são seguras, confortáveis e inspiradoras – melhoram a qualidade de vida dos usuários de todas as idades e habilidades. Ruas que deslocam pessoas com eficiência e que são bonitas, limpas e acolhedoras fazem a população se sentir importante e acolhida por sua cidade.

RESILIÊNCIA AMBIENTAL

A criação de melhores espaços na rua para o transporte coletivo, os ciclistas e os pedestres catalisa a alteração modal, o que é importante para reduzir as emissões relacionadas ao transporte. Além disso, a escolha de meios de transporte eficientes pode ajudar a liberar espaço na rua, que pode ser usado para adicionar paisagismo, arborização e sistemas de águas pluviais e melhorar a biodiversidade. Focar nas crianças e cuidadores nas cidades envolve a criação de oportunidades para as crianças interagirem com a natureza e com os elementos naturais.

1.8 | Dez ações para melhorar as ruas para as crianças

Os desafios enfrentados por crianças, cuidadores e muitas outras pessoas nas ruas urbanas são idealmente contornados por meio de uma combinação holística de desenho e políticas públicas. No entanto, algumas ações específicas podem ajudar tanto no início da abordagem desses desafios quanto ao longo do processo contínuo de melhoria e redesenho das ruas urbanas. A seguir estão listadas algumas ações importantes.

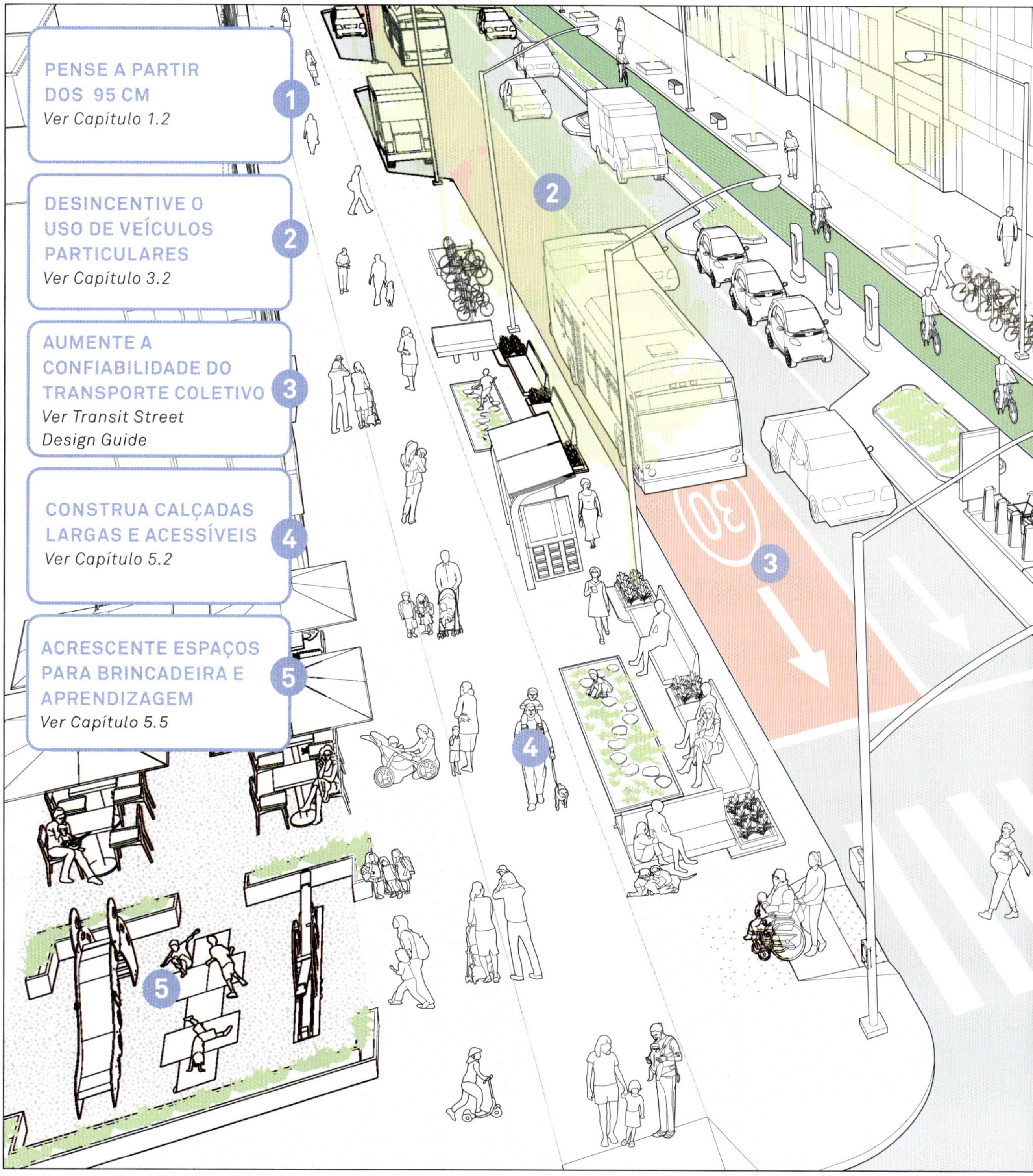

1

6 FORNEÇA UMA INFRAESTRUTURA CICLOVIÁRIA SEGURA
Ver Capítulo 5.9
7 MELHORE AS TRAVESSIAS DE PEDESTRES
Ver Capítulo 5.1
8 REDUZA INTENCIONALMENTE AS VELOCIDADES
Ver Capítulo 3.2
9 ADICIONE ARBORIZAÇÃO E PAISAGISMO
Ver Capítulo 5.6
10 PRIORIZE AS CRIANÇAS NAS POLÍTICAS PÚBLICAS
Ver Capítulo 7

B

2 Desenhando em múltiplas escalas
3 Estratégias de desenho de ruas
4 Transformando as ruas
5 Elementos de desenho de ruas

Fortaleza, Brazil

2 Desenhando em múltiplas escalas

Ruas de sucesso contemplam as diferentes escalas de projeto que moldam e constroem o ambiente, desde a política pública e o planejamento, na escala da cidade, até o nível do detalhe, que compreende a altura dos bancos e dos meios-fios. As cidades têm ferramentas poderosas para redefinir a forma como suas redes de ruas operam e quais ruas servem a quais propósitos. Nem todas as soluções que ajudam a criar ruas ótimas para crianças e cuidadores estão restritas ao desenho físico. As ruas que atendem com sucesso às crianças são resultado do desenho geométrico, das mudanças operacionais e do planejamento de rede e são apoiadas por fortes políticas de planejamento, programas guiados por objetivos e orientações de desenho.

2.1 | Trabalhando em várias escalas

O planejamento e a implementação de ruas devem levar em conta múltiplas escalas de projeto e ser permeados por diversas disciplinas. Da escala da cidade à escala humana, existem várias formas de os planejadores, designers, engenheiros e outros profissionais intervirem no ambiente construído para criar ou redesenhar ruas melhores para crianças e cuidadores. O desenho de sucesso em uma escala é apoiado pelo alinhamento de esforços em outras escalas.

2.2 | PLANEJAMENTO MUNICIPAL E REGIONAL

Desenhar ruas para crianças na escala municipal ou regional significa assegurar que o planejamento do transporte esteja coordenado com o uso do solo e o zoneamento. É importante identificar onde as crianças vivem, de quais serviços elas precisam e usar essas informações para planejar em prol do acesso igualitário às opções de mobilidade e serviços.

Esta escala de desenho é frequentemente trabalhada pelos órgãos de governo municipais ou regionais por meio de planejamento, políticas públicas e programas. Os órgãos governamentais, os investidores privados e as organizações locais devem alinhar seus esforços para priorizar as crianças. É importante estabelecer uma visão forte da cidade como um todo, que priorize as necessidades das crianças, e incorporar esta visão em todas as políticas de planejamento, metas de quota modal, investimentos em transporte coletivo, alocação de recursos e decisões de projeto.

Planos abrangentes para o transporte coletivo, as bicicletas e as redes de pedestres devem ser desenvolvidos na escala da cidade e implementados na escala do bairro em resposta às condições locais. As ruas podem constituir até 80% do total do espaço público de uma cidade, e as decisões tomadas nesta escala mais ampla têm grandes impactos sobre a saúde e a qualidade de vida geral das crianças e famílias por muitas gerações.[1] *Para mais informações, ver Seção C.*

2.3 | ESCALA DO BAIRRO

O desenho de rua na escala do bairro se concentra em quão facilmente crianças e cuidadores podem acessar diariamente os principais destinos e serviços, como escolas, creches, parquinhos, parques, serviços de saúde e opções de comida saudável. Envolve também identificar nas redes viárias oportunidades para a criação de novos espaços públicos de qualidade e que ofereçam experiências próximo a seus lares.

As ruas são os canais que unem as comunidades e devem ser redesenhadas para atender às necessidades e contextos das comunidades locais. Cada bairro tem diversas tipologias de ruas, que variam em tamanho, atendem a diferentes necessidades e podem ter diferentes prioridades. Nesse conjunto diversificado de ruas, é importante desenvolver desenhos que garantam que as instalações para caminhada, bicicletas e transporte coletivo tenham prioridade sobre os caminhos expressos para veículos particulares. Identifique áreas ou ruas que possam ser fechadas aos veículos privados ou onde seu acesso possa ser limitado e abra-as às pessoas. Isto ajudará a melhorar a segurança viária, reduzirá a exposição à poluição do ar e sonora e criará novos destinos nos bairros.

2.4 | ESCALA DA QUADRA

O desenho de ruas na escala da quadra possibilita fazer considerações mais sutis sobre o contexto local para orientar as decisões de projeto. A mesma rua pode ter seu desenho ajustado ao longo de várias quadras em uma cidade ou bairro, dependendo da densidade e do uso dos edifícios adjacentes, do volume de pessoas que caminham, usam bicicleta ou o transporte coletivo, das necessidades de carga e descarga das empresas locais, dos desafios relacionados à gestão de água ou da carência de espaço público naquela localidade. As dimensões da via (o espaço total entre os limites das propriedades) informam como o espaço pode ser distribuído entre os diferentes meios de transporte e as outras funções ou atividades na rua.

Os principais destinos e negócios locais, como escolas, creches, serviços de saúde, áreas comerciais, restaurantes e parques, orientam o desenho e as decisões operacionais da quadra específica onde estão localizados. As decisões podem incluir os locais onde adicionar travessias de pedestres seguras, as diferentes formas de gerenciar a zona do meio-fio em diferentes horários do dia, os locais onde criar ruas compartilhadas ou ruas exclusivas para pedestres e formas de priorizar o transporte coletivo e o uso de bicicletas quando o espaço for limitado.

Avalie com cuidado as condições locais para assegurar que o desenho no nível da quadra responda ao esperado. *Para mais informações, ver Capítulos 3 e 4.*

2.5 | ESCALA DO DETALHE

Desenhar na escala do detalhe significa desenhar na escala humana. As crianças vivenciam a rua a partir de alturas e velocidades diferentes das dos adultos, o que significa que elas podem também vivenciar os detalhes de forma mais íntima. O desenho de ruas nas escalas da cidade, do bairro e da quadra é favorecido pelo emprego correto dos detalhes. Uma calçada sem uma travessia de pedestres ou sem uma rampa tornará a caminhada uma opção pouco segura para as crianças, mas um novo mural em uma parede-cega pode provocar uma conversa entre uma criança e seu cuidador, assim como um banco bem instalado pode proporcionar um descanso muito necessário e marcações padronizadas em postes podem ajudar uma criança a aprender a contar. *Para mais informações, ver Capítulo 5.*

Ao redesenhar ruas, é importante identificar as áreas para melhorias específicas ou acréscimo de comodidades e revisar cuidadosamente os projetos e dimensões antes da construção, de forma a garantir que todos os caminhos livres, raios de conversão, posicionamentos e larguras gerais estejam adequados. Coordene-se com os órgãos de paisagismo e serviços públicos para garantir que os padrões de projeto sejam atendidos e para planejar a manutenção contínua. Atualize os códigos, manuais e práticas de desenho de ruas-padrão para garantir que cada detalhe esteja a serviço de ruas seguras, acessíveis e confortáveis.

2.2 | Planejando ruas para crianças na escala da cidade

Mais de um bilhão de crianças vivem atualmente nas cidades e, até 2050, 70% da população mundial viverá em áreas urbanas.[2] O bem-estar e a segurança das crianças podem ser motivos efetivos para unir os formuladores de políticas públicas em torno da definição de uma visão forte de uma cidade para as crianças. Enquanto algumas cidades competem globalmente em termos de habitabilidade, outras se esforçam para fornecer um ambiente urbano seguro, próspero e saudável para todas as famílias. Embora o acesso à moradia, à água, ao saneamento básico e à educação seja fundamental para o bem-estar das crianças, ou fator importante para a habitabilidade urbana é determinado pelas opções de mobilidade oferecidas pelas ruas, pela facilid com que as famílias podem acessar os serviços locais e pela qualidade geral do espaço público.

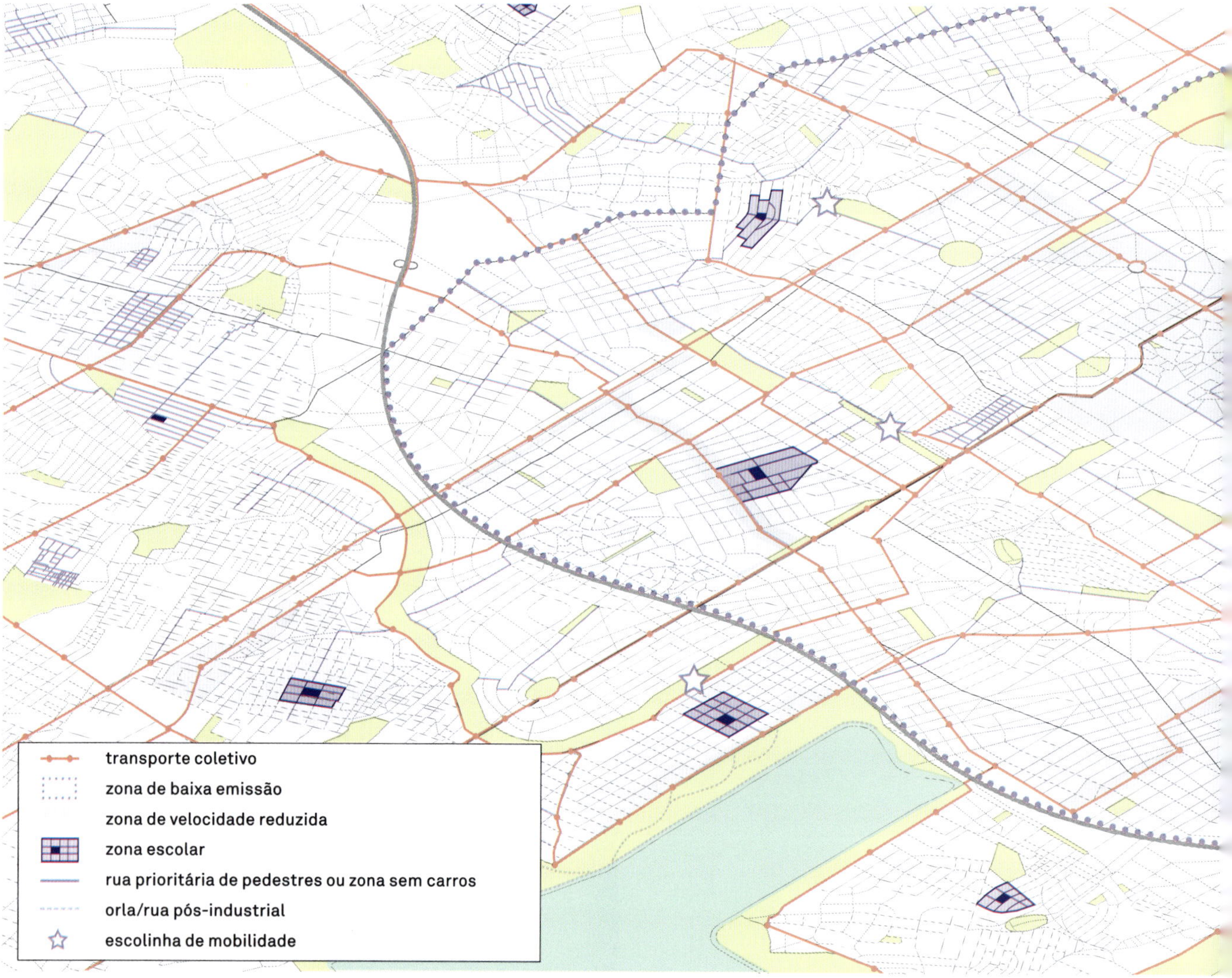

Programe e agrupe os principais serviços e destinos para reduzir o encadeamento de viagens e a duração dos trajetos para cuidadores e crianças.

Reduza os limites de velocidade em toda a cidade e implemente zonas de velocidade reduzida em bairros residenciais e no entorno de escolas, hospitais e outros destinos com grandes volumes de crianças e cuidadores.

Introduza zonas de baixa emissão no centro das cidades ou em torno dos principais destinos para crianças e famílias.

Identifique áreas para implantar ruas e regiões prioritárias para pedestres/sem carros ou zonas de acesso limitado de veículos no centro das cidades ou em outras áreas com grande volume de pedestres.

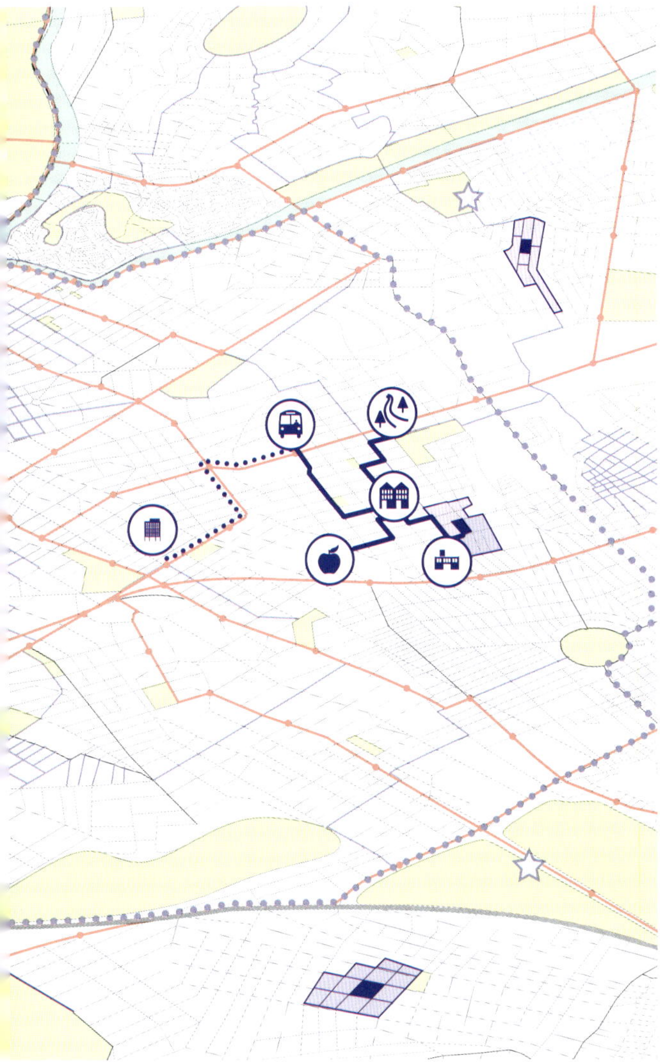

Identifique o potencial inexplorado em regiões de orla ou distritos pós-industriais para melhorar o acesso de crianças e famílias.

☆ Forneça escolinhas de mobilidade locais onde crianças e famílias possam aprender a andar de bicicleta e a interagir com segurança com outros meios de transporte antes de navegar pelas ruas.

Coordene de perto o planejamento e as políticas de uso do solo, densidade e transporte para garantir que os serviços essenciais sejam acessíveis por transporte coletivo.

Garanta que os códigos, as políticas públicas e as abordagens de projeto da cidade resultem em redes de pedestres seguras, acessíveis e abrangentes. *Para mais informações, ver página 26.*

Desenhe uma rede cicloviária por toda a cidade, com infraestrutura segura que atenda a crianças pequenas e famílias que usem bicicletas e outros modais de micromobilidade. Complemente com sistemas de compartilhamento de bicicletas. *Para mais informações, ver página 28.*

Dedique espaço na rede viária para priorizar os meios de transporte seguros, eficientes e sustentáveis para famílias, como vans ou micro-ônibus, ônibus e veículos leves sobre trilhos. Implemente mecanismos de apoio para a conectividade entre os destinos finais das viagens e os terminais de transporte coletivo. *Para mais informações, ver página 30.*

Considere suspender as políticas de estacionamento mínimo e definir políticas de estacionamento máximo nas legislações de desenvolvimento local, implementar preços com base na demanda para o estacionamento na rua ou limitar o estacionamento a áreas residenciais.

Assegure o acesso igualitário a parques e espaços abertos enquanto serviços essenciais do bairro. Priorize a transformação de ruas em espaços exclusivos para pedestres e em praças nos bairros com menos acesso a espaços públicos de qualidade, para que as crianças tenham lugares próximos para brincar.

Melhore a acessibilidade nos bairros em encostas. Procure aprimorar as escadarias, o acesso dos veículos de emergência e o fornecimento de serviços essenciais e implantar melhorias de mobilidade criativa, com o uso de escadas rolantes ou teleféricos.

Desenvolva um plano sustentável de gestão de transporte urbano de carga para dar suporte às economias locais, minimizando ao mesmo tempo o congestionamento do tráfego, a poluição do ar, os gases de efeito estufa, a poluição sonora e os incidentes de tráfego viário.

2.3 | Bairros para caminhar

Como crianças e cuidadores normalmente estão a pé e têm um alcance limitado de mobilidade, é fundamental desenhar um bairro inclusivo para pedestres, que lhes permita explorar os lugares perto de casa, acessar com facilidade os serviços essenciais e encontrar-se e conectar-se com os vizinhos. Uma rede de caminhada segura, acessível, conectada e contínua pode ser oferecida por meio dos tipos de instalação destacados abaixo, como calçadas, ruas compartilhadas, ruas exclusivas de pedestres e vielas, ao passo que elementos e comodidades adicionais aumentam o conforto e o prazer oferecidos pela rua enquanto espaço público. *Para mais informações sobre os itens marcados com um asterisco, ver Capítulos 4 e 5.*

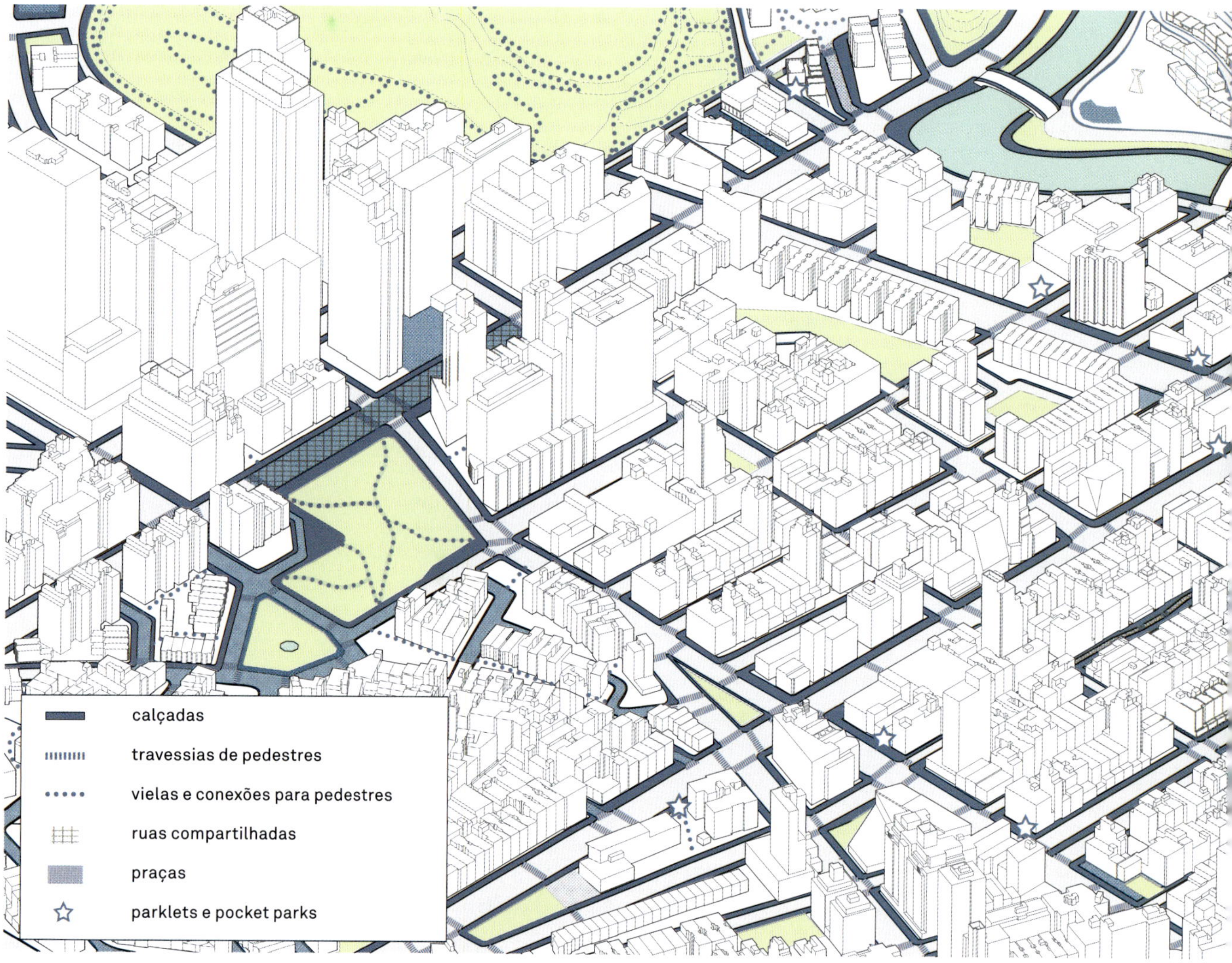

Garanta que todas as ruas tenham calçadas seguras e acessíveis, com faixas livres mínimas de 1,8 m de largura.*

Aumente a largura das calçadas em áreas com grandes volumes de pedestres, em corredores comerciais e em torno dos principais destinos.

Identifique ruas que possam ser transformadas em ruas compartilhadas, onde os veículos possam acessar o espaço a velocidades muito baixas, mas a prioridade seja dada aos pedestres.

Desenhe praças para simplificar os cruzamentos complexos e oferecer espaços adicionais para passar o tempo.

Em corredores comerciais, trabalhe com os comércios locais para a criação de parklets e outros pequenos espaços públicos.

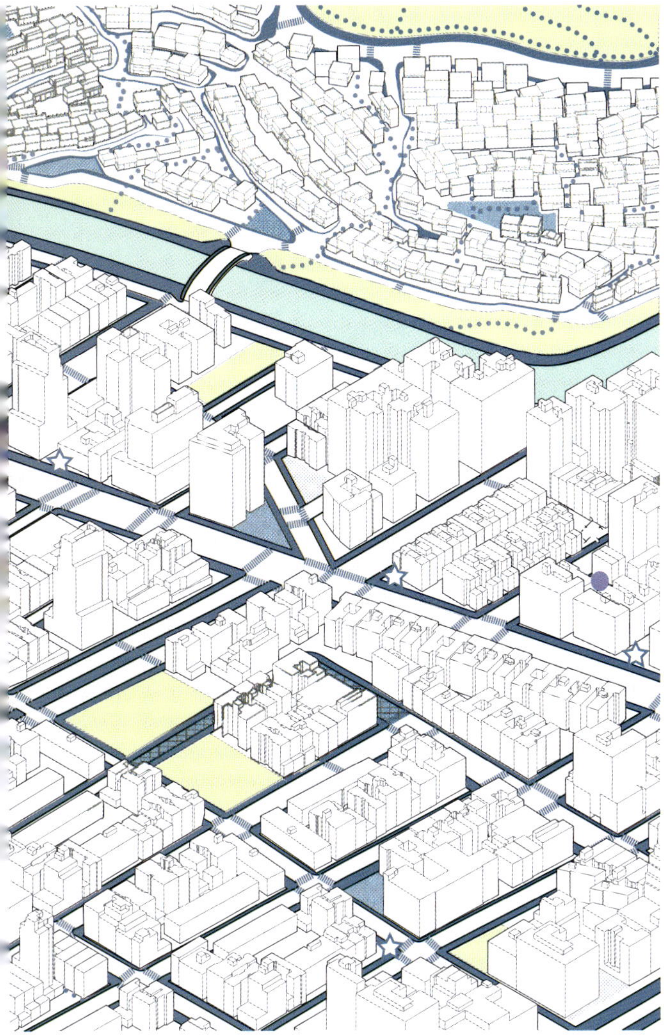

IIIIIIII Disponibilize travessias de pedestres seguras e frequentes em todos os cruzamentos.*

• • • Crie quadras curtas ou interrompa os quarteirões existentes com vielas para aumentar a permeabilidade e as opções de rotas de caminhada.

Plante árvores e use o paisagismo para aumentar o conforto das crianças e cuidadores enquanto caminham.*

Iluminação com espaçamento frequente permite caminhada e circulação segura em todos os horários do dia.

Identifique áreas para remover os veículos (mantendo o acesso dos veículos de emergência) e desenhe ruas exclusivas para pedestres em cada bairro, criando mais espaços locais em que as crianças possam brincar e passar o tempo.

Frentes de quadra em escala humana e fachadas atraentes de edifícios, com espaço para a extensão de comércios, tornam os trajetos a pé mais interessantes e ajudam a ativar a vida nas ruas.

Desenhe extensões de meio-fio em cada esquina quando a rua tiver uma faixa de estacionamento, de modo a melhorar a visibilidade e reduzir as distâncias de travessia.

Instale rampas de pedestres ou travessias elevadas para melhorar a acessibilidade.

Identifique lotes vazios pelo bairro que possam ser redesenhados de forma coordenada com as transformações das ruas.*

Disponibilize lugares frequentes para sentar e descansar.*

Ofereça locais para brincadeiras e aprendizagem ao longo dos trajetos diários.*

Distribua as instalações de serviços pela zona de mobiliário urbano para assegurar que a faixa livre para pedestres permaneça acessível.

Garanta a instalação de uma sinalização para pedestres clara e atraente.

Sincronize os semáforos de trânsito para proporcionar travessias seguras e confortáveis para as crianças.

2.4 | Bairros para pedalar

Para que crianças e cuidadores escolham a bicicleta como forma de deslocamento por seus bairros, deve-se planejar, desenhar e implementar uma rede cicloviária abrangente, através de todas as ruas e cruzamentos. Esta rede deve ser segura, conectada, confortável e direta. Pode-se usar uma combinação de tipos de infraestrutura cicloviária para trabalhar com diferentes tipologias e considerar aspectos do contexto local, como topografia e clima, além da localização dos principais destinos. Elementos de apoio, como bicicletários, semáforos, estações de compartilhamento de bicicletas e outros detalhes de projeto, são fundamentais para criar uma rede que funcione para pessoas de todas as idades e habilidades. *Para mais informações sobre os itens marcados com um asterisco, ver Capítulos 4 e 5.*

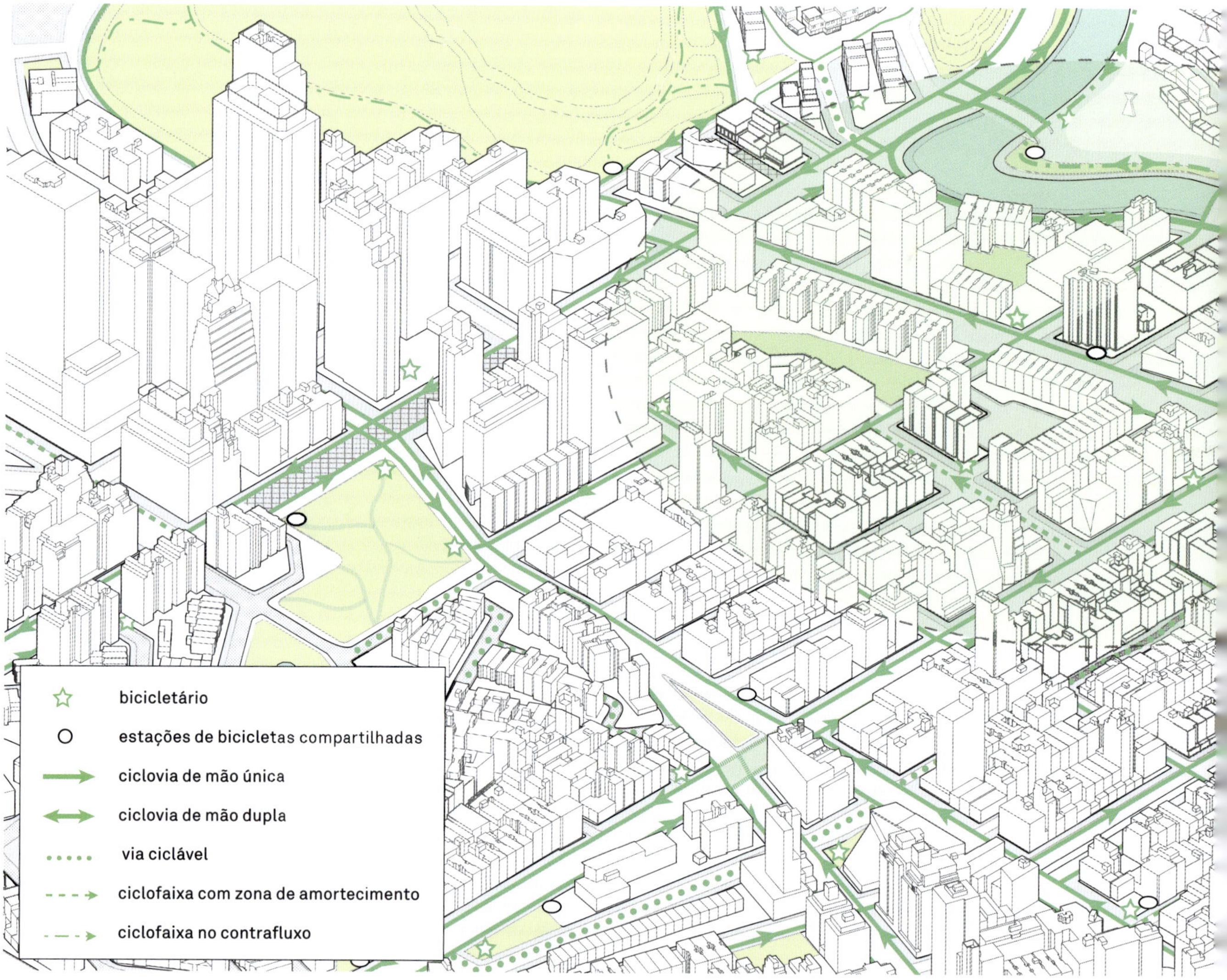

A permeabilidade filtrada melhora a conectividade da rede cicloviária e permite que crianças andando de bicicleta peguem atalhos criados por barreiras físicas instaladas em cruzamentos, que desviam o tráfego de veículos, mas permitem que os ciclistas as atravessem.

☆ Bicicletários distribuídos por todo o bairro, incluindo vagas para bicicletas maiores, de carga, aumentam a conveniência e a previsibilidade para cuidadores e crianças que andam de bicicleta. Instale bicicletários seguros próximos a todos os principais destinos.

Áreas de espera exclusiva com dimensões ampliadas permitem que cuidadores usando bicicletas de carga para levar crianças aguardem com segurança na frente dos veículos em cruzamentos com semáforos.

Áreas de descanso no meio da quadra permitem que cuidadores ou famílias parem, façam uma pausa ou aguardem outras pessoas fora do caminho de outros ciclistas quando as crianças estão aprendendo a pedalar.

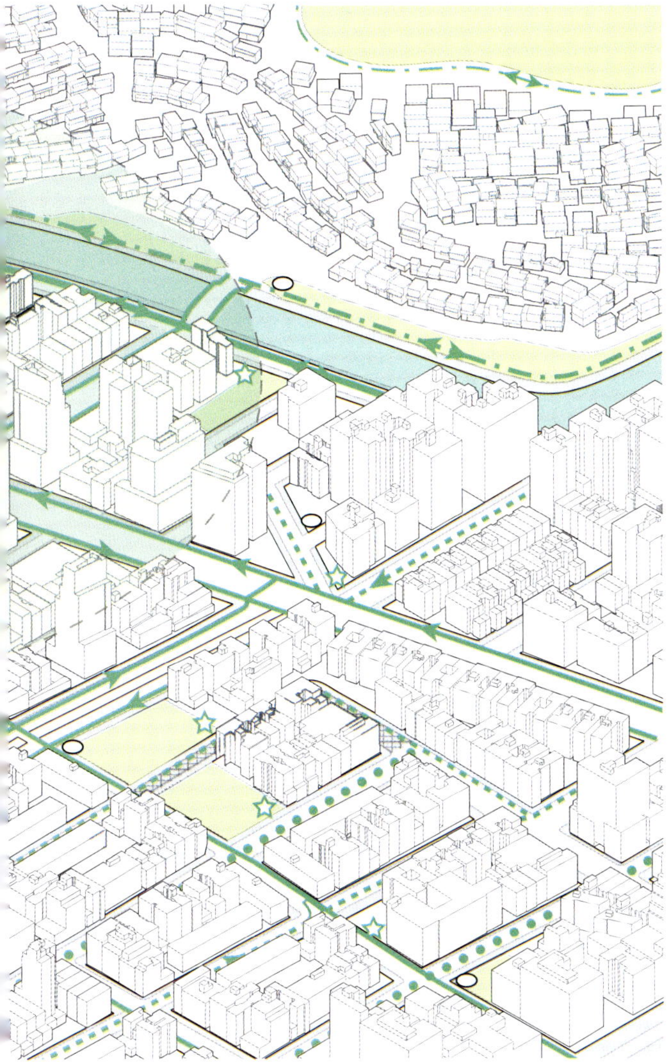

Barras de apoio para os pés e para as mãos aumentam o conforto dos ciclistas e ajudam as crianças a manter o equilíbrio enquanto esperam nos cruzamentos.

Estações de reparo de bicicletas distribuídas pelos bairros oferecem lugares convenientes para as famílias calibrarem os pneus ou fazerem consertos simples.

⇄ As ciclovias protegidas criam uma proteção física entre os ciclistas e os veículos em movimento. Elas podem funcionar em uma única direção, ser bidirecionais em um lado da rua ou correr na direção oposta ao tráfego de outros veículos.*

Trilhas ao longo de orlas, caminhos em parques e outras pistas de uso compartilhado proporcionam descontração e conforto a quem pedala e a quem caminha. Eles podem atuar como a espinha dorsal de uma rede cicloviária urbana amigável à criança.

• • • As vias cicláveis, ou "ruas calmas", têm volumes muito pequenos de veículos motorizados, permitindo que as famílias compartilhem o espaço com esses veículos, que transitam a baixas velocidades.*

Os cruzamentos protegidos resguardam os ciclistas contra os veículos em conversão, permitem que estes fiquem mais visíveis aos motoristas e ajudam a gerenciar movimentos complexos.*

○ Instale estações de bicicletas compartilhadas de forma frequente perto de escolas, parques e outros destinos importantes.*

Interações seguras com as instalações de transporte coletivo permitem a continuidade da infraestrutura cicloviária ao longo da área de embarque do transporte coletivo.

Semáforos dedicados à ciclovia melhoram a segurança e a confiança das famílias que andam de bicicleta, especialmente em cruzamentos com grande volume de veículos.

Sinalizações de orientação, sinalizações verticais e demarcações ajudam os ciclistas menos confiantes a ganhar confiança e a entender como navegar pela rede e chegar aos destinos principais. As demarcações de conflito devem fornecer uma pista visual a todos os usuários sobre as áreas de conflito em potencial, como as entradas de garagens.

Pontes e passagens subterrâneas para bicicletas aumentam a conectividade da rede cicloviária nos encontros com corpos de água ou ferrovias pesadas.

Contadores de ciclistas em tempo real podem tornar o trajeto mais instigante e oferecer a oportunidade de as crianças aprenderem que sua prática faz parte de um esforço maior.

2.5 | Bairros para o transporte coletivo

Quando os sistemas não são desenhados tendo crianças e famílias em mente, o uso do transporte coletivo com uma criança pode ser uma experiência frustrante e desconfortável. Projetar um transporte coletivo com preços acessíveis, conveniente, frequente e confortável assegura que as famílias tenham acesso à cidade e que as crianças possam se mover de forma mais independente, interagindo com as pessoas e o ambiente ao seu redor. Com faixas exclusivas de ônibus, veículos leves sobre trilhos, vans e micro-ônibus ou transpo escolar, as ruas permitem que mais pessoas se movam de forma rápida e eficiente em um espaço limitado, que o ar se mais limpo, e os espaços públicos, mais seguros. A melhoria instalações como paradas de transporte coletivo, sinalizaç orientativas e semáforos complementa as redes de caminh e para bicicletas das cidades, tornando o transporte coletiv uma opção viável e atraente para as famílias.

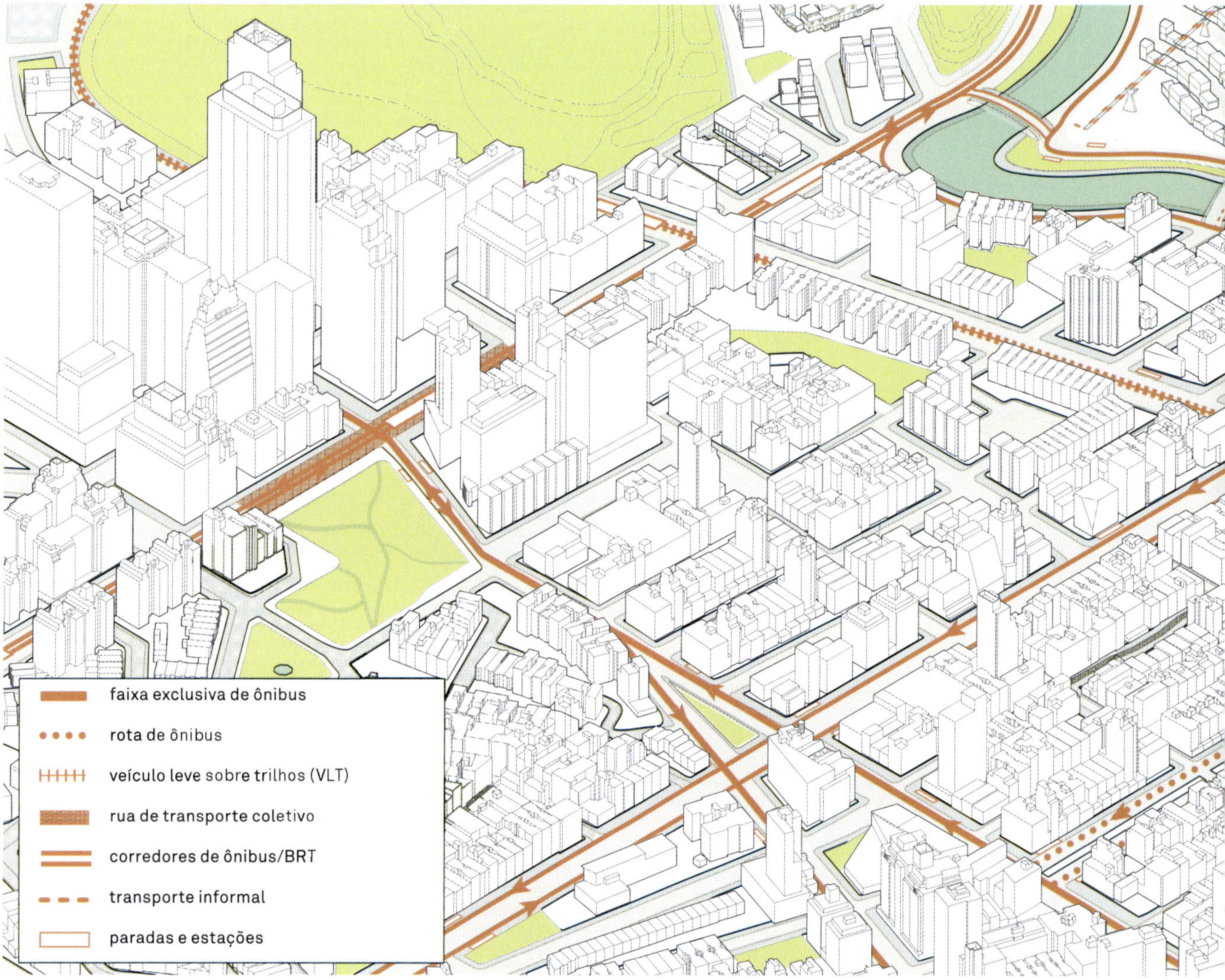

O recurso de semáforo prioritário para o transporte coletivo (TSP, do inglês *transit signal priority*) aumenta a eficiência ao reduzir o tempo de espera para estes veículos nos semáforos e ao estender as fases verdes, o que ajuda as famílias a chegar a seus destinos mais rapidamente.

Cronogramas e informações em tempo real aumentam a previsibilidade ao fornecer informações sobre quando os veículos de transporte coletivo estão chegando.

O embarque acessível nas paradas e nos veículos de transporte coletivo auxilia os cuidadores com carrinhos de bebê e as pessoas com deficiência a usar o transporte.

As câmeras de fiscalização de tráfego dão suporte à segurança no trânsito, detectando as violações de motoristas que aceleram, passam no sinal vermelho ou trafegam em faixas exclusivas para ônibus. Elas também podem ser usadas para multar veículos motorizados em zonas de acesso limitado.

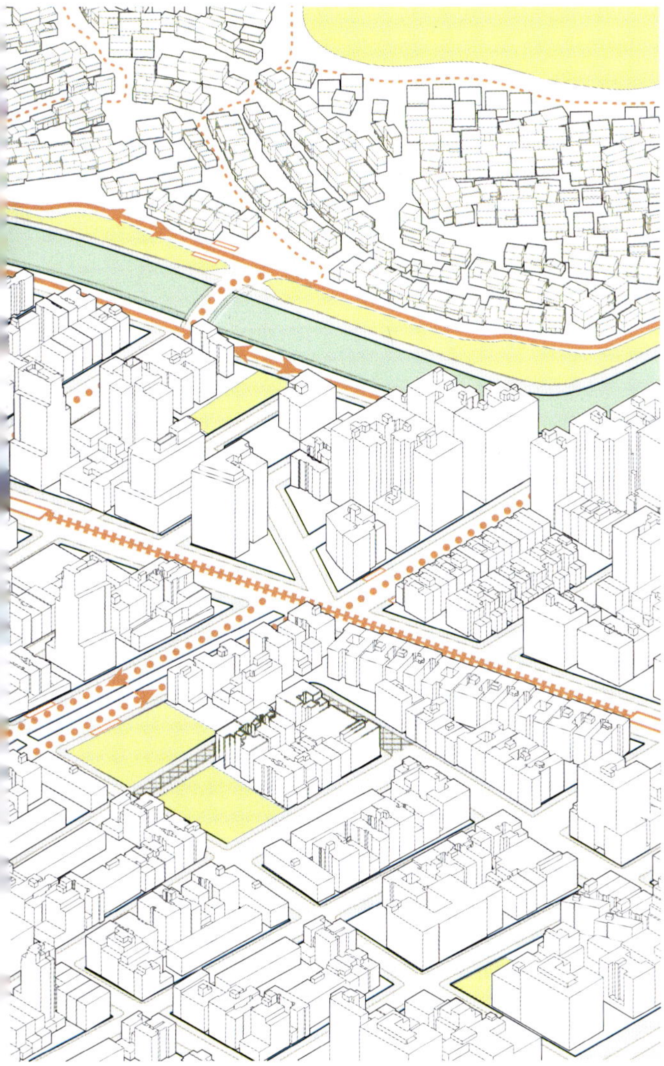

As faixas exclusivas de transporte coletivo priorizam o tráfego de ônibus ou veículos leves sobre trilhos ao longo de ruas com superfícies pintadas ou demarcadas, restringindo o acesso de veículos particulares e melhorando o tempo de deslocamento.

As faixas e estações de BRT (sigla em inglês para *bus rapid transit*, ou ônibus de trânsito rápido) ou os corredores de ônibus oferecem serviço de transporte coletivo frequente e de alta capacidade para cobrir longas distâncias.

As ruas de transporte coletivo compartilham a prioridade entre os veículos de transporte coletivo circulando a velocidades seguras (de 10 a 30 km/h) e os pedestres. O acesso de veículos particulares é proibido ou limitado.

A cobrança antecipada de tarifa pode acelerar a integração do transporte coletivo ao solicitar que os passageiros paguem as passagens antes de embarcar no ônibus.

As paradas de transporte coletivo devem proporcionar um lugar de espera com assentos, iluminação e abrigo contra intempéries. Elas são um local ideal para incorporar brincadeiras e jogos e criar oportunidades de aprendizagem para preencher o tempo gasto à espera do transporte coletivo. Desenhe novas paradas de transporte público e adapte as existentes pensando nas crianças, priorizando as paradas próximas a instalações de uso infantil.

Uma sinalização orientativa clara ajuda as crianças e cuidadores a navegar pelos sistemas locais de transporte coletivo.

Infraestrutura para bicicletas e bicicletários junto às paradas de transporte coletivo ajudam a tornar os trajetos integrados mais convenientes.

Leve em consideração o design dos veículos de transporte coletivo para identificar oportunidades de atualizar as frotas com veículos mais limpos, que reduzam emissões, aperfeiçoem a acessibilidade no embarque, forneçam espaço para carrinhos de bebê e aumentem a visibilidade a partir do assento do motorista, minimizando pontos cegos.

Considere implantar sistemas tarifários voltados para famílias, em que as crianças possam se deslocar de graça ou com descontos.

Os assentos nas paradas e estações de transporte coletivo garantem que o tempo de espera seja mais administrável. Considere utilizar designs divertidos e incorporar cores e obras de arte.

As baias de embarque oferecem espaço dedicado para os ônibus, micro-ônibus ou vans escolares no embarque e desembarque de crianças e famílias.

ISUZU

Adis Abeba, Etiópia

3

Estratégias de desenho de ruas

O desenho de ruas precisa atender tanto às necessidades das crianças quanto às dos pedestres, ciclistas e usuários de transporte coletivo, todos em um espaço restrito. As estratégias de desenho são apresentadas neste capítulo como pontos de abordagem para o redesenho de ruas e compartilham os objetivos comuns de segurança, conforto e felicidade, visando criar ruas mais eficientes e agradáveis para todos os usuários e todos os meios de transporte. O redesenho de rua eficaz, que melhora a qualidade da infraestrutura, reduz a velocidade dos veículos e protege os pedestres e ciclistas, frequentemente requer o uso de múltiplas estratégias, as quais podem abranger diferentes níveis de esforço e investimento, desde medidas de baixo custo até grandes projetos de alto orçamento ou mudanças sistêmicas. Os projetos mais bem-sucedidos de melhoramento de ruas combinam diferentes estratégias para uma solução única que melhor se adapte ao contexto local de uma rua.

3.0 | **Estratégias de desenho de ruas**

3.1 | **Melhore:** Atenda às necessidades básicas

Melhorar as ruas para atender aos padrões básicos de segurança e acessibilidade é o primeiro passo para criar ruas amigáveis às crianças: é fundamental que esses espaços não ofereçam perigo a elas nem aos demais. As ruas devem ter, no mínimo, instalações adequadas para caminhar, para pedalar e para o uso de transporte coletivo, incluindo uma rede de calçadas contínuas, travessias frequentes e demarcadas, sinalização e serviços básicos como iluminação, semáforos e gestão de águas. Se os recursos forem limitados, priorize as instalações para pedestres e ciclistas.

3.2 | **Proteja:** Projete para velocidades apropriadas

Em todo o mundo, os sinistros de trânsito são o principal fator de risco para todos os usuários das ruas, particularmente os desprotegidos. A redução das velocidades dos veículos para um nível apropriado em ruas urbanas, por meio de seu desenho e de políticas públicas, reduzirá tanto a incidência quanto a gravidade dos sinistros. Para gerenciar as velocidades, engenheiros, projetistas, operadores e gerentes do setor viário devem definir uma velocidade-alvo segura para o contexto local e combiná-la tanto com a velocidade de projeto quanto com a velocidade regulamentada. Em áreas urbanas onde as pessoas caminham e andam de bicicleta, a velocidade-alvo mais segura raramente é superior a **30 km/h**.

3.3 | **Recupere:** Aloque espaço para as pessoas

Crianças, cuidadores e demais pessoas merecem um espaço igualitário nas ruas urbanas. Nas últimas décadas, as ruas têm sido projetadas para os motoristas: para a circulação e armazenamento de veículos particulares. O espaço da rua urbana é limitado, mas é possível fazer mais pessoas circularem por um espaço do mesmo tamanho. A retomada do espaço dedicado aos veículos particulares aumenta a capacidade geral da rua, diminui os congestionamentos, a poluição atmosférica e outras condições desagradáveis, aumenta significativamente a segurança e provê mais espaço para as pessoas brincarem e passarem o tempo.

3.4 | **Ative:** Incorpore brincadeiras e aprendizagem

As ruas fazem parte da rotina diária das crianças e oferecem espaço para integrar brincadeiras e aprendizagem. As oportunidades para as crianças brincarem têm diminuído e estão frequentemente limitadas aos parques e escolas. As calçadas, beiradas dos edifícios e áreas recuperadas de estacionamento podem proporcionar momentos de brincadeira e espaços para o acréscimo de elementos lúdicos.

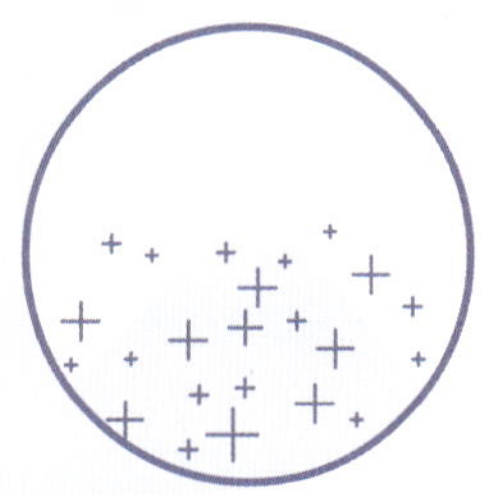

3.5 | **Amplie:** Integre os espaços adjacentes

Uma rua não é somente o plano do solo, mas todos os espaços e superfícies que influenciam a experiência de seus usuários. Mesmo uma rua cuidadosamente desenhada pode ser limitada por fatores como fachadas pouco atraentes, lotes subutilizados e falta de atividade. As oportunidades para ampliar a experiência da rua podem ser encontradas em beiradas de edifícios, paredes-cegas, recuos, lotes privados, parquinhos de escolas, parques, praças, comércios locais, entre outros espaços. A ampliação inclui o desenho físico, a programação e a definição de novas políticas.

3.1 | **Melhore:** Atenda às necessidades básicas

Estabeleça padrões mínimos para melhorar a segurança, a acessibilidade e a mobilidade.

Construa instalações e elementos essenciais onde houver necessidade.

Modernize e conserte a infraestrutura que precise de reparos.

Limpe e preserve a infraestrutura viária existente.

MELHORE AS TRAVESSIAS DE PEDESTRES

Todas as travessias de pedestres devem ser demarcadas de forma clara, ser pouco espaçadas entre si e feitas no nível da rua, independentemente do material ou padrão de pavimentação. Garanta que todas as demarcações de vias importantes estejam pintadas ou conservadas e que sejam adicionadas novas quando necessário. Atualize as políticas de temporização semafórica para atender aos pedestres que caminham a velocidades mais baixas e mantenha o tempo de espera para pedestres **abaixo de 40 segundos.** *Para mais informações, ver Capítulo 5.1.*

CONSTRUA OU MELHORE AS CALÇADAS

Priorize os pedestres assegurando que as calçadas sejam transitáveis, contínuas, seguras e acessíveis. Construa novas calçadas onde elas não existirem, amplie-as se forem muito estreitas e repare as antigas ou em más condições que ofereçam desafios à acessibilidade. *Para mais informações, ver Capítulo 5.2.*

CONSTRUA OU MELHORE A INFRAESTRUTURA CICLOVIÁRIA ESSENCIAL

As ciclovias protegidas são a melhor opção para todos os usuários da rua. Assegure a segurança dos ciclistas por meio da instalação de ciclovias protegidas em ruas com maior volume de tráfego ou da transformação de ruas com volume e velocidade mais baixos em ruas compartilhadas. *Para mais informações, ver Capítulo 5.9, Guia Global de Desenho de Ruas – Capítulo 6.4 e Urban Bikeway Design Guide.*

LIMPE E PRESERVE A RUA

A manutenção regular inclui a limpeza da rua e a identificação e o reparo de quaisquer problemas no espaço da via, inclusive das demarcações. Ruas sujas e sem manutenção desencorajam seu uso, principalmente pelas crianças.

AGREGUE ELEMENTOS ADICIONAIS

Implante ou melhore serviços básicos como iluminação pública e gestão de águas pluviais. Considere adicionar elementos como bebedouros, banheiros públicos e cestos de lixo. *Para mais informações, ver Capítulo 5.10.*

3.2 | **Proteja:** Projete para velocidades apropriadas

A velocidade mata. Mortes de crianças no trânsito são evitáveis com projetos de velocidades mais seguras.

Estabeleça uma política para limites de velocidade em toda a cidade.

Reduza os limites de velocidade na maioria das ruas urbanas para 30 km/h.

Reduza as velocidades por meio do desenho.

REDUZA OS LIMITES DE VELOCIDADE PARA 30 KM/H

Utilize uma estratégia proativa para definir os limites de velocidade: reduza os limites e equipare-os a velocidades de projeto de **30 km/h**. Velocidades mais altas estreitam a visão periférica dos motoristas e impactam seu tempo de reação.[1] As chances de ferimentos graves ou fatalidades são reduzidas se os sinistros ocorrem a velocidades de impacto de **30 a 40 km/h**.[2] Em circunstâncias excepcionais, algumas ruas maiores podem ter limites de velocidade de **40 a 50 km/h**. As ruas menores, incluindo ruas compartilhadas e ruas prioritárias para pedestres, devem ter limites de velocidade máxima de **10 a 20 km/h**.

REDUZA AS VELOCIDADES POR MEIO DO DESENHO

O desenho da rua tem uma forte influência sobre a velocidade de operação padrão dos motoristas. Reduza a velocidade do tráfego de passagem minimizando o número de faixas de tráfego geral e adicionando elementos de deflexão horizontal e vertical, como chicanas e plataformas atenuadoras de velocidade, quando necessário. Reduza as velocidades de conversão estreitando os raios do meio-fio e projetando cruzamentos compactos. *Para mais informações, ver Guia Global de Desenho de Ruas – Capítulo 6.*

ESTREITE AS FAIXAS FÍSICA E VISUALMENTE

As faixas de tráfego de veículos não devem ter mais de **3 m** de largura nas ruas urbanas. Em ruas com ônibus, transporte de cargas e outros veículos grandes, uma faixa de tráfego pode ter até **3,3 m** de largura. As faixas estreitas incentivam velocidades mais lentas, e os motoristas são mais cautelosos nas ruas que são visualmente estreitas por causa de árvores, mobiliário urbano, edificações constantes e outros elementos urbanos.[3]

PROTEJA OS CICLISTAS

Em ruas com velocidades de operação superiores a 30 km/h ou outros fatores de estresse, forneça proteção por meio de buffers (atenuadores) ou instalações elevadas para aumentar o conforto e a segurança dos ciclistas. *Para mais informações, ver Capítulo 5.8.*

UTILIZE OPERAÇÕES VIÁRIAS E SEMÁFOROS

Use estratégias operacionais como progressão de semáforos para baixa velocidade, saída antecipada de pedestres (em inglês, *leading pedestrian intervals* – LPI), saída antecipada de ciclistas (em inglês, *leading bike intervals* – LBI) e proibição de conversões. Nas ruas principais, reduza a distância entre os pontos seguros de travessia, dispondo faixas de pedestres com semáforos a cada **200 m**, pelo menos. *Para mais informações, ver Capítulo 5.1.*

3.3 | **Recupere:** Aloque espaço para as pessoas

Por ser limitado, o espaço é nosso recurso mais precioso nas cidades. A forma como o espaço da rua é distribuído determina a eficiência da mobilidade e a maneira como as pessoas realmente usam as ruas para suas atividades diárias.

Desestimule o uso de veículos particulares.

Recupere o espaço para as crianças brincarem.

Realoque o espaço viário para opções de mobilidade eficientes e sustentáveis.

REALOQUE ESPAÇO PARA UMA MOBILIDADE EFICIENTE E SUSTENTÁVEL

Substitua as faixas de tráfego mistas por faixas exclusivas de transporte coletivo, infraestrutura cicloviária protegida ou calçadas para movimentar mais pessoas usando menos espaço e menos veículos. *Para mais informações, ver Capítulo 4 e Transit Street Design Guide.*

GERENCIE OS VOLUMES VEICULARES E A DEMANDA POR ESTACIONAMENTOS

Além de proporcionar um serviço de transporte coletivo seguro e acessível e infraestrutura cicloviária, reduza o volume de veículos motorizados nas ruas urbanas por meio da remoção de faixas de tráfego e da criação de áreas de acesso limitado, da gestão de estacionamento e zonas do meio-fio e da tarifação viária. Cobre pelo estacionamento para desestimular o uso de veículos particulares. *Para mais informações, ver Guia Global de Desenho de Ruas – Capítulo 8 e Blueprint for Autonomous Urbanism.*

RECUPERE O ESPAÇO EXCEDENTE

Estreite as faixas de tráfego, diminua os raios de conversão e adicione ilhas de refúgio para tornar os cruzamentos compactos. Ative as áreas recuperadas, transformando-as em espaços de descanso e brincadeira, ou use-as para agregar extensões de meio-fio, buffers (atenuadores), serviços públicos ou gestão de águas pluviais. *Para mais informações, ver Capítulo 3.4 e Don't Give Up at the Intersection.*

CRIE RUAS EXCLUSIVAS DE PEDESTRES E RUAS COMPARTILHADAS

Recupere ruas inteiras: abra as ruas para as pessoas fechando-as para os veículos e gerando ruas exclusivas de pedestres, ou crie ruas compartilhadas removendo as distinções entre pedestres, ciclistas e veículos e projetando em função de trajetos em baixa velocidade, geralmente de **10 a 15 km/h**, para todos os meios de transporte.

3.4 | **Ative:** Incorpore brincadeiras e aprendizagem

Brincar é importante para pessoas de todas as idades. As ruas oferecem oportunidades para incorporar a brincadeira à vida cotidiana.

Proporcione espaços de descanso, brincadeira e permanência.

Incorpore a aprendizagem por meio de elementos educativos.

Programe as ruas para receber atividades amigáveis a crianças.

DISPONIBILIZE ESPAÇOS DE DIFERENTES DIMENSÕES

Integre espaços pequenos e grandes para que crianças e cuidadores possam descansar e desfrutar das ruas. Assentos, recantos, parklets e praças oferecem oportunidades de descanso e espaços para brincar. *Para mais informações, ver Capítulo 5.2.*

ACRESCENTE ELEMENTOS LÚDICOS E EDUCATIVOS

Ofereça oportunidades para brincadeiras não estruturadas em calçadas, canteiros centrais e praças e perto de paradas de transporte coletivo adicionando elementos como murais, obras de arte e instalações. *Para mais informações, ver Capítulo 5.5.*

INCORPORE A NATUREZA, ARBORIZAÇÃO E PAISAGISMO

A presença da natureza e do paisagismo nas ruas urbanas incentiva crianças e cuidadores a passarem mais tempo ali, estimula a brincadeira, o aprendizado e a criatividade e melhora a saúde mental. *Para mais informações, ver Capítulo 5.6.*

INCLUA PROGRAMAÇÕES

Possibilite que se tracem programações para eventos temporários, como ruas abertas e ruas de recreação, que oferecem a crianças e famílias mais espaço para brincar. *Para mais informações, ver capítulos 3.5 e 6.6.*

3.5 | **Amplie:** Integre os espaços adjacentes

Estender a experiência da rua aos espaços adjacentes mantém a rua mais ativa e interativa, aumenta a vigilância comunitária e tira proveito de áreas subutilizadas.

Estenda o desenho da rua aos espaços não construídos adjacentes.

Ative as fachadas adjacentes.

Incentive os moradores e comércios locais a ativar os usos do piso térreo.

INCORPORE AS ÁREAS DE RECUOS ADJACENTES

Considere usar as áreas adjacentes à rua, inclusive espaços privados como recuos de edifícios e parquinhos de escolas, entorno de museus, bibliotecas e outros. Incentive os proprietários a remover os gradis e muros ao redor desses espaços para criar experiências de rua mais envolventes.

PERMITA QUE OS COMÉRCIOS SE ESTENDAM PELA CALÇADA

Defina uma zona de recuo em calçadas mais largas e permita e regule a utilização deste espaço para atividades comerciais, refeições ao ar livre e uso público em geral. Permita que vendedores ambulantes trabalhem na zona de mobiliário urbano, na zona de amortecimento ou nas faixas adjacentes ao meio-fio, mas não nas faixas livres da calçada.

ATIVE LOTES VAZIOS

Busque oportunidades para estender a experiência da rua para os lotes públicos ou particulares adjacentes à rua, proporcionando uma extensão física por meio do desenho ou do acréscimo de programação.

ATIVE FACHADAS ADJACENTES

Permita, exija ou incentive o comércio no nível térreo, regulamente as dimensões das fachadas e a frequência das entradas dos edifícios, incentive a transparência em fachadas e exija uma transparência mínima para portões e gradis. As fachadas cegas podem ser ativadas por meio de murais e de outras obras de arte. *Para mais informações, ver Capítulo 3.4.*

ATUALIZE O ZONEAMENTO

Os órgãos municipais devem atualizar as legislações de zoneamento e outras políticas para promover a ativação das fachadas de edifícios e das ruas.

ESTUDO DE CASO

Escola Primária Bophirima

Localização: Gaborone, Botsuana

Organizações executoras: Amend, Society of Road Safety Ambassadors, Child Health Initiative, FedEx

Realização: agosto a novembro de 2018

VISÃO GERAL

Para os alunos da Escola Primária Bophirima, ir à escola com segurança representava um desafio: a área adjacente tinha instalações para pedestres limitadas e medidas de segurança insuficientes. Em 2017, duas crianças foram feridas no local durante seus deslocamentos diários. Este cenário motivou a organização sem fins lucrativos Amend a melhorar as ruas e cruzamentos ao redor da escola. Por meio do programa de Avaliações e Melhorias da Segurança Viária em Área Escolar (em inglês, School Area Road Safety Assessments and Improvements – SARSAI), a Amend implementou um conjunto de melhorias na infraestrutura próxima à escola, como novas calçadas e travessias de pedestres, incluindo uma travessia no meio da quadra, medidas de gerenciamento de velocidade, delimitação de faixas de circulação para separar veículos de pedestres e acréscimo de sinalização.

ESTRATÉGIAS

Melhorar: Construção de novas calçadas e travessias de pedestres, delimitação de faixas de circulação.

Proteger: Reforço das lombadas existentes.

IMPACTOS

Redução de lesões graves em crianças estimada em 26%.

Elevação do nível de segurança conforme aferido por meio da Avaliação com Estrelas para Escolas do Programa Internacional de Avaliação de Estradas (iRAP).

Velocidades operacionais reduzidas.

3

ESTUDO DE CASO

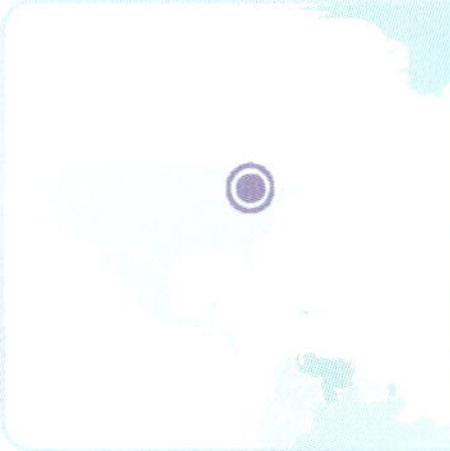

Pista de corrida de Brightmoor

Localização: Detroit, EUA

Organizações executoras: Universidade de Michigan, KaBOOM!

Realização: 2016

ANTES

DEPOIS

VISÃO GERAL

Em Detroit, a reforma de uma calçada danificada representou uma oportunidade para criar uma experiência divertida para os estudantes locais da comunidade de Brightmoor. O caminho foi transformado em uma pista de corrida pavimentada com uma superfície vermelha emborrachada. Os números de distância pintados e um display de velocidade incentivam crianças e adultos a correr ao longo desta "pista de corrida" e se divertir enquanto aguardam para embarcar nos ônibus escolares.

O projeto foi inspirado por conversas com parceiros, incluindo os alunos e seus professores, por clubes dos quarteirões locais, centros comunitários e igrejas. A intervenção foi apoiada pelo programa Play Everywhere Challenge (em português, "Desafio Brinque em Qualquer Lugar"), liderado pelo KaBOOM!

ESTRATÉGIAS

Melhorar: Melhoria da superfície da calçada, inclusão de iluminação solar ativada por movimento.

Ativar: Incorporação de jogo interativo.

ESTUDO DE CASO

Dragão do Mar

Localização: Fortaleza, Brasil

Organizações executoras: Prefeitura de Fortaleza, NACTO-GDCI, Iniciativa Bloomberg para Segurança Viária Global

Realização: 2018

VISÃO GERAL

Este projeto, que faz parte do programa Cidade da Gente, de Fortaleza, transformou uma área de 5.000 m² no centro da cidade. Este local era inativo e inseguro, mas tinha potencial para se tornar um destino de lazer. As ruas foram redesenhadas com pintura e mobiliário urbano removível. A redução dos raios de conversão e a diminuição da quantidade de faixas de tráfego, além de seu estreitamento, permitiram o alargamento das calçadas e a redução das distâncias de travessia. Embora tenham sido inicialmente planejadas como temporárias, essas melhorias se tornaram permanentes devido ao grande apoio do público e ao aumento da segurança.

ESTRATÉGIAS

Melhorar: Pintura de novas travessias de pedestres.

Proteger: Remoção e estreitamento das faixas de tráfego, instalação de ilhas de refúgio, extensão do meio-fio.

IMPACTOS

Após as transformações, 90% das pessoas entrevistadas aprovaram o projeto, e 86% se sentiram "seguras" ou "muito seguras" em relação aos automóveis.

91% menos pessoas passaram a caminhar fora das instalações demarcadas para pedestres.

As distâncias de travessia foram reduzidas em até 80%.

34% mais pessoas passaram a caminhar na área Dragão do Mar.

Em média, 30% mais pessoas passaram a permanecer e a ocupar seu tempo na área.

DESTAQUE

Zonas escolares seguras

Localização: Tbilisi, Geórgia

Organizações executoras: Partnership for Road Safety, Eastern Alliance for Safe and Sustainable Transport, Child Health Initiative

Realização: 2019-2020

VISÃO GERAL

Fatalidades causadas por sinistros de trânsito eram um problema crescente na Geórgia, com 40 crianças menores de 16 anos mortas de 2016 a 2017. Em muitas zonas escolares faltava infraestrutura de segurança, incluindo travessias adequadas ou medidas de redução de velocidade. Juntos, a Partnership for Road Safety, o Ministério da Educação e Ciência e o Departamento de Estradas acrescentaram oito novas travessias elevadas de pedestres e três conjuntos de semáforos em Tbilisi. Além disso, a velocidade-limite foi reduzida de 40 km/h para 30 km/h nas principais vias da cidade, e foi instalada sinalização de limite de 30 km/h perto de zonas escolares.

3

ESTUDO DE CASO

Lane Tech High School

Localização: Chicago, EUA

Organizações executoras: Departamento de Transportes de Chicago, Lane Tech College Prep High School

Realização: 2013-2017

VISÃO GERAL

Uma das entradas principais da Lane Tech College Prep High School está localizada em uma rua importante, com grande volume de veículos e excesso de velocidade frequente. A escola é próxima de áreas residenciais e comerciais, nas quais os estudantes caminham. A ocorrência de diversos sinistros de trânsito envolvendo os jovens passou a preocupar a comunidade escolar.

A prefeitura de Chicago começou a investir em melhorias ao longo da via em 2014, as quais incluíram travessias de pedestres, radares de velocidade automatizados e ilhas de refúgio para pedestres conectadas a canteiros centrais elevados. Com base no sucesso destas melhorias e no reconhecimento de que havia a necessidade de aumentar a segurança perto de outra entrada da escola, a cidade investiu também em travessias elevadas de pedestres, extensões do meio-fio e ciclofaixas em outra rua adjacente à escola. As faixas de tráfego foram estreitadas, e também foram implementadas faixas no piso, sinalização e novos paraciclos. As paradas de ônibus foram realocadas para se alinhar com as novas travessias de pedestres. Como resultado, os alunos passaram a atravessar nas faixas de pedestres com mais frequência.

ESTRATÉGIAS

Melhorar: Pintura de novas travessias de pedestres, instalação de novas rampas de pedestres, pintura de ciclofaixas.

Proteger: Realocação das paradas de ônibus para alinhá-las com as faixas de pedestres, elevação das travessias de pedestres, estreitamento das faixas de tráfego, construção de canteiro central elevado, inclusão de ilhas de refúgio e extensões do meio-fio, instalação de sinalização de redução de velocidade e de radares de velocidade automatizados.

IMPACTOS

Velocidades veiculares reduzidas.

Distâncias de travessias de pedestres encurtadas.

Acesso aprimorado para os estudantes que usam a bicicleta.

CHAVES PARA O SUCESSO

Alavancar a conscientização e a colaboração da comunidade: a preocupação da comunidade com o problema de segurança desencadeou os esforços de líderes locais, da escola e das autoridades locais para trabalharem juntos e buscarem soluções.

Priorizar o financiamento: o apoio político fez com que os fundos fossem priorizados para aumentar a segurança dos alunos.

Aprender com as fases iniciais e expandir o sucesso: dividir o projeto em fases pode ajudar no processo de implementação. O sucesso (ou, em outros casos, o fracasso) das melhorias iniciais pode ajudar a balizar e justificar os investimentos futuros.

DESTAQUE

Melhorias de zonas escolares

Localização: Coreia do Sul

Organizações executoras: Diversas cidades sul-coreanas

Realização: 1999-2012

VISÃO GERAL

Esta iniciativa, aplicada em várias cidades coreanas, cria rotas mais seguras entre as casas e as escolas por meio de medidas de moderação de tráfego. Mais de 16.000 locações receberam melhorias, diminuindo em 57% as mortes relacionadas ao tráfego em zonas escolares designadas. As melhorias podem incluir remoção de estacionamento na rua, construção de novas calçadas, instalação de sinalização e lombadas, pintura no pavimento e instalação de gradis para impedir que os veículos estacionem nas calçadas. As zonas escolares se tornaram uma diretriz geral para as escolas sul-coreanas.

ESTUDO DE CASO

Praça Skanderbeg

Localização: Tirana, Albânia

Organização executora: Prefeitura de Tirana

Realização: 2008-2017

VISÃO GERAL

A Praça Skanderbeg está localizada no centro de Tirana, a capital da Albânia, no cruzamento de duas vias importantes. Originalmente parte do planejamento urbano executado por arquitetos italianos, tornou-se um símbolo do regime comunista no final dos anos 1930. A praça é cercada por vários edifícios importantes, incluindo a Prefeitura, o Palácio da Cultura, ministérios do governo e museus.

Até 2010, a Praça Skanderbeg permanecia praticamente vazia e era circundada por vagas de estacionamento ou faixas para tráfego de veículos. O então prefeito transformou a praça em uma zona exclusiva para pedestres e transporte coletivo. No entanto, com uma mudança na administração, a praça voltou a ser um espaço para automóveis no ano seguinte.

Em 2016, um novo prefeito reintroduziu o plano de 2010 para priorizar os pedestres e o transporte coletivo na praça e restabelecer uma zona sem carros.

O redesenho da praça demandou a transformação deste espaço amplo e outrora monumental em uma praça mais aconchegante que faria parte do dia a dia dos moradores locais. Para isso, foram introduzidos jardins ao longo do perímetro para suavizar suas beiradas, criar uma sensação de ambiente delimitado e conectar espacialmente os edifícios adjacentes. O estacionamento foi transferido para uma estrutura subterrânea. Além disso, o centro da esplanada foi elevado em dois metros, com uma superfície inclinada em 2,5% em direção às beiradas. Um pavimento de mosaico colorido, elementos de água, bancos, sombreamento e mobiliário urbano removível melhoram a experiência de uso da praça.

O redesenho criou oportunidades para a permanência, encontros, brincadeiras e descanso das pessoas. Os edifícios adjacentes à praça estão mais vibrantes e ativos.

ESTRATÉGIAS

Recuperar: Realocação do espaço que antes não era usado, ou era usado como estacionamento, para os pedestres.

CHAVES PARA O SUCESSO

O prefeito de Tirana foi um forte defensor da nova praça sem carros.

Tirana focou em formas de engajar as crianças na formulação de políticas e se comprometeu a colocá-las em primeiro lugar na agenda da cidade. Os cidadãos, incluindo as crianças, consideradas as melhores defensoras da transformação da praça, foram envolvidos durante a implementação do projeto.

Para promover a pedestrianização da praça, a cidade criou dias sem carro e incentivou os cuidadores a levar as crianças de bicicleta para a escola.

DESTAQUE

Pasos Seguros

Localização: Cidade do México, México

Organizações executoras: Departamento de Espaços Públicos, Departamento de Obras e Serviços Públicos, Departamento de Mobilidade, Departamento de Segurança Pública

Realização: 2014-2015

VISÃO GERAL

Pasos Seguros (em português, Travessias Seguras) é uma iniciativa destinada a redesenhar os cruzamentos com alta concentração de sinistros de trânsito na Cidade do México. Ela está alinhada a políticas contínuas de mobilidade e a iniciativas de segurança viária. De 2014 a 2015, 54 cruzamentos foram reformados ao longo de seis corredores.

Estes redesenhos incluíram a pintura de demarcações, a instalação de sinalização de tráfego, a construção de extensões do meio-fio e de ilhas de refúgio, a mudança de semáforos e operações de tráfego e a remoção ou relocação de obstáculos como postes, placas de sinalização e mobiliário urbano. Depois de um ano, o resultado foram 44% menos sinistros de trânsito.

ANTES

DEPOIS

53% menos conflitos envolvendo pedestres

DEPOIS

DESTAQUE

Play Around the City

Localização: Boston, EUA

Organização executora: Gabinete do Prefeito do New Urban Mechanics

Realização: 2018

VISÃO GERAL

A cidade de Boston tem incentivado a criação de instalações e eventos lúdicos por meio da iniciativa Play Around the City (em português, "Brinque pela Cidade"), que convida organizações comunitárias, artistas e outros cidadãos a se inscreverem para participar de pequenos financiamentos para implementar intervenções temporárias. A iniciativa explora e amplia o significado de "lúdico" e promove a brincadeira para além dos parques e playgrounds. Por meio de projetos temporários em espaços viários como calçadas e pontos de ônibus, a equipe testa e mensura o impacto da ampliação do acesso às oportunidades de brincar para as crianças e suas famílias. O Mystery Map (em português, "Mapa do Mistério"), aqui mostrado, é uma pintura temporária na calçada, feita pela artista Liz LaManche, que incentiva as crianças a descansar e brincar nesse espaço.

ESTUDO DE CASO

Sønder Boulevard

Localização: Copenhagen, Dinamarca

Organização executora: Câmara Municipal de Copenhagen

Realização: 2004-2008

VISÃO GERAL

O Sønder Boulevard foi construído no século XIX com base no desenho urbano padrão de quadras regulares e avenidas largas, e o espaço viário de quase 30 m de largura inclui um canteiro central. Nos anos 1990, o aumento do tráfego de veículos e árvores comprometidas no canteiro central tornaram a rua desagradável e, portanto, subutilizada. Em 2004, a Câmara Municipal de Copenhagen decidiu transformar a rua para deixá-la mais atraente para os moradores locais.

Em cada direção, houve a redução de duas para uma faixa de tráfego, o que permitiu o alargamento do canteiro central, e foram acrescentadas lombadas para reduzir a velocidade.

Além das alterações geométricas, foi possível fazer uma transformação mais ativa e lúdica por meio do desenho de espaços de alta qualidade para descanso e brincadeiras de crianças e suas famílias. O espaço foi ativado por elementos lúdicos, incluindo playgrounds e áreas para jogos e esportes. Caminhos para pedestres, plantio e paisagismo e assentos se estendem por todo o bulevar.

ESTRATÉGIAS

Proteger: Instalação de lombadas, estreitamento das faixas de tráfego.

Recuperar: Redução do número de faixas de tráfego para ampliar a largura do canteiro central para o uso de pedestres.

Ativar: Inclusão de zonas de descanso e brincadeira com assentos, playgrounds e parques para cães; inclusão de paisagismo; inclusão de mobiliário urbano e comodidades.

CHAVES PARA O SUCESSO

O envolvimento dos moradores e dos proprietários de negócios locais foi fundamental para o processo de desenho. O time de projeto promoveu seis oficinas para garantir o aporte da comunidade durante o desenvolvimento das estratégias de desenho e implementação. Através destas atividades, a equipe reconheceu que os membros da comunidade tinham diferentes desejos para o espaço. Isso foi resolvido por meio da criação de zonas discretas ao longo do parque linear. Com áreas para esportes, crianças, animais de estimação, entre outras, estas zonas permitem uma ampla gama de atividades.

IMPACTOS

Cinco anos após a inauguração do projeto, a cidade de Copenhagen estudou seu impacto na vizinhança. O número de novos negócios, lojas e restaurantes de sucesso ao redor do local aumentou 375%, e o valor da propriedade da área adjacente aumentou em 56 milhões de dólares (de um custo de construção original de 3 milhões de dólares). Uma pesquisa de satisfação entre os moradores mostrou que 78% das pessoas estavam "felizes" ou "muito felizes" com seus espaços públicos locais, contra 22% antes.

O Sønder Boulevard é agora o oitavo espaço público mais usado em Copenhagen. Numa lista dos dez espaços públicos mais utilizados da cidade, é o único local que não é um destino turístico regular.

3

ESTUDO DE CASO

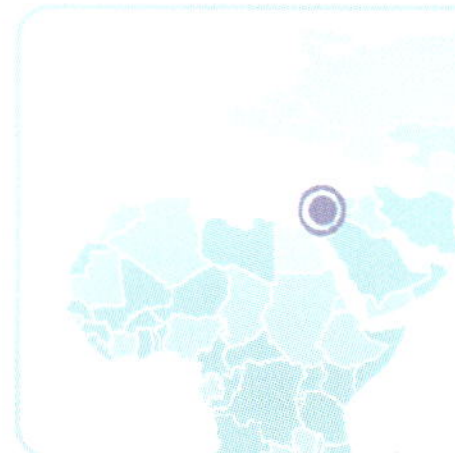

Circulando pela Avenida

Localização: Hadera, Israel

Organizações executoras: Prefeitura de Hadera, BO-Landscape Architects

Realização: 2017

VISÃO GERAL

A Avenida Amir (Herzl Street) é uma via de 12 m de largura criada nos anos 1920 e localizada no centro de Hadera. Como parte de um amplo esforço para renovar o centro histórico da cidade, a rua foi identificada pela municipalidade como local para uma intervenção urbana. Ao invés de seguir a tradição europeia de criar bulevares como uma faixa ajardinada com assentos, o projeto Circulando pela Avenida transformou o largo canteiro central da rua em um generoso espaço para brincar e socializar.

O desenho inclui diversos elementos lúdicos, como toras de madeira, gangorras e pequenas colinas gramadas. Elementos esculturais de assento informal, os chamados Círculos Amarelos, foram desenhados para as pessoas se sentarem, se reunirem e brincarem. O desenho exclusivo dessas peças incentiva as crianças e outras pessoas a interagir criativamente, subir, sentar-se e andar entre elas. Os Círculos Amarelos são iluminados para fornecer luz à noite.

O projeto Circulando pela Avenida tem um espaço dedicado para pedestres e ciclistas. Diversos cafés incentivam a convivência e a permanência, e há espaço para uma galeria ao ar livre. Árvores tipo fícus, plantadas há várias décadas, fornecem sombra. O projeto também adicionou diversas novas travessias de pedestres para uma melhor conectividade com as ruas vizinhas.

ESTRATÉGIAS

Ativar: Inclusão de elementos lúdicos e assentos.

ESTUDO DE CASO

Urban Thinkscape

Localização: Filadélfia, EUA

Organizações executoras: Playful Learning Landscapes (Brookings Institution), Universidade de Temple, Belmont Alliance Civic Association, Community Bible Deliverance Kingdom Ministries, Prefeitura da Filadélfia, Public Workshop, Arquiteto Itai Palti, Museu de Ciências de Minnesota

Realização: 2015-2017

ANTES

DEPOIS

VISÃO GERAL

A iniciativa Playful Learning Landscapes (em português, “Paisagens de Aprendizagem Lúdica”) queria explorar oportunidades de brincadeiras e aprendizagem por meio de elementos que pudessem ser usados em espaços públicos como praças e calçadas. Como parte da iniciativa, a área denominada Urban Thinkscape (em português, “Paisagem de Imaginação Urbana”), no oeste da Filadélfia, serviu como projeto-piloto. Localizado em uma importante avenida e adjacente a um ponto de ônibus, o local atendia aos critérios sugeridos pela comunidade West Philadelphia Promise Zone, que foi envolvida no projeto desde o início.

O processo participativo de desenho também atraiu jovens, organizações sem fins lucrativos e voluntários para o desenvolvimento de estruturas lúdicas. Os membros da comunidade também foram envolvidos para ajudar a implantar os projetos no local, mediados pelo escritório de design Public Workshop.

O projeto criou oportunidades para as crianças brincarem e aprenderem durante seus trajetos diários. Há quatro instalações de jogos e movimentos que exploram diferentes habilidades: uma parede de quebra-cabeça, que envolve as crianças enquanto esperam pelo transporte coletivo e fortalece as habilidades matemáticas e espaciais; desenhos de pegadas no piso, que estimulam o movimento e desenvolvem o controle dos impulsos; figuras escondidas, atividade que consiste em uma escultura de metal que contém imagens de alimentos, animais e outros objetos e se torna um jogo para crianças e cuidadores brincarem juntos; e rampas de madeira em que há textos narrativos que servem como pistas, ensinando habilidades de leitura e narração de histórias.

O projeto Urban Thinkscape também inclui decks de madeira e um caminho para pedestres. Foi adicionado um banco ao ponto de ônibus adjacente.

ESTRATÉGIAS

Melhorar: Instalação de iluminação alimentada por energia solar, melhorias nas instalações para pedestres.

Ativar: Inclusão de elementos lúdicos e educativos, inclusão de paisagismo.

Ampliar: Uso de um lote vazio adjacente à calçada para a criação de espaço de descanso e brincadeira.

CHAVES PARA O SUCESSO

O envolvimento da comunidade é fundamental para o sucesso. O projeto Urban Thinkscape enfatizou o engajamento da comunidade e a escuta dos atores locais ao longo de todo o processo de desenho e implementação. As reuniões de consultoria do projeto incluíram membros da comunidade, associações e organizações locais sem fins lucrativos, instituições acadêmicas e órgãos públicos, como departamentos de transporte e planejamento.

A parceria com um forte grupo comunitário e a identificação de lideranças locais para defender o projeto foi fundamental.

A equipe do projeto reconheceu as lacunas em sua própria experiência e buscou parceiros com conhecimento nessas áreas.

APRENDIZADOS

A manutenção é um desafio contínuo devido aos recursos necessários para as atividades.

IMPACTOS

Aumento do orgulho da comunidade local (moradores e empresas locais).

Aumento das interações gerais entre pais e filhos.

Aumento do tempo passado no local.

Aumento do uso da linguagem por crianças, inspiradas pelo espaço físico.

ESTUDO DE CASO

Rua "I Love"

Localização: Gwangju, Coreia do Sul

Organizações executoras: Gwangju Biennale Foundation, MVRDV, Jeroen Kooijmans

Realização: 2017

VISÃO GERAL

O projeto faz parte da iniciativa Gwangju Folly. O nome remete ao termo *follies*, que em português quer dizer "maluquices". Essas "maluquices" seriam pequenas intervenções lúdicas, artísticas e às vezes temporárias em espaços públicos urbanos e que podem ajudar as comunidades a reconhecer e revelar os problemas locais. A maluquice "I Love" foi projetada pelo escritório de arquitetura MVRDV, em colaboração com os alunos da Escola Primária Seosuk. Trata-se de uma intervenção permanente em uma rua fechada para o trânsito de automóveis.

A intervenção utiliza diversos materiais nos pisos e superfícies para incentivar diferentes usos, como brincar, sentar e pular. As palavras "I LOVE" são formadas por texturas aplicadas ao solo. Há um quadro-negro ao lado dessas palavras que pode ser usado para adicionar textos ou desenhos. O projeto também inclui pulverizadores de água e uma arquibancada de 5 m de altura com assentos e uma mesa.

PRINCIPAIS ESTRATÉGIAS

Ativar: Inclusão de elementos lúdicos e interativos, como um quadro-negro e mecanismos com água.

ELEMENTOS DE DESENHO DE RUAS

Espaços de descanso e brincadeira: Criação de um espaço de brincadeira amplo, com as dimensões da rua.

Brincadeira e aprendizagem: Incorporação de texturas, iluminação e elementos interativos para incentivar a aprendizagem cinestésica, física, visual e social.

Assentos: Instalação de assentos formais e informais.

3

ESTUDO DE CASO

Parque Gemenskap

Localização: Seattle, EUA

Organizações executoras: Prefeitura de Seattle, Mithun Architects

Realização: 2012-2018

VISÃO GERAL

Duas quadras da Avenida 14 Noroeste foram transformadas em um parque linear. “Gemenskap” é a palavra sueca para “comunidade”, e o parque está justamente localizado em um bairro de Seattle com raízes suecas. Os moradores locais conceberam inicialmente a ideia de um parque em sua rua.

Antes da construção do parque, um canteiro usado como estacionamento corria pelo centro da rua. O estacionamento foi removido e o espaço do canteiro central foi mesclado com a calçada de um lado da rua, criando espaço para o parque de 16 m de largura. As faixas remanescentes ainda permitem o tráfego de veículos nos dois sentidos.

A rua e o parque redesenhados incluem plataformas atenuadoras de velocidade, morros gramados, um caminho multiúso e assentos. As árvores existentes foram preservadas. A infraestrutura inovadora de águas pluviais captura e filtra o escoamento das ruas em cada quadra e promoverá maior acesso à natureza à medida que o bairro continuar a se desenvolver.

ESTRATÉGIAS

Recuperar: Remoção de faixas de tráfego para criar um parque linear, redução dos raios de conversão.

Ativar: Incorporação de paisagismo ao novo parque linear, programação de espaços com eventos.

CHAVES PARA O SUCESSO

Foram realizadas reuniões comunitárias durante o processo de desenho, estruturadas para incentivar as conversas em pequenos grupos. Isso ajudou a alinhar os moradores locais ao desenho do parque e a aliviar as preocupações relativas à redução do estacionamento.

Medellín, Colômbia

4

Transformando as ruas

As cidades estão reinventando ruas de todos os tamanhos, em todos os bairros, transformando-as em lugares destinados a pessoas de todas as idades. Neste redesenho, as estratégias de projeto são aplicadas às ruas existentes para alterar seu funcionamento – e não apenas sua aparência. Este capítulo abrange diferentes tipos de ruas usadas por crianças e cuidadores, inclusive aquelas próximas a escolas e outras instalações infantis, e propõe diversas maneiras de redesenhá-las. As transformações aqui discutidas apresentam formas poderosas de tornar as ruas mais seguras, confortáveis e divertidas para crianças, cuidadores e todas as outras pessoas.

Melhorar as ruas existentes é essencial, mas essas orientações de redesenho também podem ser usadas para guiar o desenho de novas ruas desde o princípio. As soluções de projeto podem ser testadas por meio de projetos-piloto ou intervenções temporárias antes de se investir na construção principal.

4.0 | Diferentes tipos de rua na cidade

As crianças usam uma ampla variedade de ruas em seus trajetos diários em todas as partes da cidade – não apenas em áreas residenciais e escolares. Uma rede conectada de ruas seguras e agradáveis é essencial para uma cidade amigável a esse público. Dependendo do tamanho de uma rua, de seu uso, do volume e da velocidade dos veículos e da densidade das edificações, diferentes combinações de estratégias podem ser aplicadas. É importante ressaltar que existem maneiras de integrar a brincadeira e o aprendizado não estruturados e não programados, de garantir a segurança e de incentivar os usuários a encontrar momentos de alegria e beleza em todos os tipos de ruas.

4.1 | RUAS PRÓXIMAS AOS PRINCIPAIS DESTINOS

4.2 | RUAS DE BAIRRO

4.3 | RUAS COMERCIAIS E DE USO MISTO

4.4 | AVENIDAS

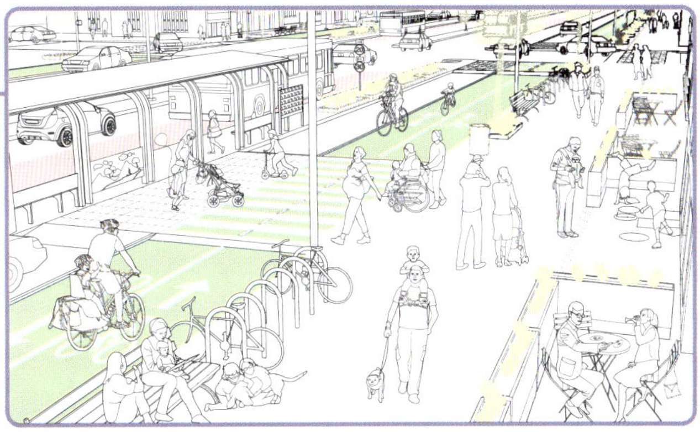

4.5 | CONDIÇÕES ESPECIAIS

4.6 | CRUZAMENTOS

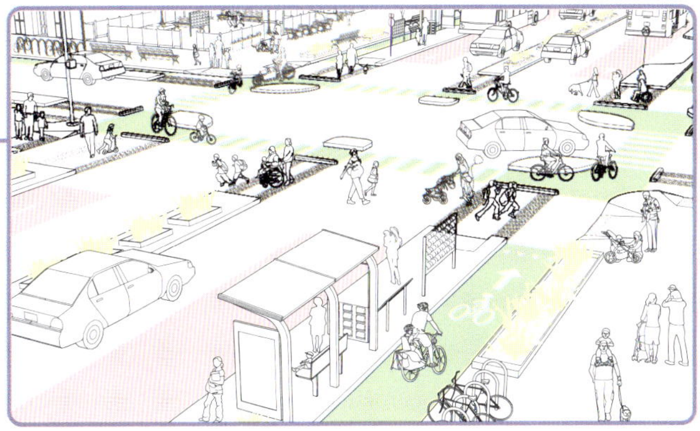

4.1

Ruas próximas aos principais destinos

As ruas próximas a serviços como escolas, creches, parquinhos, bibliotecas e hospitais são de alta prioridade para o desenho de ruas amigáveis às crianças. Estes serviços são o centro da vida familiar, bem como as ruas e os espaços públicos em seu entorno. Seus desafios são diferentes daqueles de outras ruas e incluem a limitação de espaço, o alto volume de pessoas na zona do meio-fio devido ao embarque e desembarque de crianças e a falta de moderadores de tráfego. Essas ruas podem ser mais movimentadas durante determinados períodos do dia, como nos horários de entrada e saída da escola. Elas devem ser vistas e planejadas como extensões dos serviços que oferecem e ser tão seguras, educativas e abertas a brincadeiras quanto as próprias instalações. Esses locais são ideais para começar a transformação das ruas e devem ser considerados prioritários para esta finalidade.

Lusaka, Zâmbia

Look

4.1.1 | Ruas próximas aos principais destinos

Toronto, Canadá

São Paulo, Brasil

Milão, Itália

Abordagem de projeto

É importante tratar as ruas próximas aos principais destinos com uma abordagem de rede: aqui, tanto a rua em frente à escola quanto as ruas adjacentes oferecem um ambiente geral mais seguro. As ruas ao longo das entradas de escolas devem visar ao nível zero de conflitos entre veículos e pedestres, funcionar como espaços de descanso, espera, socialização e brincadeira e estender a área para as crianças pelo espaço da rua. O desenho das ruas adjacentes pode dar suporte a essas metas limitando o acesso de veículos às ruas escolares. Estas devem ter a entrada de veículos limitada ou evitada durante determinados horários por meio de zonas designadas de embarque e desembarque nas ruas adjacentes, porém permitindo o acesso dos veículos de emergência. As ruas adjacentes devem promover o acesso às ruas escolares por meio de transporte coletivo, de bicicleta e a pé. Priorize a melhoria dos cruzamentos próximos a escolas e a outros destinos para as famílias que acessam essas instalações a pé ou de bicicleta. *Para mais detalhes, ver página 61.*

Abidjan, Costa do Marfim

Kolkata, Índia

Bogotá, Colômbia

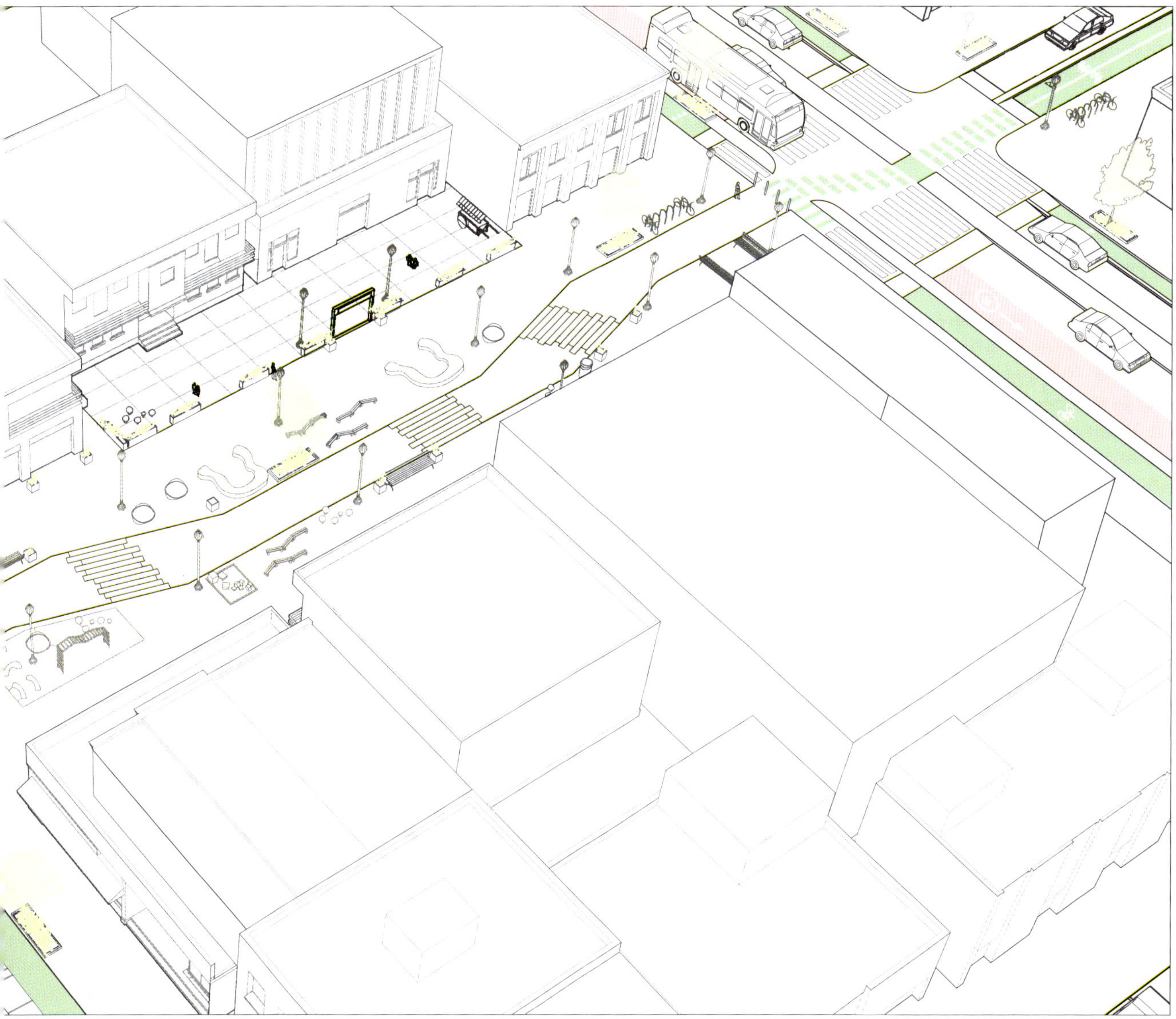

4.1.2 | Ruas próximas aos principais destinos

Condições existentes

Este exemplo retrata uma rua de mão dupla em frente a uma escola. Ela é muito movimentada durante os horários de entrada e saída. Os estudantes se encontram, brincam ou esperam pelos cuidadores na calçada.

A largura das calçadas não é suficiente para acomodar o alto volume de pedestres durante os períodos de pico, o que causa um grande impacto sobre aqueles que passam a caminho de casa ou de uma parada de transporte coletivo. Há frequentes obstáculos na faixa livre. Consequentemente, as crianças e os cuidadores são forçados a andar no leito viário.

A rua carece de travessias de pedestres alinhadas com as entradas da escola e com a parada de transporte coletivo. As distâncias mais longas de travessia e a falta de semáforos levam os estudantes e cuidadores a atravessar a rua em meio ao tráfego em movimento.

A parada de transporte coletivo está localizada em uma calçada estreita e não pode acomodar todas as crianças e cuidadores que esperam pelo transporte público durante os horários de saída da escola.

Essa rua tem muitos veículos competindo pelo espaço de embarque e desembarque no meio-fio, incluindo ônibus e vans escolares e automóveis particulares. Como resultado, os veículos param nas faixas de circulação e áreas proibidas ou estacionam em fila dupla, criando conflitos com outros motoristas e usuários da via. Não há paraciclos para os cuidadores que levam as crianças à escola de bicicleta.

Gradis e paredes-cegas ao redor da escola geram fachadas desinteressantes, inativas e opacas.

Redesenho: Rua compartilhada de mão única

PROTEJA

A rua foi redesenhada para o limite de velocidade de **10 km/h**, e a sinalização de limite regulamentado de velocidade foi atualizada. Fora das zonas escolares designadas, as ruas foram projetadas para o limite de velocidade de **30 km/h**.

Nessa rua, assim como nas adjacentes e nos cruzamentos, o uso de deflexão vertical, como travessias elevadas e plataformas atenuadoras de velocidade, reduz a velocidade e facilita a travessia de crianças e cuidadores.

Os motoristas podem perceber que estão dirigindo em uma zona de baixa velocidade devido à pavimentação em cores e materiais distintos e ao uso de balizadores, mobiliário urbano e arborização. O meio-fio foi removido. Como opções, pode-se elevar o leito viário em frente à escola e/ou delimitar uma estreita faixa de tráfego com uma chicana por meio do uso de blocos intertravados e mobiliário.

Foi acrescida sinalização de "área escolar" ou "zona de velocidade reduzida".

RECUPERE

1 Essa rua foi convertida em rua compartilhada e fica fechada aos veículos nos horários de entrada e saída da escola. A redução das faixas de tráfego cria espaço extra para os pedestres e ciclistas, incluindo áreas dedicadas para brincadeiras na rua compartilhada. Isso acomoda os estudantes que entram e saem da escola e os que esperam pelos cuidadores.

Os veículos de emergência têm permissão para ingressar na área compartilhada quando necessário.

ATIVE

2 Foram adicionados assentos e árvores à rua em frente à escola, criando locais de descanso e brincadeira. Isto inclui espaços sombreados e com um projeto paisagístico.

Elementos divertidos e educativos foram incorporados sempre que possível: travessias de pedestres coloridas, mensagens educativas nos muros e texturas e cores no pavimento.

AMPLIE

3 Os gradis e muros foram removidos, permitindo que áreas de brincadeira e outros espaços abertos pudessem ser usados pela comunidade após os horários de aula e aos finais de semana.

Foram acrescentadas obras de arte às fachadas cegas adjacentes.

MELHORE

A melhoria da iluminação aumenta a segurança para os estudantes que circulam no início da manhã ou tarde da noite.

Foram instalados paraciclos e estações de bicicletas compartilhadas próximo da escola.

ESTUDO DE CASO

Escola Primária Justin Kabwe

Localização: Lusaka, Zâmbia

Organizações executoras: Amend, Child Health Initiative, Zambia Road Safety Trust, FedEx

Realização: maio a novembro de 2017

VISÃO GERAL

Em um único ano, quatro crianças foram feridas no tráfego nas imediações da Escola Primária Justin Kabwe, em Lusaka. Como parte do programa Análises e Melhorias para a Segurança no Trânsito em Área Escolar (em inglês, School Area Road Safety Assessments and Improvements – SARSAI), da organização Amend Initiative, a localidade foi transformada para aumentar a segurança das crianças, dos cuidadores e dos funcionários da escola.

A rua usada pelos alunos não tinha áreas designadas para pedestres. Por isso, a construção de calçadas e de uma travessia elevada representou uma parte importante do projeto de melhoria da rua. Outra melhoria em prol da segurança foi a instalação de sinalização e de barreiras de pedestres que guiam os estudantes em direção à nova travessia. Além disso, o projeto incluiu um programa de educação em segurança viária composto de sessões teóricas e práticas.

O programa SARSAI também transformou as áreas escolares de nove outras cidades africanas por meio da identificação de escolas onde as crianças estavam sujeitas a altos riscos, de análises locais e da implementação de melhorias na infraestrutura. Ao longo de cada projeto, as equipes coletaram dados sobre o espaço físico, as transferências modais (mapeando especialmente como as crianças se deslocam entre a casa e a escola), o comportamento dos usuários da rua e a velocidade dos veículos. As evidências coletadas e analisadas ajudaram a identificar as estratégias e os elementos necessários para aumentar a segurança. Após a implementação, são coletados dados adicionais para dar suporte ao monitoramento e à avaliação da transformação.

O evento de inauguração do projeto envolveu crianças, professores, funcionários do governo e a mídia e serviu como uma oportunidade para comunicar a importância das melhorias na infraestrutura.

DEPOIS

56%
de redução no 85º percentil de velocidades (de 32 km/h para 14 km/h)

ESTRATÉGIAS

Melhorar: Inclusão de calçadas pavimentadas e de travessias elevadas de pedestres.

Proteger: Elevação das travessias de pedestres, instalação de balizadores ao longo das calçadas, instalação de bandas sonoras no leito viário, próximas às travessias de pedestres.

Ampliar: Repintura dos muros da escola, perto das melhorias viárias, com murais educativos.

IMPACTOS

Estima-se uma redução de 26% nos ferimentos graves em crianças.

CHAVES PARA O SUCESSO

O programa SARSAI tem um processo claro e abrangente, que inclui fases de avaliação, projeto, implementação e monitoramento. Os projetos deste programa são fortalecidos pelas lições e experiências adquiridas em outras implementações.

Desde o início atores locais foram incluídos, aumentando o senso de apropriação em longo prazo. As crianças em fase escolar envolvidas em sinistros de trânsito foram convidadas a partilhar suas histórias com a ajuda de um tutor. A comunidade foi incentivada a opinar sobre a segurança e como melhorá-la. Funcionários do governo também foram incluídos em estágios iniciais, antes da escolha dos locais específicos.

Tove Ditlevsens Plads

Localização: Copenhagen, Dinamarca

Organizações executoras: Prefeitura de Copenhagen, Supertanker, Escola Tove Ditlevsen

Realização: 2012-2015

VISÃO GERAL

A Tove Ditlevsens Plads, uma pequena praça em frente à Escola Tove Ditlevsen, foi transformada como parte do Plano de Renovação Regional de Vesterbro Central. O pátio escolar era separado das ruas e da praça por um gradil, mas este foi removido e o espaço público se expandiu ao incorporar as ruas adjacentes à escola.

Um espaço de de brincar foi criado na praça, incluindo pula-pulas, redes de balanço e rampas de skate. A rua foi repavimentada com paralelepípedos e foram acrescidos bancos com bicicletários integrados.

Linhas verdes pintadas no piso criam jogos divertidos e equações matemáticas e relembram as crianças e cuidadores da poesia da escritora local e xará da escola Tove Ditlevsen.

O engajamento foi parte importante do processo. Crianças em idade escolar, moradores e representantes de uma igreja próxima e da comunidade empresarial foram incluídos nas discussões sobre o desenho e a programação do local.

ESTRATÉGIAS

Melhorar: Repavimentação de calçadas, pintura de faixa de pedestres.

Recuperar: Remoção de áreas de estacionamento e criação de rua compartilhada com a remoção do meio-fio e a troca do material de pavimentação.

Ativar: Instalação de estruturas lúdicas e mobiliário urbano.

Ampliar: Remoção dos gradis ao redor do terreno da escola para expandir o uso público até o pátio e outros recuos das proximidades.

ELEMENTOS DE DESENHO DE RUAS

Espaços de descanso e brincadeira: Criação de um espaço de brincar, com a instalação de elementos lúdicos.

Assentos: Instalação de mobiliário urbano e assentos.

ESTUDO DE CASO

Hospital Infantil Albert Sabin

Localização: Fortaleza, Ceará

Organizações executoras: Prefeitura do Ceará, World Resources Institute, NACTO-GDCI

Realização: 2017

ANTES

DEPOIS

VISÃO GERAL

O Hospital Infantil Albert Sabin é um importante hospital público pediátrico que atende centenas de jovens pacientes todos os dias. A maioria chega a pé a partir de uma parada de ônibus próxima, mas a rua que dá acesso ao hospital, Tertuliano Sales, priorizava o trânsito de veículos motorizados. As calçadas nessa área eram extremamente estreitas e estavam em condições precárias, o que forçava metade das crianças que chegavam ou saíam do hospital, muitas com deficiências, a caminhar ou ser carregadas pelo leito viário – uma condição insegura.

O hospital identificou esta questão preocupante e decidiu desenvolver estratégias para aumentar a segurança viária; o objetivo era mudar drasticamente a configuração das ruas para priorizar os pedestres. Mais de 1.000 m² de espaço viário subutilizado foram reaproveitados e convertidos em calçadas contínuas e acessíveis. Medidas de moderação de tráfego, como extensões de meio-fio, travessias elevadas de pedestres, lombadas, faixas de rodagem mais estreitas e raios de conversão mais fechados, incentivam os motoristas a praticar velocidades mais seguras.

Essa intervenção faz parte dos esforços recentes da cidade para melhorar as condições de segurança no trânsito, que também incluem fiscalização, redesenho urbano, campanhas massivas de mídia e melhor coleta e análise de dados. Por causa dessas ações, o número de fatalidades relacionadas ao trânsito caiu em 40% em toda a cidade entre 2011 e 2019.

ANTES

2%
das pessoas entrevistadas se sentiam "muito seguras" ao atravessar a Rua Tertuliano Sales

DEPOIS

88%
das pessoas entrevistadas se sentiam "muito seguras" ao atravessar a Rua Tertuliano Sales

ESTRATÉGIAS

Melhorar: Pintura e alargamento de faixas de pedestres e inclusão de rampas de pedestres.

Proteger: Inclusão de extensões do meio-fio para reduzir as distâncias de travessia, de lombadas e de travessia elevada de pedestres.

Ativar: Criação de áreas de espera nas calçadas, reorganização dos vendedores ambulantes locais.

DEPOIS

↓ 42%
de redução na média das velocidades dos veículos

ANTES

DEPOIS

ELEMENTOS DE DESENHO DE RUAS

Assentos: Instalação de mobiliário urbano.

Natureza e paisagismo: Plantio de árvores nas novas calçadas.

IMPACTOS

O número de pedestres andando no leito viário caiu em 86% (de 40% para 6% dos pedestres).

Nenhuma criança foi vista caminhando ou sendo carregada no leito viário perto do hospital após a implementação do projeto; antes, estima-se que isso acontecia em 50% dos casos.

As distâncias de travessia foram reduzidas em até 67% (de 10,5 m para 3,5 m).

1.175 m² de espaço viário subutilizado foram reaproveitados, um aumento de 79,4%.

O espaço alocado para pedestres no espaço viário da Rua Tertuliano Sales aumentou de 31% para 56%.

Obteve-se um aumento da visibilidade dos pedestres e a redução dos riscos de sinistros.

CHAVES PARA O SUCESSO

Alinhamento com os principais atores locais, incluindo o hospital e a equipe de sinalização da agência de mobilidade.

Desenvolvimento e monitoramento de teste da geometria com cones de tráfego antes da implementação no local.

Ruas de bairro

As ruas de bairro são nossos pátios frontais. Elas estão no centro da relação das pessoas com suas comunidades e cidades, visto que oferecem o primeiro contato com o espaço público durante os trajetos diários. Podem variar desde ruas estreitas e calmas com casas pequenas até largas vias delineadas por arranha-céus de alta densidade. Elas funcionam como extensões do lar, acomodando atividades familiares como brincadeiras e socialização. Quando incentivam as pessoas à permanência, essas ruas podem ajudar a construir relacionamentos e fortalecer as comunidades. Elas se tornam ainda mais importantes em bairros que carecem de espaços públicos abertos seguros ou atraentes, ou para cuidadores com crianças pequenas, que costumam fazer viagens mais curtas para estar mais perto de casa.

Havana, Cuba

4.2.1 | Ruas de bairro

Copenhagen, Dinamarca

Acra, Gana

Nova Déli, Índia

Nova York, EUA

São Paulo, Brasil

Delft, Holanda

Condições existentes

Este exemplo retrata uma rua residencial estreita com um espaço viário total de 12 m. Ela tem baixo tráfego de veículos, mas a maior parte do espaço é dedicada a uma faixa de tráfego de mão dupla e ao estacionamento de carros. As calçadas são muito estreitas (0,5 m) e às vezes inexistentes. *Para mais detalhes, ver página 70.*

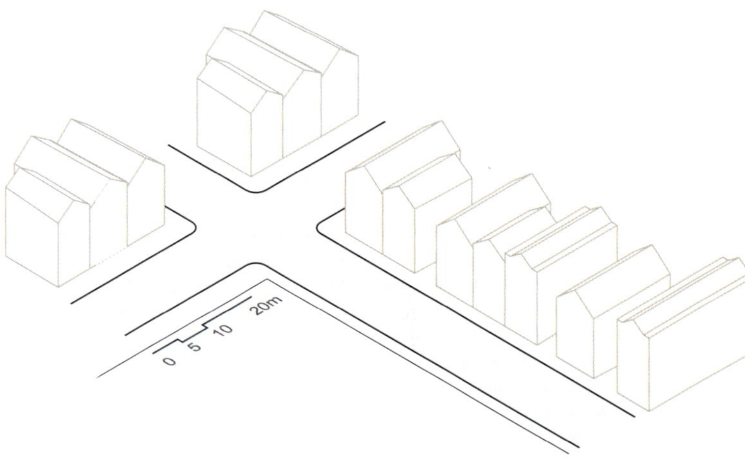

leito viário

calçada

rua compartilhada prioritária de pedestres

paisagismo

Ideias de redesenho

RUA COMPARTILHADA DE MÃO ÚNICA

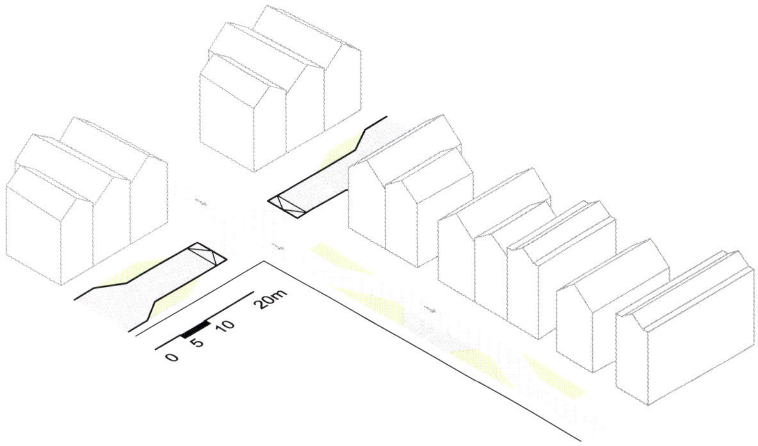

Redirecione o tráfego do bairro para reduzir o volume de veículos e criar uma rua compartilhada de mão única. Implante defletores horizontais para reduzir as velocidades, designando estrategicamente áreas para estacionamento limitado e infraestrutura verde. Remova o meio-fio para gerar uma sensação de espaço compartilhado. Instale mobiliário urbano para permitir que as famílias locais se apropriem do espaço compartilhado como seus pátios frontais. *Para mais detalhes, ver página 71.*

RUA PRIORITÁRIA DE PEDESTRES

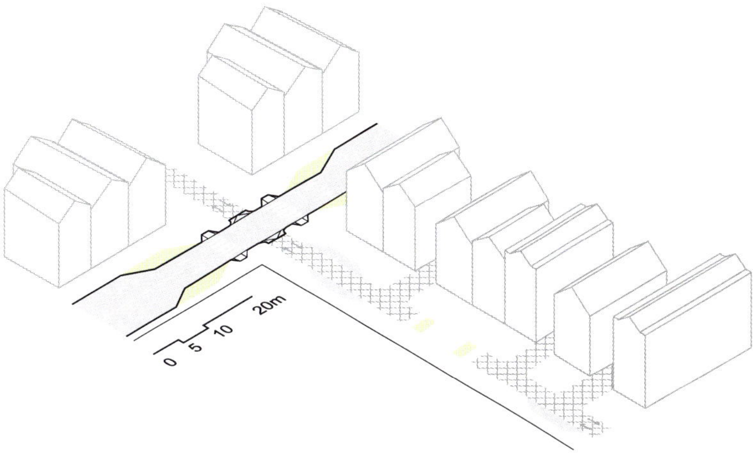

Remova o tráfego veicular de passagem e o estacionamento na via para criar uma rua prioritária de pedestres, com limites de acesso de veículos e de entradas de garagens. Instale elementos lúdicos e mobiliário urbano para permitir que a rua seja usada como pátio frontal para brincar, descansar, socializar, entre outras atividades. Mantenha uma rede permeável para pedestres e ciclistas.

RUA DE MÃO DUPLA COM ESTACIONAMENTO

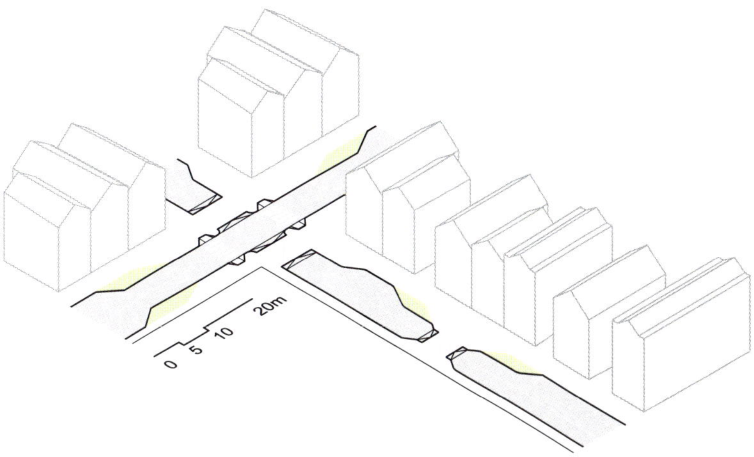

Mantenha o tráfego de veículos de mão dupla. Remova o estacionamento de um lado da rua e alargue as calçadas para criar faixas livres acessíveis e contínuas. Implemente restrições de acesso, extensões do meio-fio, estreitamentos de via e travessias elevadas para reduzir as velocidades, reduza as distâncias de travessia e proporcione espaço para infraestrutura verde, arborização e assentos.

4.2.2 | **Ruas de bairro** (12 m)

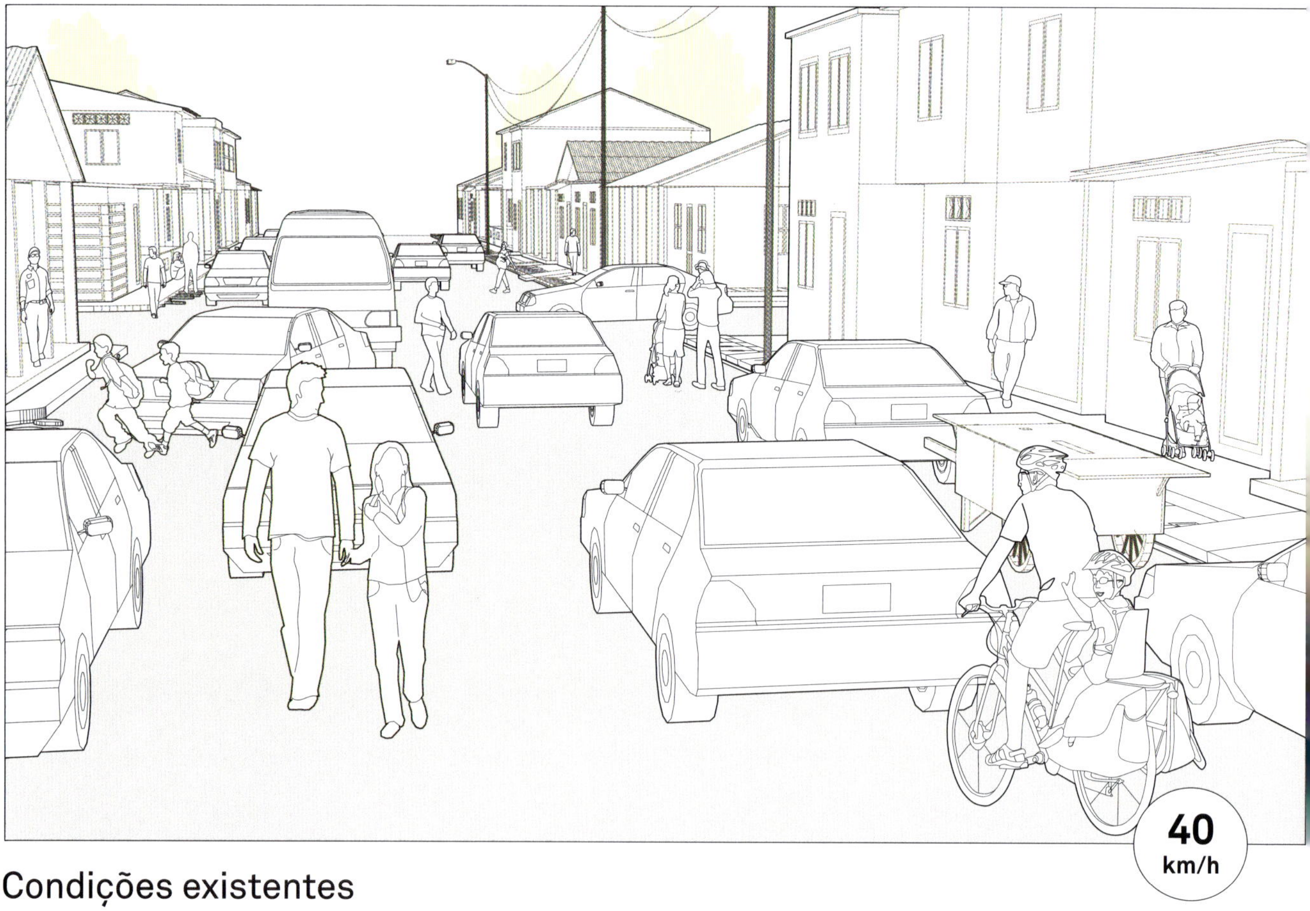

Condições existentes

Este exemplo retrata uma rua residencial com um estreito espaço viário.

Como muitas ruas em contextos parecidos, esta carece de demarcações, semáforos, travessias de pedestres ou outros espaços designados a quem anda a pé.

Apesar do baixo volume veicular, a maior parte do espaço é dedicada aos veículos motorizados e ao estacionamento.

As calçadas são estreitas, inexistentes ou têm manutenção precária, tornando a circulação dos pedestres difícil e pouco segura, especialmente para os cuidadores que empurram carrinhos de bebês ou carregam crianças pequenas no colo, bem como para as pessoas com mobilidade reduzida.

Equipamentos como postes de iluminação e eletricidade, tubulações de água e esgoto, cestos de lixo e outros itens criam obstáculos frequentes. Como resultado, esta rua funciona, na prática, como uma rua compartilhada, onde pedestres, ciclistas e motoristas compartilham informalmente o leito viário.

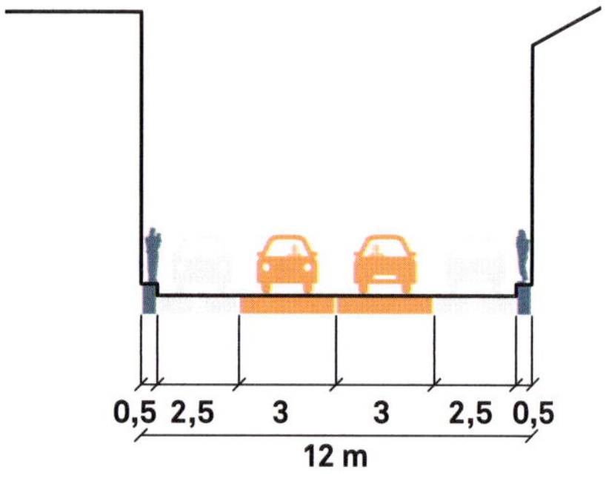

Redesenho: Rua compartilhada de mão única

RECUPERE

O tráfego de veículos foi redirecionado, recuperando espaço para as atividades de pedestres e criando uma rua compartilhada de mão única. Esta rua permite o acesso de bicicletas no contrafluxo.

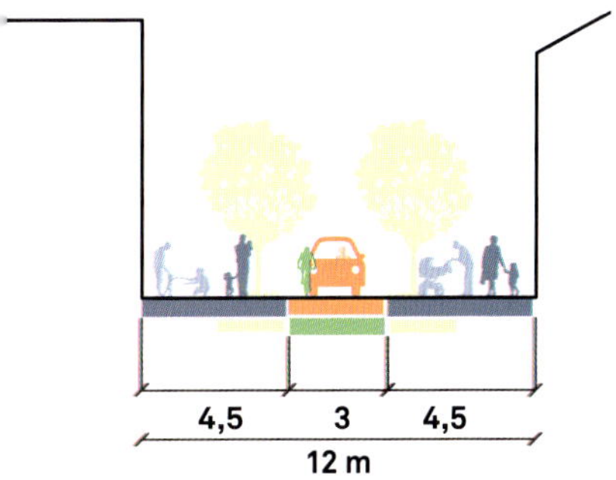

PROTEJA

As faixas de tráfego compartilhadas devem ser estreitas, medindo **3 m** de largura, com **0,5 m** para saída em ambos os lados. Defletores horizontais, como chicanas, reduzem as velocidades. Espaços para o estacionamento de carros, motocicletas e bicicletas foram criados ao longo da beirada da rua e também atuam como defletores horizontais.

❶ A faixa de tráfego foi nivelada com o meio-fio e usa materiais de superfície diferentes do asfalto tradicional para evidenciar o espaço compartilhado. Os usuários da rua percebem visualmente que estão entrando ou saindo dessa zona devido ao uso de portais, mudanças de nível e pavimentação, pisos táteis e elementos verticais como balizadores.

O uso de sinalização de "zona de velocidade reduzida" e "crianças brincando" lembra os usuários da prioridade dos pedestres.

MELHORE

❷ Foi instalado mobiliário urbano que convida as famílias a caminhar e permanecer, e a iluminação foi aprimorada. As zonas das calçadas foram organizadas de forma a manter uma faixa livre larga, de pelo menos **1,8 m**.

ATIVE

❸ Foram incorporados espaços para brincadeiras estruturadas e não estruturadas, e assentos foram estrategicamente posicionados nas proximidades para os cuidadores olharem as crianças e encontrarem uns aos outros.

ESTUDO DE CASO

Potgieterstraat

Localização: Amsterdã, Holanda

Organizações executoras: Municipalidade de Amsterdã, Carve Landscape Architecture

Realização: finalizado em 2008

VISÃO GERAL

A rua Potgieterstraat está localizada em Amsterdã, em um bairro do século XIX construído com ruas estreitas e poucos espaços verdes e públicos. Uma quadra de 60 m de extensão foi transformada como parte de um plano mais amplo para aprimorar os espaços públicos no distrito, que incluía a criação de ruas amigáveis às crianças.

O espaço viário de 17 m de largura da Potgieterstraat incluía duas faixas de tráfego, estacionamento e um canteiro central. Em um lado da rua, uma faixa de tráfego e uma de estacionamento foram combinadas com a calçada e o canteiro central existente. O canteiro central expandido criou uma superfície de 1.500 m², que se tornou um novo espaço de recreação com elementos lúdicos e divertidos. Uma ciclofaixa foi criada do outro lado da rua.

O processo envolveu diversos desafios. O redesenho da rua propôs a remoção de quatro áreas de estacionamento, e surgiram conflitos quando os moradores locais ficaram hesitantes em perdê-las. A Câmara Municipal requereu a concordância de 70% dos moradores em relação ao desenho, então o escritório de projetos enviou questionários com perguntas-chave sobre o que os moradores queriam e aceitariam e explicou as justificativas para o desenho. Com a nomeação de uma nova gestão política, surgiram outros desafios que acarretaram mudanças nos planos anteriormente aprovados. Apesar dessas questões, o processo resultou em uma vizinhança mais vibrante e conectada.

ESTRATÉGIAS

Recuperar: Remoção de faixas de tráfego e áreas de estacionamento para integrar o canteiro central existente e a calçada, criação de uma praça com espaço para brincar, restrição ao acesso de veículos.

Ativar: Inclusão de elementos lúdicos e mobiliário urbano.

ELEMENTOS DE DESENHO DE RUAS

Espaços de descanso e brincadeira: Incorporação de paisagismo, revestimento da praça com piso emborrachado e instalação de brinquedos, incluindo escorregador, túnel infantil, gira-giras, pula-pulas, pulverizadores de água e tubos de sussurro.

Natureza e paisagismo: Manutenção de árvores existentes, plantio de novas árvores.

Infraestrutura cicloviária: Criação de uma ciclofaixa de mão dupla.

IMPACTOS

Aumento do uso pelos moradores locais.

Aumento do senso de apropriação.

CHAVES PARA O SUCESSO

Envolver a comunidade no início do processo.

Explicar como o redesenho da rua aumentaria a segurança e a satisfação dos moradores locais, o que ajudou a ganhar a aprovação necessária de 70% dos moradores para a execução do projeto.

4

ESTUDO DE CASO

Terraces Roy

Localização: Montreal, Canadá

Organização executora: Prefeitura de Montreal

Realização: 2017-atualmente

VISÃO GERAL

Em 2015, a prefeitura de Montreal criou o Programa de Ruas Compartilhadas e Exclusivas para Pedestres (em francês, Programme d'Implantation de Rues Piétonnes et Partagées – PIRPP) para dar suporte aos distritos na implementação de projetos de pedestrianização das ruas. Em 2017, o Borough of Plateau-Mont-Royal deu início ao projeto de pedestrianização da Rua Roy, entre as ruas Colonial e Bullion. Nesta quadra, a prefeitura redesenhou a rua para criar um ambiente sem carros, instalando bancos e jardineiras para a agricultura urbana e criando espaços lúdicos para as crianças. Esses elementos são organizados em torno de quatro "ilhas" instaladas no leito viário como plataformas elevadas e coloridas que criam áreas únicas para brincar e permanecer.

O projeto foi iniciado como uma fase intermediária para um projeto permanente. A cidade monitora o uso do espaço e leva em consideração as variações ao longo do ano para orientar a implementação final.

Foi criado um comitê de moradores locais para garantir o envolvimento da comunidade com os órgãos municipais responsáveis pelo projeto, cujos objetivos incluíam o incentivo à caminhada ao longo do espaço público ampliado para os pedestres, o envolvimento da comunidade na transformação dos espaços públicos para estimular o apoio público e o desenvolvimento da compreensão local a respeito do espaço público e da transformação das ruas.

A rua redesenhada tem uma programação com os mercados de rua locais.

ESTRATÉGIAS

Recuperar: Restrição ao acesso de veículos para criar uma rua exclusiva de pedestres.

Ativar: Inclusão de elementos lúdicos e mobiliário urbano.

ELEMENTOS DE DESENHO DE RUAS

Calçada: Manutenção da faixa livre para a circulação de pedestres entre as novas estruturas de brincadeiras e assentos.

Espaços para brincadeira e permanência: Criação de quatro "ilhas" para brincar e permanecer, com decks, jardins, assentos e uma caixa de areia.

Natureza e paisagismo: Construção de jardineiras com plantas comestíveis.

Assentos: Instalação de 62 bancos e espaços para sentar.

IMPACTOS

Em média, 4.100 pedestres usam o espaço por dia.

A área para os pedestres no espaço viário aumentou de 34% para 100%.

85% dos entrevistados responderam que visitam o espaço com mais frequência.

DEPOIS

95% das pessoas entrevistadas estão "satisfeitas" ou "muito satisfeitas" com o projeto

4.3 Ruas comerciais e de uso misto

Em todo o mundo, ruas comerciais são um destino onde famílias podem tratar de seus afazeres ou acessar serviços durante a semana e fazer compras ou comer nos finais de semana. Muitas vezes, as calçadas não são largas o suficiente para acomodar grandes volumes de pedestres circulando e a atividade comercial. Os locais para parar, descansar, socializar e aguardar costumam ser limitados devido às necessidades concorrentes dessas ruas.

As ruas comerciais podem ser ocupadas com atividades de varejo, serviços cotidianos, vendedores ambulantes, transporte coletivo e veículos de carga e descarga. Por funcionarem como conectoras dentro dos bairros, essas ruas organizam as rotinas diárias de pedestres, ciclistas, usuários de transporte coletivo e motoristas. Esse tipo de rua tem o potencial de intensificar o acesso ao transporte coletivo e o uso de bicicletas, ao mesmo tempo que agrega espaços públicos de alta qualidade aos lugares onde eles são necessários.

Copenhagen, Dinamarca

4.3.1 | Ruas comerciais e de uso misto

Kuala Lumpur, Malásia

Viena, Áustria

Bogotá, Colômbia

Melbourne, Austrália

Chicago, EUA

Cidade de Ho Chi Minh, Vietnã

Condições existentes

Esta é uma rua comercial de mão dupla com 24 m de largura, duas faixas de tráfego e uma faixa de estacionamento em cada direção. Suas calçadas de 2,5 m não são largas o suficiente para acomodar grandes volumes de pedestres, atividades comerciais ou outros serviços essenciais. *Para mais detalhes, ver página 78.*

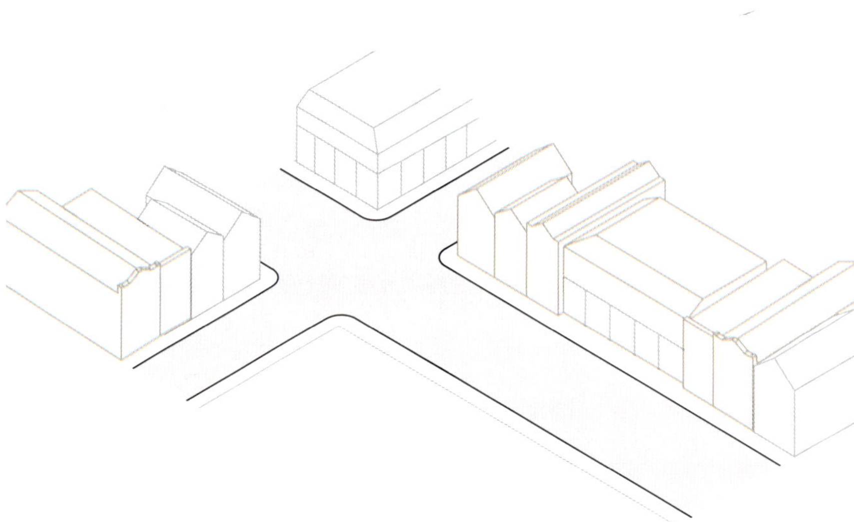

- leito viário
- calçada
- rua compartilhada prioritária de pedestres
- faixa exclusiva de transporte coletivo
- parada de transporte coletivo
- infraestrutura cicloviária
- paisagismo

Ideias de redesenho

PRIORIZE O TRANSPORTE COLETIVO E A BICICLETA

Substitua as faixas de tráfego de veículos por faixas exclusivas de transporte coletivo e ciclofaixas protegidas, movimentando mais pessoas usando menos espaço. Gerencie a rede local para redirecionar o tráfego de veículos existente, permitindo apenas acesso limitado para táxis, veículos de acessibilidade e de carga e descarga durante determinados horários. Amplie a largura das calçadas para acomodar a atividade de pedestres. *Para mais detalhes, ver página 79.*

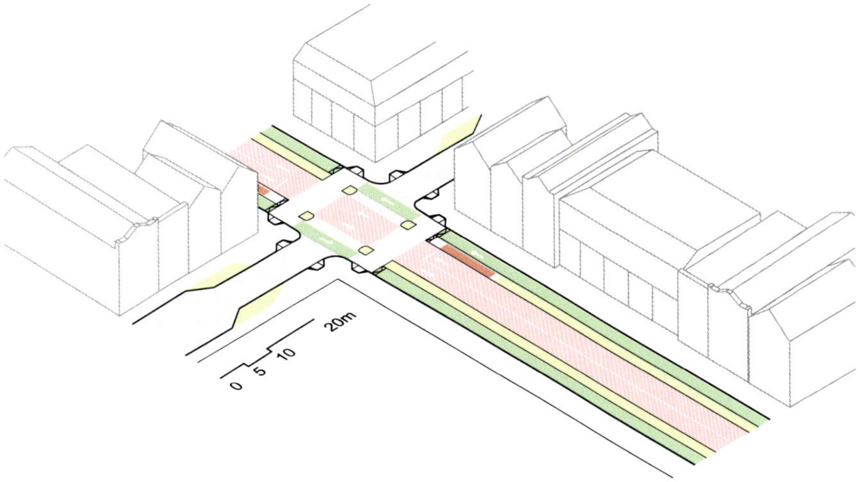

CRIE UMA RUA DE MÃO ÚNICA

Transforme a rua em uma via de mão única, com uma faixa exclusiva para ônibus e uma ciclofaixa bidirecional protegida por uma faixa de estacionamento. Mantenha uma faixa de tráfego. Adicione áreas para carga e descarga e alargue as calçadas. Alterne as vagas de estacionamento com ilhas de refúgio e infraestrutura verde. Torne o meio-fio flexível o suficiente para acomodar diversos usos ao longo do dia ou da semana. Considere regulamentar os horários de entrega.

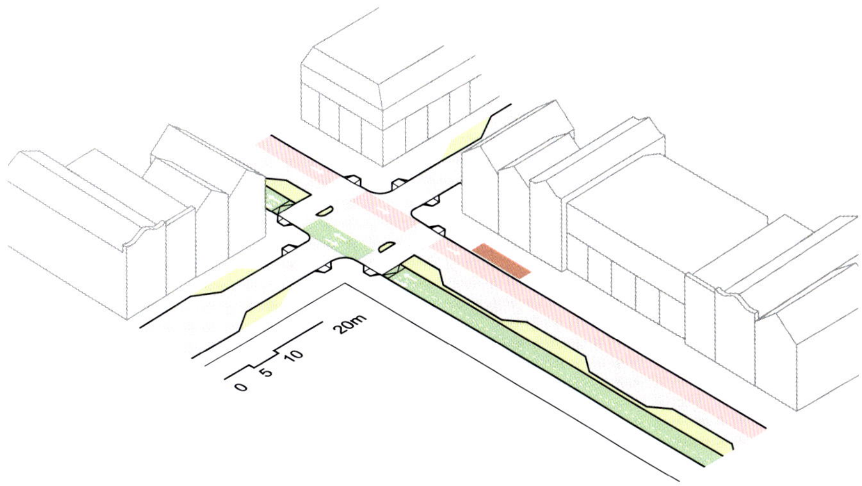

CRIE UMA RUA PRIORITÁRIA DE PEDESTRES

Gerencie a rede de forma a redirecionar o tráfego de veículos e criar uma rua prioritária de pedestres. Adicione espaços frequentes de descanso e brincadeira e permita que o comércio se estenda pelas calçadas. Permita que os ciclistas circulem a velocidades baixas. Restrinja a atividade de carga e descarga para as empresas locais a determinados horários e assegure uma passagem de **3,5 m** para o acesso de veículos de emergência. Certifique-se de que existam opções de transporte coletivo e para bicicletas disponíveis para dar acesso à rua prioritária de pedestres.

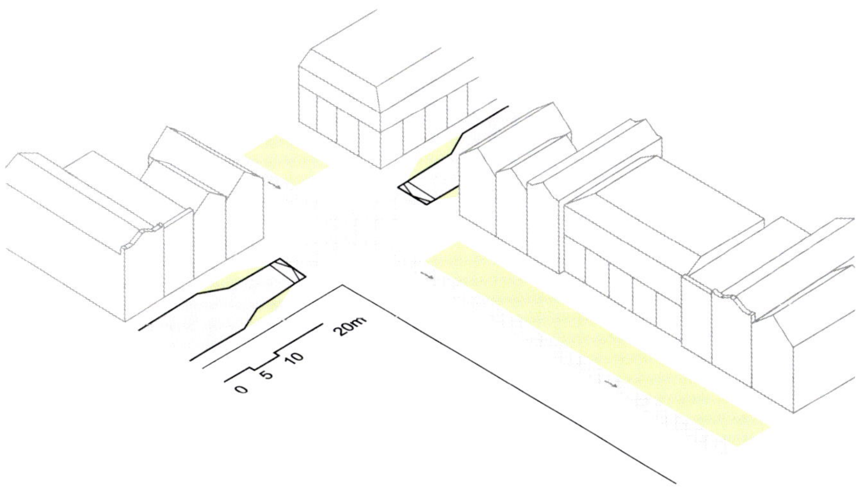

4.3.2 | **Ruas comerciais e de uso misto** (24 m)

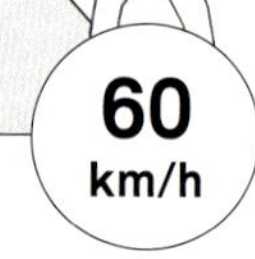

Condições existentes

Este exemplo retrata uma movimentada rua de mão dupla de uso misto. Ela tem um volume de tráfego entre moderado e alto e atividades de pedestres que não podem ser acomodadas nas calçadas existentes. A rua tem faixas de tráfego largas, travessias de pedestres não demarcadas e carece de semáforos.

A falta de travessias frequentes impede que os pedestres acessem com segurança diversos destinos em ambos os lados da rua.

Devido à atividade comercial no nível térreo, há uma alta demanda na zona do meio-fio para atividades de carga e descarga, acesso ao transporte coletivo e estacionamento de bicicletas e veículos. Muitas vezes, os veículos invadem as calçadas e faixas de circulação, bloqueando a faixa livre dos pedestres e o acesso ao transporte coletivo.

O desenho da rua não é autoimpositivo e demanda recursos adicionais para funcionar satisfatoriamente, como a presença da polícia para regulamentar o estacionamento.

A rua é ruidosa e cheia de gente. É desconfortável e, embora funcione como o centro da vida cotidiana, poucas pessoas se sentem encorajadas a permanecer nela.

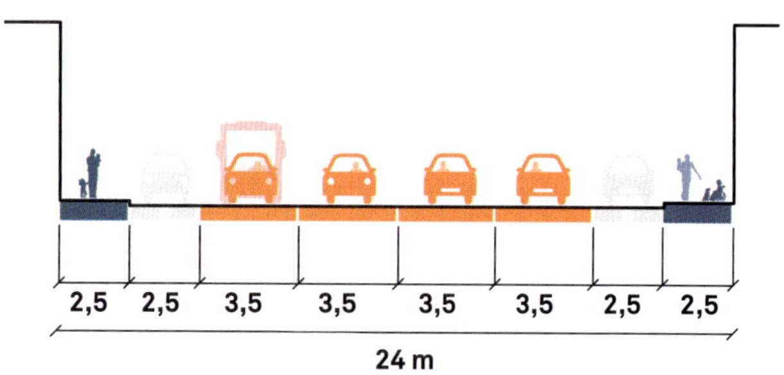

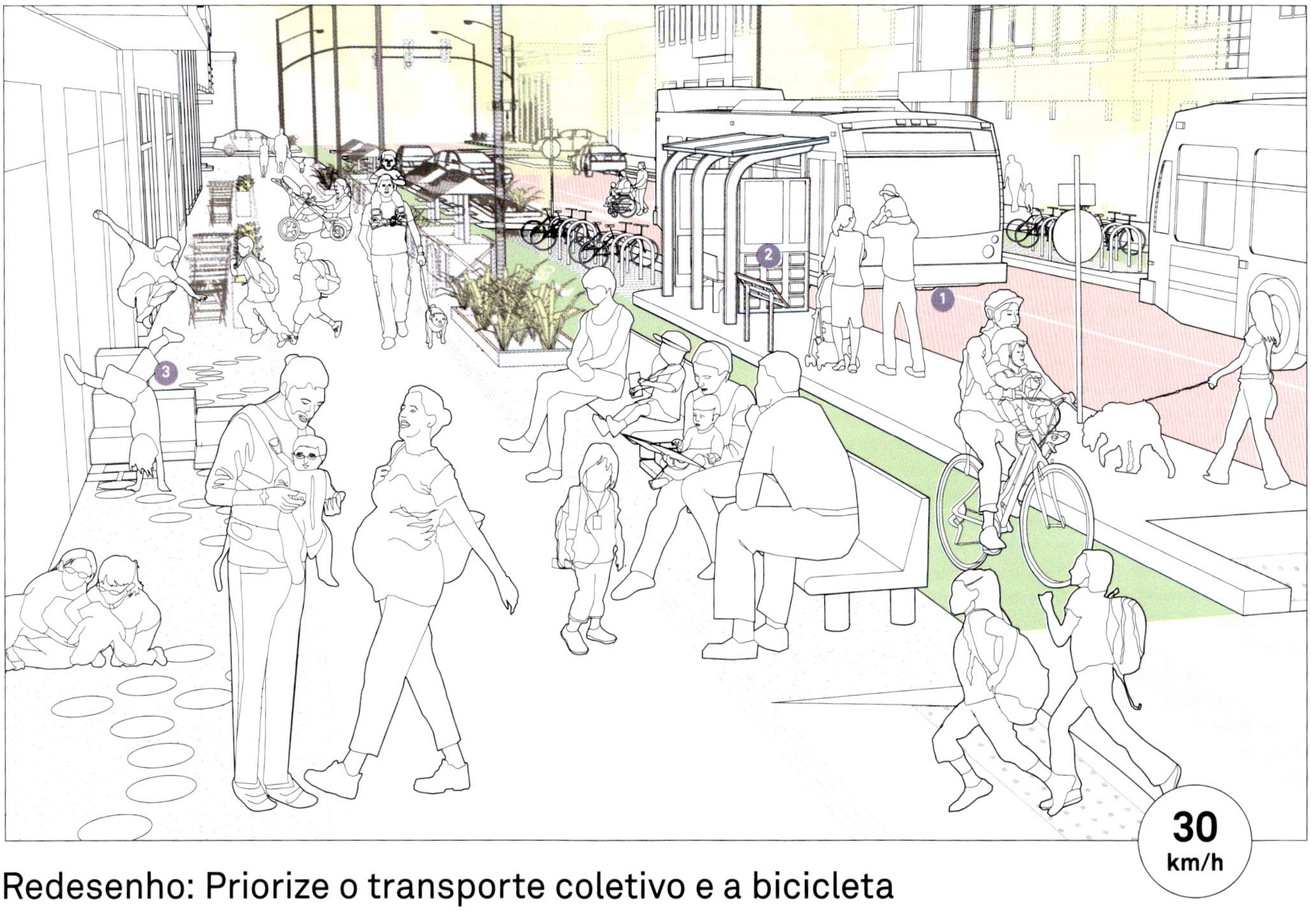

Redesenho: Priorize o transporte coletivo e a bicicleta

RECUPERE

❶ As faixas de tráfego de veículos foram substituídas por faixas exclusivas de transporte coletivo e ciclofaixas, para movimentar mais pessoas usando menos espaço. A largura das calçadas foi ampliada a partir do espaço recuperado. Considere permitir táxis e o acesso limitado de veículos nas faixas exclusivas de transporte coletivo.

Acrescentar extensões na calçada favorece o embarque mais rápido no transporte coletivo, o que reduz o tempo de percurso. Foram adicionadas zonas acessíveis de desembarque.

Foram estabelecidos locais e horários para carga e descarga.

A demanda por estacionamento é gerenciada pela oferta de vagas nas ruas adjacentes e pelo uso de estratégias de cobrança pelo estacionamento.

MELHORE

Os cruzamentos foram aprimorados por meio da pintura das travessias de pedestres e da instalação de semáforos. Todas as travessias têm tempos de abertura mais longos para os pedestres. O acréscimo de travessias no meio de quadra, especialmente perto das paradas de transporte coletivo ou das lojas maiores de varejo, ajuda os usuários a acessar os diversos destinos da rua.

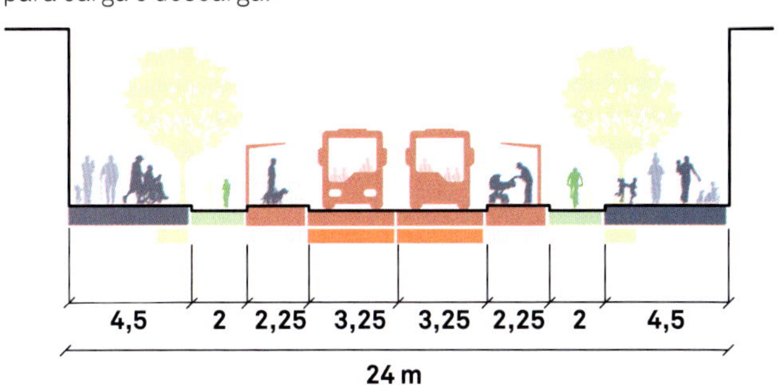

PROTEJA

As faixas de tráfego estreitas e as travessias frequentes deixam os motoristas desconfortáveis para acelerar.

As ilhas de refúgio proporcionam um espaço seguro para os pedestres esperarem durante a travessia da rua.

ATIVE

Espaços sombreados de descanso e brincadeira foram adicionados em cada quadra, garantindo ainda uma ampla faixa livre para a circulação de pedestres.

❷ As paradas de transporte coletivo foram melhoradas devido à oferta de espaços dedicados nos canteiros laterais, fornecendo abrigo, favorecendo brincadeiras e proporcionando elementos interativos para as crianças.

AMPLIE

❸ Foram acrescentados elementos divertidos e educativos. Recuos frontais e terrenos baldios podem ser usados como espaço público adicional.

ESTUDO DE CASO

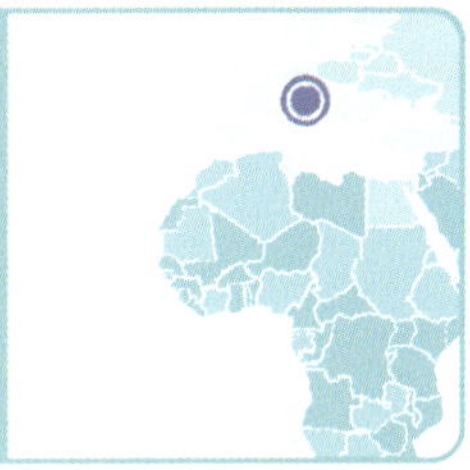

Rua Slovenska

Localização: Liubliana, Eslovênia

Organizações executoras: Municipalidade de Liubliana, Dekleva Gregoric Architects, Katusic Kocbek Architects, Sadar + Vuga, Scapelab

Realização: 2012-2015

VISÃO GERAL

A Rua Slovenska é a espinha dorsal de Liubliana: uma importante conexão norte-sul e o centro cultural e econômico da cidade. Na década de 1960, a rua foi alargada e transformada em uma via de quatro faixas, o que logo se revelou uma estratégia ineficiente para melhorar a mobilidade.

Em 2012, por meio de políticas de trânsito abrangentes e consistentes, e após a implementação de rotas alternativas para veículos, a cidade baniu os carros de um trecho muito movimentado da rua. A nova rua é considerada um espaço compartilhado, apesar do alto volume de tráfego de pedestres e ônibus.

Em resposta ao convite da cidade à apresentação de propostas em 2012, quatro escritórios de arquitetura locais trabalharam juntos para redesenhar a rua de 30 m de largura. O redesenho teve como objetivo priorizar os pedestres, ciclistas e usuários de transporte coletivo e aumentar a confiabilidade e eficiência do transporte coletivo. Todos os usuários podem usar a rua compartilhada de forma igualitária porque o projeto não prioriza o tráfego de veículos motorizados. As diferenças de altura entre as diversas partes da rua foram reduzidas onde possível para sinalizar aos pedestres que eles não estão isolados nas laterais.

O redesenho lembra as avenidas típicas das grandes cidades europeias, que têm elementos primários verticais e horizontais para marcar a rua. Na nova Rua Slovenska, o elemento vertical vem das árvores (freixos-do-maná), e um padrão geométrico de pavimentação desempenha o papel de elemento horizontal.

A rua se tornou um importante corredor de transporte coletivo e um dos principais espaços públicos de Liubliana. O redesenho permitiu que a cidade desse um passo importante em direção aos objetivos da política de transporte. A identidade unificada e contemporânea da Rua Slovenska permite manter o caráter singular do antigo centro da cidade. A rua eleva a imagem da cidade e contribui para uma melhor qualidade de vida.

PRINCIPAIS ESTRATÉGIAS

Recuperar: Reutilização das faixas de tráfego para ampliar o espaço para os pedestres, redução do número de faixas de circulação, restrição ao acesso de veículos, criação de uma faixa exclusiva para ônibus.

Ativar: Inclusão de mobiliário urbano.

ELEMENTOS DE DESENHO DE RUAS

Calçadas: Instalação de nova pavimentação, eliminação do meio-fio.

Natureza e paisagismo: Plantio de uma fileira de árvores.

Assentos: Acréscimo de novos bancos e assentos externos para os restaurantes e cafés locais.

Paradas de transporte coletivo: Instalação de novas paradas com assentos e abrigos, instalação de informação sobre o transporte coletivo nas paradas.

Infraestrutura cicloviária: Instalação de paraciclos.

Comodidades: Instalação de cestos de lixo.

IMPACTOS

Melhor percepção da comunidade: No início, apenas 20% eram a favor do projeto e 60% se opunham fortemente. Um ano após a implementação, 60% se diziam a favor.

Melhoria da qualidade do ar: O ar com carbono negro foi reduzido em 80%.

CHAVES PARA O SUCESSO

Ter uma forte vontade política e liderança local.

Desenvolver fases intermediárias de implementação do projeto para incentivar a intervenção física final.

Trabalhar com os órgãos de trânsito e motoristas de transporte coletivo para determinar a melhor forma de dirigir pelas ruas compartilhadas.

Envolver a mídia local para compartilhar as informações de projeto com os moradores locais e os usuários da rua.

APRENDIZADOS

A cidade enfrentou uma forte oposição pública para banir os carros da Rua Slovenska. O desenvolvimento de políticas de trânsito consistentes e a criação de rotas alternativas para o tráfego de veículos permitiu que a cidade atingisse as condições necessárias para fechar a rua à circulação de automóveis em 2012.

Avenidas

As avenidas são os principais corredores das cidades, desenhadas em função da circulação de veículos. Elas frequentemente dividem e prejudicam os bairros adjacentes. Essas ruas funcionam como vias expressas urbanas e podem afetar os pedestres e ciclistas de maneira desproporcional, especialmente crianças e cuidadores. Muitas vezes faltam travessias de pedestres, ou a distância entre elas é grande, e as calçadas e instalações cicloviárias são estreitas ou inexistentes.

Nas avenidas é comum haver múltiplas faixas largas, que convidam a altas velocidades ou a grandes volumes de tráfego de veículos, induzindo a demanda. A ausência de faixas exclusivas reduz drasticamente a confiabilidade do transporte coletivo nessas vias.

Cidade do México, México

4.4.1 | Avenidas

Acra, Gana

Copenhagen, Dinamarca

Guangzhou, China

Bogotá, Colômbia

Cidade do Cabo, África do Sul

Nova York, EUA

Condições existentes

Esta é uma rua grande, de 46 m de largura, com cinco faixas de tráfego em cada direção: três para o tráfego de passagem e duas para o acesso local. As calçadas estão obstruídas e sem manutenção. Os ciclistas têm que andar ao lado de veículos que se movem a velocidades perigosamente altas, e o transporte coletivo costuma ficar preso em congestionamentos, causando atrasos para os passageiros. *Para mais informações, ver página 86.*

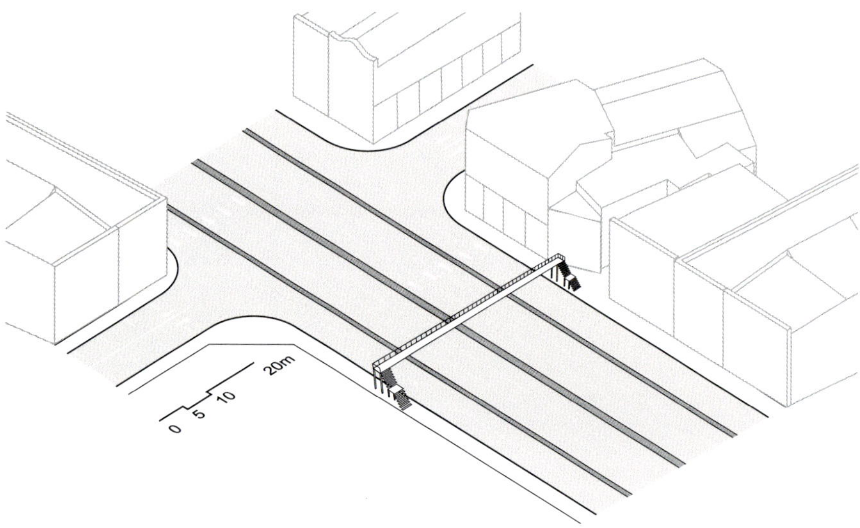

- leito viário
- calçada
- faixa exclusiva de transporte coletivo
- parada de transporte coletivo
- infraestrutura cicloviária
- paisagismo

Ideias de redesenho

SEPARE O TRÁFEGO DE PASSAGEM E O DE ACESSO LOCAL

As faixas centrais são redesenhadas com uma única faixa de tráfego e uma faixa dedicada para o transporte coletivo em cada direção. A rua de serviço adjacente mantém o acesso local com velocidades reduzidas em uma única faixa de veículos, possibilitando o acesso de carga para as empresas locais, e inclui estacionamento acessível. A infraestrutura cicloviária elevada e protegida permite que crianças e cuidadores pedalem com segurança. *Para mais informações, ver página 87.*

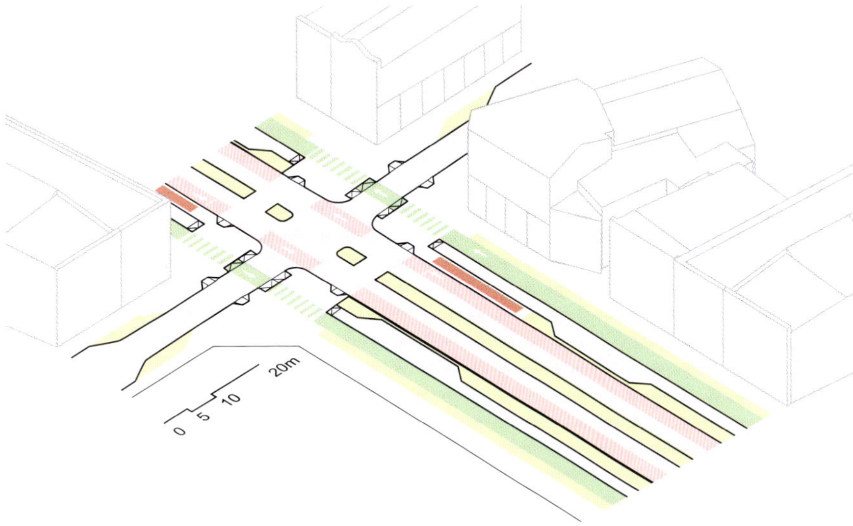

CORREDORES CENTRAIS DE TRANSPORTE COLETIVO

Reduza o número de faixas de tráfego e, ao mesmo tempo, aumente a capacidade das ruas implementando o ônibus de trânsito rápido (BRT) ou corredores de ônibus e uma ampla infraestrutura cicloviária. Incorpore elementos para brincadeiras e aprendizagem nas estações centrais de embarque para uso por famílias que aguardam o transporte coletivo. Uma única faixa de tráfego em cada direção é dedicada aos veículos particulares, com áreas para carga e estacionamento demarcadas no canteiro central adjacente. Nos canteiros laterais há espaço para grandes árvores que proporcionam sombra, estações de compartilhamento de carros elétricos e bicicletas, e ilhas de refúgio para pedestres.

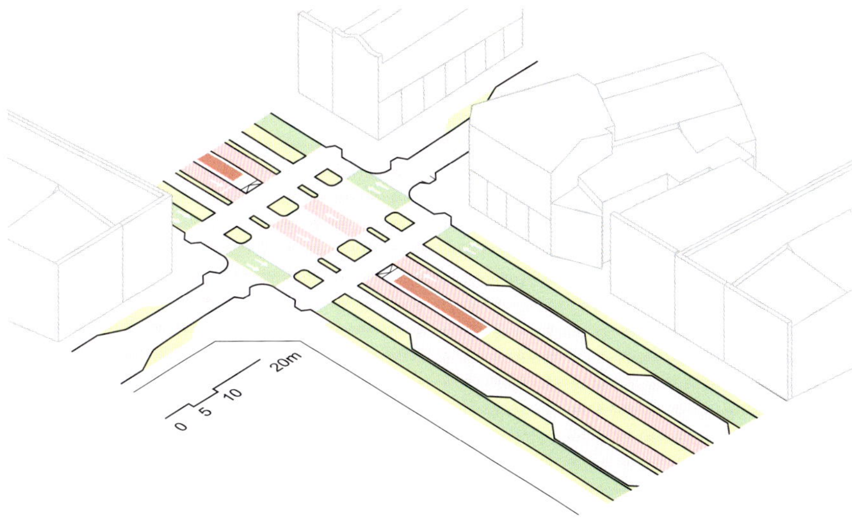

CRIE UM PARQUE LINEAR

Quando a avenida desempenha um papel importante nas atividades dos pedestres e é necessário aumentar o acesso a espaços públicos de alta qualidade, parte da rua pode ser transformada em um parque linear que acomoda pistas para bicicletas e para pedestres, áreas de lazer e paisagismo. O uso ativo do nível térreo na lateral do parque permite o agrupamento de comodidades com áreas de brincadeiras e recreação. A realocação das faixas de tráfego de veículos e a criação de faixas exclusivas de transporte coletivo e ciclovias em ambas as direções permitem a circulação em meios de transporte mais sustentáveis.

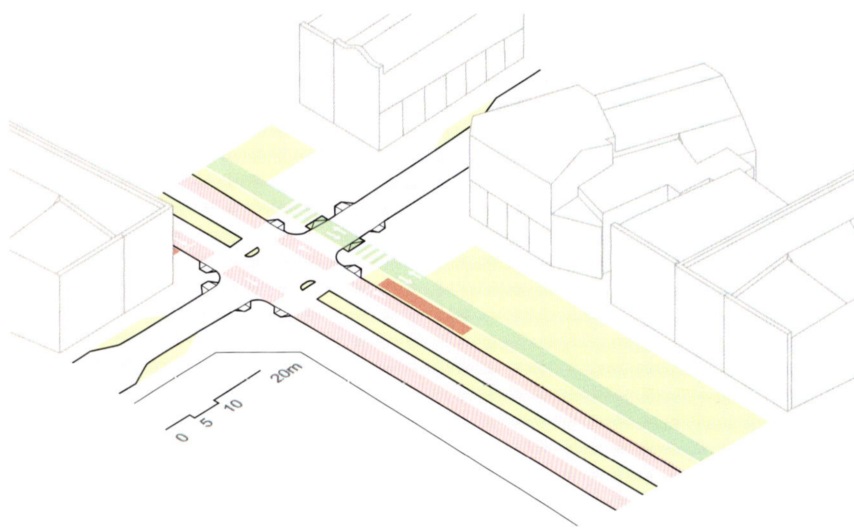

4.4.2 | **Avenidas** (46 m)

Condições existentes

Este exemplo funciona como uma via arterial. As faixas de tráfego são largas, incentivando os veículos a acelerar. Apesar do espaço disponível, muitas vezes a via fica lotada. A rua é frequentemente usada por caminhões e outros veículos de grande porte, o que contribui para a má qualidade do ar e aumenta a poluição sonora no entorno.

Não há travessias de pedestres no nível da rua e os semáforos são pouco frequentes. As passarelas de pedestres existem, mas são pouco usadas por serem inconvenientes. Como resultado, as famílias se arriscam tentando atravessar a avenida para acessar os serviços e as paradas de transporte coletivo.

Os ônibus compartilham as faixas com outros veículos, tornando o transporte coletivo lento e pouco confiável. As paradas não têm sombra nem assentos, o que é crítico para as crianças pequenas e os adultos mais velhos.

Os pedestres devem ficar atentos aos veículos em alta velocidade que acessam os edifícios ao longo da avenida. Os rebaixos no meio-fio para acesso de veículos são frequentes e extensos, portanto as calçadas são descontínuas, o que torna a caminhada especialmente difícil para as pessoas com carrinhos de bebê ou mobilidade reduzida.

Os ciclistas são forçados a andar ao lado de veículos movendo-se a velocidades perigosamente altas, com grande risco para sua segurança.

As quadras são longas e ocupadas por grandes edifícios monofuncionais, afastados da calçada e cercados por muros e gradis. À noite, a falta de visibilidade torna as condições da avenida ainda mais perigosas.

Em alguns lugares, novos empreendimentos agregaram densidade e atividade comercial desde que a avenida foi construída.

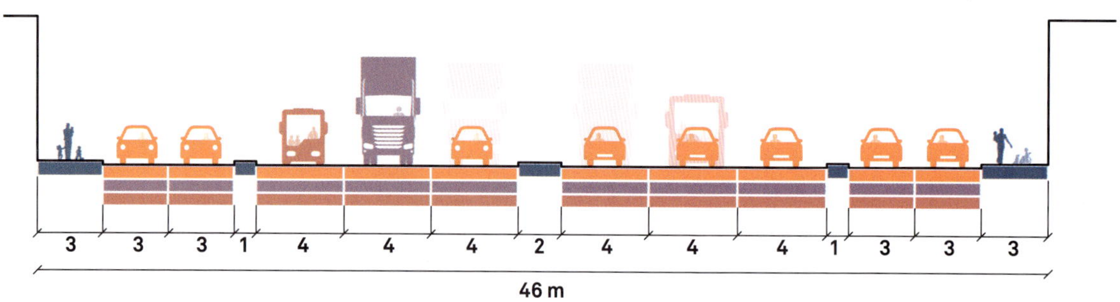

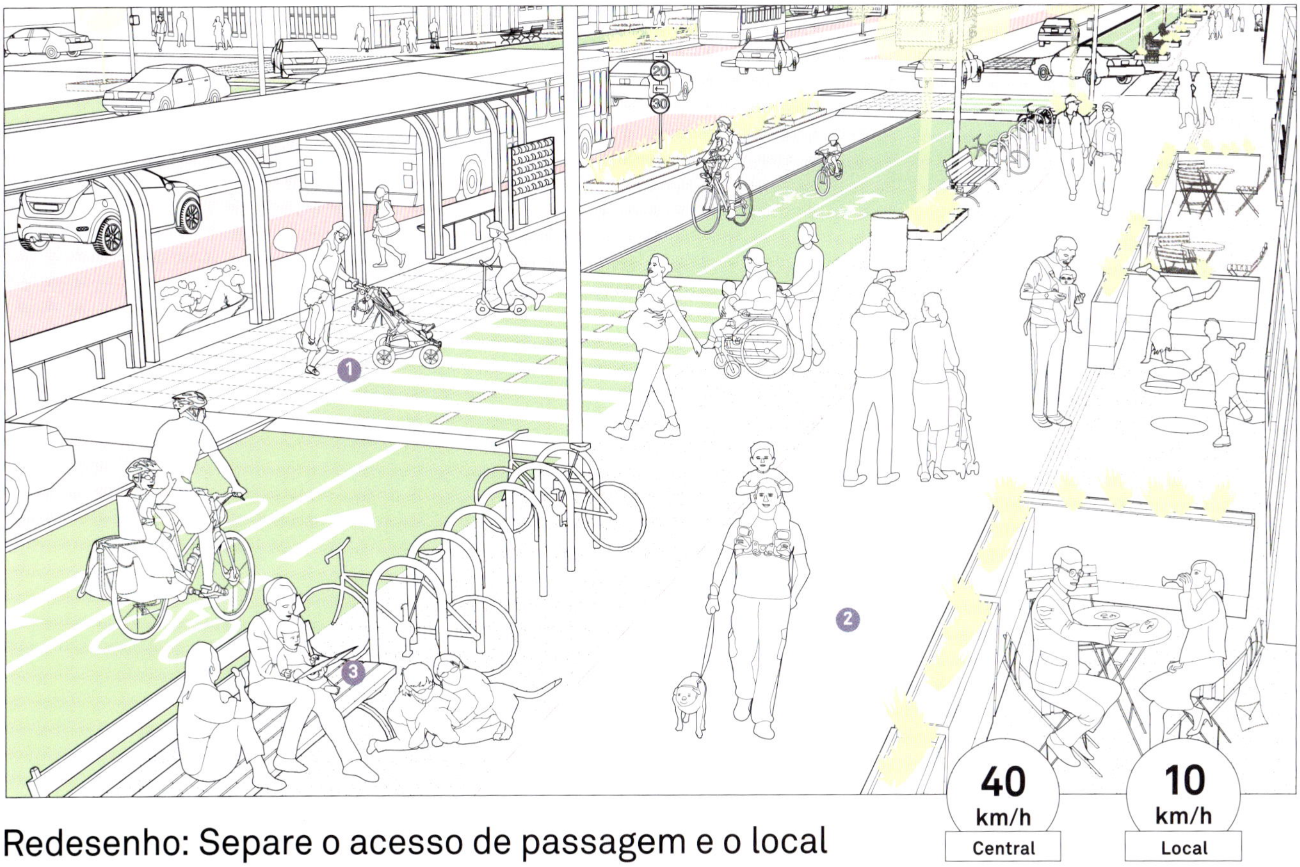

Redesenho: Separe o acesso de passagem e o local

PROTEJA

Foi mantida uma faixa de tráfego local em cada direção, com limites de velocidade mais baixos e separada da faixa de transporte coletivo e da faixa expressa. Foram adicionadas zonas limitadas de estacionamento e de carga, com restrições de horário nas faixas locais.

As distâncias de travessia foram reduzidas, com o acréscimo de extensões do meio-fio e ilhas de refúgio.

1 Foram acrescentadas travessias elevadas de pedestres nos cruzamentos e perto das paradas de transporte coletivo.

As ruas locais adjacentes foram desenhadas de forma a incentivar velocidades mais baixas, com moderadores de tráfego e sinalização adicional para informar aos motoristas que eles estão entrando em uma zona calma.

Foram adicionadas travessias de pedestres sinalizadas e em nível nos cruzamentos e perto das paradas de transporte coletivo.

RECUPERE

As faixas centrais foram redesenhadas com uma única faixa de tráfego e uma faixa exclusiva de ônibus em cada direção.

A largura das faixas de tráfego foi reduzida para recuperar o espaço para o uso dos pedestres.

MELHORE

2 As calçadas foram alargadas para acomodar uma faixa livre de **2,4 m** de largura, além de outras zonas.

ATIVE

3 Definiu-se uma zona de mobiliário urbano para acomodar espaços de descanso e brincadeira. Foram incorporados abrigos nas paradas de transporte coletivo, iluminação pública e bancos, e foram designados espaços específicos para os vendedores ambulantes. O paisagismo proporciona sombreamento e funciona como atenuador em relação ao leito viário.

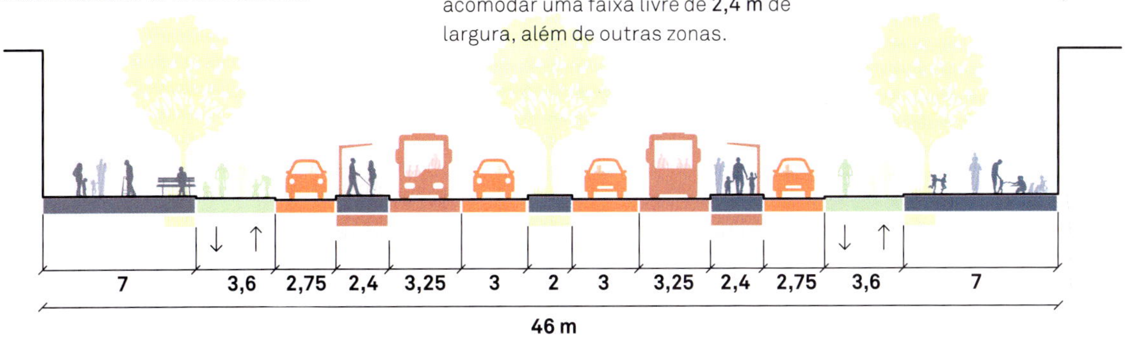

ESTUDO DE CASO

Parques del Río

Localização: Medellín, Colômbia

Organizações executoras: Gabinete do Prefeito, Departamento de Planejamento Administrativo de Medellín, Ministério da Infraestrutura Física, Empresa de Desenvolvimento Urbano, Jardim Botânico de Medellín, Latitude Architecture and City Workshop, EDL Consortium, Integral Consortium – Interdesigns, Guinovart Obras y Servicios Hispania S.A., OHL Construction Group, Bateman Ingeniería S.A.

Realização: 2013-atualmente

VISÃO GERAL

Parques del Río é um componente central do plano diretor municipal de Medellín (Plano de Ordenamiento Territorial, cobrindo de 2014 a 2027), que visa criar uma cidade mais compacta, igualitária e sustentável.

O Rio Medellín e as rodovias construídas ao longo dele dividem a cidade. O objetivo principal do projeto é integrar física e socialmente as duas margens do rio, conectando-se, ao mesmo tempo, à identidade da região do grande Valle de Aburrá. Dessa forma, o rio pode se tornar a espinha dorsal da rede de espaços públicos da cidade. O projeto consiste na transformação de mais de 17 km de orla fluvial, divididos em oito fases de construção estrutural.

A primeira fase, a oeste do rio, ocorreu de 2015 a 2016. Um trecho de 400 m da rodovia existente, a Autopista Sur, foi transferido para vias subterrâneas, as ruas adjacentes foram redesenhadas, e foi criado um parque de 63.000 m². A segunda fase, a leste do rio, está atualmente em construção. Esta fase transformará outros 530 m de faixas de tráfego de veículos em vias subterrâneas. Juntas, essas fases geram mais de 80.000 m² de espaço público, com diversas opções de circulação para as famílias, criando um espaço favorável também à permanência e a brincadeiras.

Os objetivos do projeto também incluem a restauração dos ecossistemas locais.

ESTRATÉGIAS

Melhorar: Pintura de travessias de pedestres.

Recuperar: Transferência de faixas de tráfego de veículos para vias subterrâneas para a criação de um parque linear, remoção do meio-fio ao longo das ruas no entorno do parque, instalação de balizadores e sinalização.

Ativar: Inclusão de mobiliário de rua e elementos lúdicos.

ELEMENTOS DE DESENHO DE RUAS

Calçadas: Repavimentação das calçadas das ruas adjacentes e implementação de novos passeios (em nível e elevados) ao longo do rio e implementação de duas novas pontes de pedestres e ciclistas cruzando o rio.

Espaços de descanso e brincadeira: Construção de uma "zona de areia" com estrutura lúdica e de uma "zona livre" com gramado e diversos bancos; revitalização de uma quadra de jogos.

Assentos: Instalação de assentos ao longo do parque.

Natureza e paisagismo: Criação de zonas com sombreamento abundante, gramados e outras plantas, incluindo o plantio de 194 espécies de árvores nativas no projeto.

Travessias de pedestres: Inclusão de novas travessias nas ruas adjacentes.

Infraestrutura cicloviária: Instalação de ciclofaixas nas ruas adjacentes.

Comodidades: Instalação de iluminação, de nova sinalização nas ruas adjacentes e de cestos de lixo.

Devolvendo os jardins

Localização: Moscou, Rússia

Organizações executoras: Strelka KB, Bureau Novoye, Viles & Paysages, VEGA, Snøhetta, Topotek 1, GROSS MAX, Michel Desvigne Paysagiste

Realização: 2015-2017

VISÃO GERAL

O Anel de Jardins é uma via expressa de catorze faixas que circunda o centro histórico da cidade de Moscou, com calçadas estreitas muitas vezes usadas como estacionamento. Um trecho de 15,6 km desta via foi transformado em uma rua de dez faixas de tráfego com calçadas bastante largas, resgatando um espaço essencial para os pedestres e que antes era dominado por veículos motorizados. Este projeto faz parte de um programa municipal denominado Minha Rua, por meio do qual, desde 2014, a cidade de Moscou vem reformando algumas ruas urbanas para criar espaços públicos amigáveis aos pedestres e conectar um sistema de transporte eficiente.

O princípio orientador do redesenho do Anel de Jardins foi chamado de Cem Jardins do Anel de Jardins e teve como premissa básica devolver jardins e árvores ao anel viário, restaurando o espaço para os pedestres e conectando o centro da cidade com a periferia.

O projeto reuniu dezoito escritórios de arquitetura, tanto jovens escritórios locais como designers internacionalmente conhecidos. A empresa local de consultoria de design urbano Strelka KB viabilizou este processo. O anel viário foi dividido em trechos menores para o redesenho, e os espaços principais foram desenvolvidos por estes escritórios de design.

ESTRATÉGIAS

Melhorar: Alargamento das calçadas.

Proteger: Redução do número de faixas de tráfego de veículos e das distâncias de travessia.

Recuperar: Transformação de espaços sem uso em parques e praças.

Ativar: Inclusão de treze novos espaços públicos e de um parque de skate debaixo de uma ponte.

ELEMENTOS DE DESENHO DE RUAS

Natureza e paisagismo: Plantio de 2.880 árvores de grande porte, pavimentação com piso permeável para melhorar a drenagem.

Travessias de pedestres: Criação de vinte novas travessias.

Comodidades: Acréscimo de iluminação.

IMPACTOS

Após a conclusão do projeto, foram abertos novos negócios ao longo da rua.

As calçadas muito mais largas geraram espaços de caminhada seguros e agradáveis para os pedestres de todas as idades e habilidades.

Foram criadas oito novas rotas para o transporte público.

ESTUDO DE CASO

Queens Boulevard

Localização: Nova York, EUA

Organização executora: Departamento de Transportes da Cidade de Nova York

Realização: 2015-atualmente

ANTES

DEPOIS

VISÃO GERAL

O Queens Boulevard se estende por vários bairros vibrantes e diversificados da cidade de Nova York e passa por instituições culturais e shopping centers, cruza quatro grandes rodovias e comporta dez estações de metrô e mais de uma dúzia de linhas de ônibus. Mas enquanto a população da área crescia e o número de passageiros de transporte coletivo disparava, suas vias centrais permaneciam sendo um dos corredores mais perigosos da cidade. O desenho da rua com traços de rodovia e a alta velocidade dos veículos contribuíram para a alcunha de "Bulevar da Morte".

O Departamento de Transportes da Cidade de Nova York (NYC DOT) planejou o redesenho do Queens Boulevard de forma a reduzir padrões específicos de sinistros e ferimentos e desenvolveu uma proposta inovadora para acomodar todos os usuários da via. Ao longo de um período de décadas, o NYC DOT implementou tratamentos de segurança cada vez mais ambiciosos no Queens Boulevard, começando com a adição de trinta segundos de travessia de pedestres a cada ciclo de semáforo. Isso permitiu travessias em estágio único, evitando que as pessoas ficassem presas em canteiros de veículos. O redesenho também adaptou parte do espaço na pista vicinal e o converteu em um caminho de pedestres e uma ciclofaixa protegida adjacente ao canteiro central do bulevar, criando uma rua completa que aumenta a segurança e a acessibilidade para todos os usuários.

Em 2015, o NYC DOT implementou a conversão de dez para oito faixas em um trecho de 2 km do Queens Boulevard, e adicionou 4 km de redesenho nos dois anos seguintes. Ainda serão incorporadas árvores, bancos e paraciclos; as paradas de ônibus serão realocadas para o canteiro central; e uma grande instalação de arte será incorporada à rua.

O Queens Boulevard demonstrou o impacto que pode ser obtido com materiais de baixo custo e de rápida instalação.

ESTRATÉGIAS

Melhorar: Inclusão de novas travessias de pedestres.

Proteger: Redução das distâncias de travessias de pedestres, redesenho das faixas de conversão para estimular transferências mais lentas e seguras entre a pista vicinal e o bulevar principal.

Recuperar: Remoção da faixa de estacionamento da pista vicinal para alargamento dos canteiros centrais e inclusão de ciclofaixas.

DEPOIS

↓ **41%** menos pedestres feridos

ANTES

TEMPORÁRIO

DEPOIS

CHAVES PARA O SUCESSO

O NYC DOT se envolveu em um cuidadoso processo de engajamento da comunidade para o Queens Boulevard, inclusive por meio de oficinas, portais on-line, interações na rua e encontros comunitários. Os proprietários das empresas locais também foram envolvidos para que se compreendesse como eles usavam a rua.

APRENDIZADOS

A limitação de recursos não implica um potencial de mudança também limitado. A maior parte do projeto do Queens Boulevard foi implementada com pintura, demarcações e balizadores plásticos em apenas alguns meses, mas isso transformou completamente uma rua até então muito perigosa. Este projeto é um exemplo do impacto transformador que pode ser alcançado por quilômetro de rua mesmo com recursos limitados.

DEPOIS

↑ **45%** de aumento no volume de ciclistas no corredor

4.5 Condições especiais

Encontrar áreas para a criação de espaços públicos em meio a ambientes urbanos densos é um desafio comum. Há oportunidades ocultas em espaços frequentemente menosprezados ou negligenciados nas ruas da cidade, como becos, escadarias e áreas desocupadas debaixo de pontes e estruturas elevadas. Por vezes, estes espaços têm se transformado em locais para estacionamento, descarte informal de resíduos e atividades indesejadas.

Essas áreas podem ser reinventadas e adaptadas e tornar-se bonitas e alegres para crianças e cuidadores, além de reconectadas à rede mais ampla de ruas para a caminhada e para as bicicletas.

Toronto, Canadá

UNDE

4.5.1 | **Condições especiais**

Paris, França

Lima, Peru

Nova York, EUA

Ideias de redesenho

DEBAIXO DE ESTRUTURAS ELEVADAS

A melhoria dos espaços debaixo e ao redor de estruturas elevadas pode transformar locais abandonados em lugares distintos, que revitalizam bairros e reconectam comunidades. Redesenhe a área debaixo das estruturas elevadas de forma a criar espaços de descanso e brincadeira para as famílias. Mercados, cafés e instalações de recreação podem ativar ainda mais esses espaços e transformá-los em destinos.

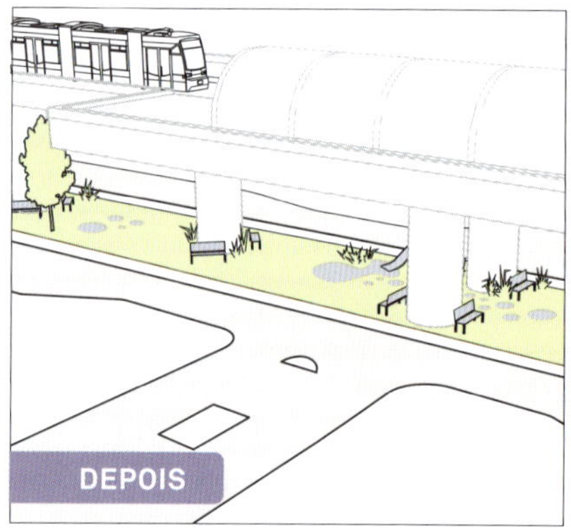

ESCADARIAS

Escadarias urbanas atraentes e bem conservadas são mais propensas a ser usadas por crianças e famílias. Conserve as superfícies pavimentadas para garantir que os degraus sejam seguros, mantenha ou instale drenos de águas pluviais, instale corrimãos e iluminação e garanta que a escada esteja sempre limpa. Quando possível, instale rampas laterais para permitir que as pessoas empurrem carrinhos de bebê, bicicletas e outros equipamentos sobre rodas, como cadeiras de rodas. Incorpore obras de arte aos muros e degraus para que as pessoas saibam que são bem-vindas.

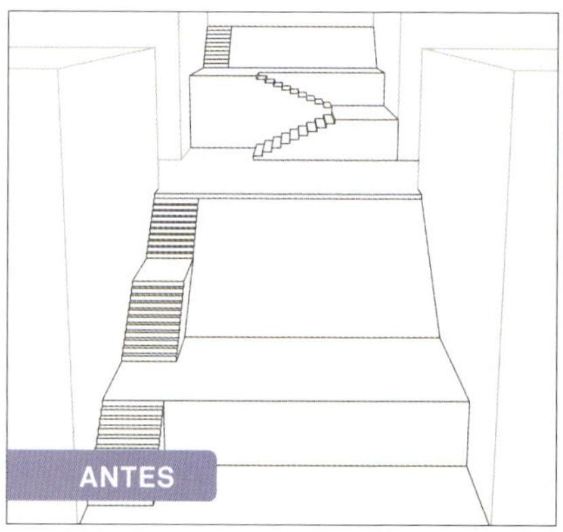

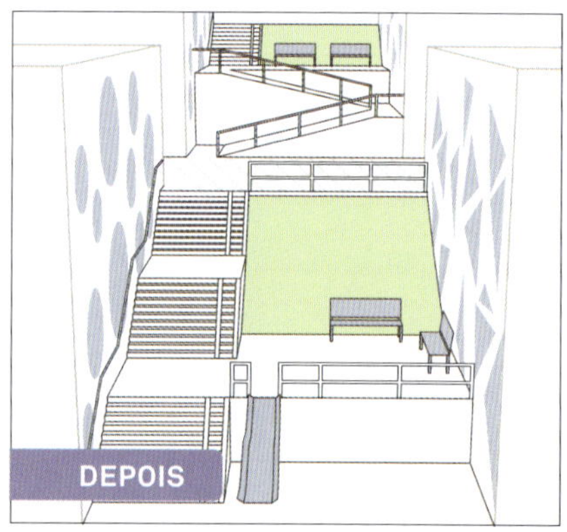

leito viário

calçada

paisagismo

destaque do espaço ativado

Medellín, Colômbia

Wellington, Nova Zelândia

Utrecht, Holanda

VIELAS E BECOS

Transforme as vielas em ruas prioritárias de pedestres. Certifique-se de que as entradas de veículos sejam visíveis e distinguíveis nas calçadas, use materiais de pavimentação que reduzam a velocidade dos veículos ou restrinjam seu acesso. Instale iluminação e certifique-se de que as vielas estejam limpas e bem conservadas para convidar ao uso ativo do espaço da rua. Regule o descarte de resíduos e a disposição de grandes recipientes de lixo. Podem ser instalados espelhos convexos para melhorar a visibilidade dos pedestres atravessando vias estreitas. Crie travessias no meio da quadra quando as vielas cruzam outras ruas.

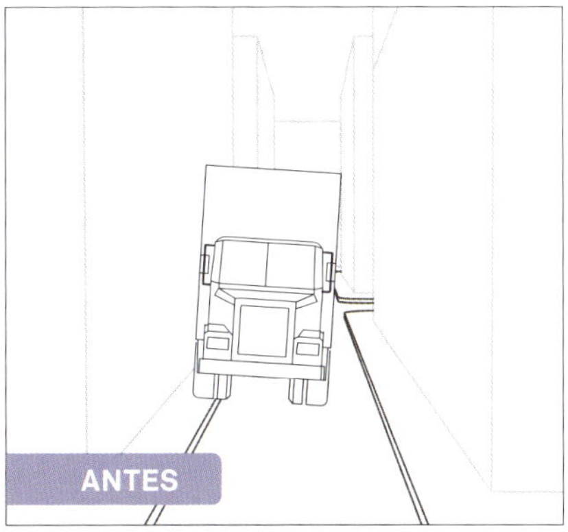

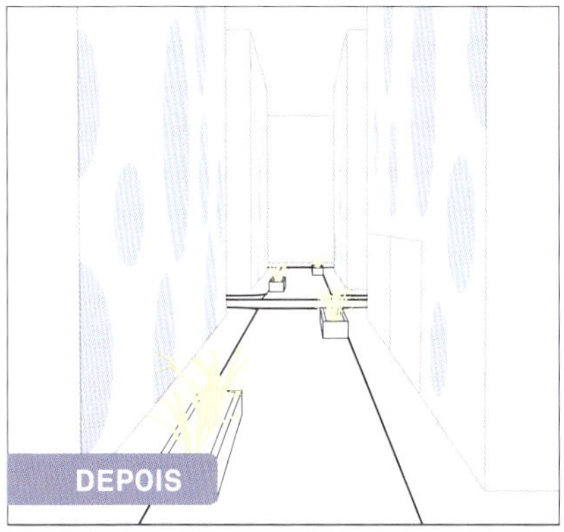

PRAÇAS E ESTACIONAMENTOS

Os estacionamentos são locais privilegiados para serem convertidos em espaços públicos que oferecem oportunidades de descanso e brincadeira para crianças e cuidadores. Estacionamentos que fazem parte ou são adjacentes a propriedades municipais podem ser incorporados em redesenhos mais amplos de ruas ou transformados de forma isolada. Adicione elementos divertidos e educativos, forneça uma mescla de assentos permanentes e temporários para promover o uso flexível do espaço e limitar os custos e proporcione iluminação para garantir a segurança em todos os horários. Incorpore elementos da natureza adicionando jardineiras para uso de curto prazo e paisagismo para uso de longo prazo.

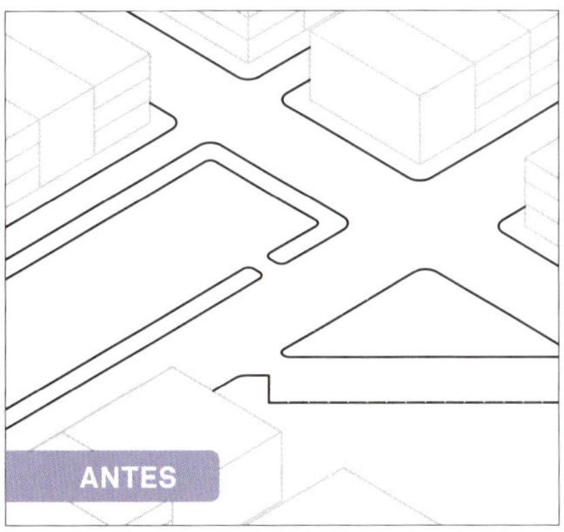

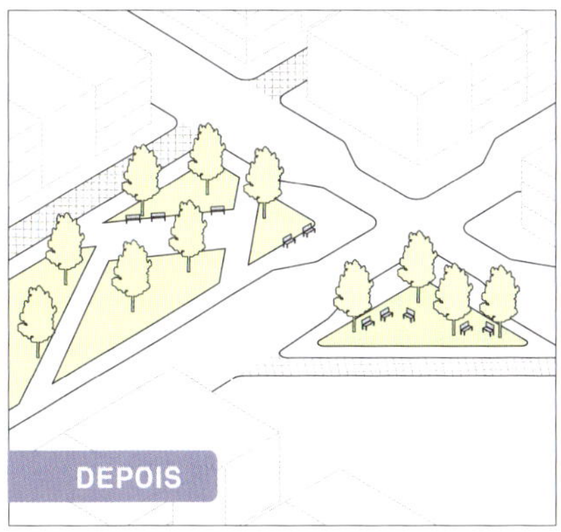

4.5.2 | **Condições especiais** (34 m)

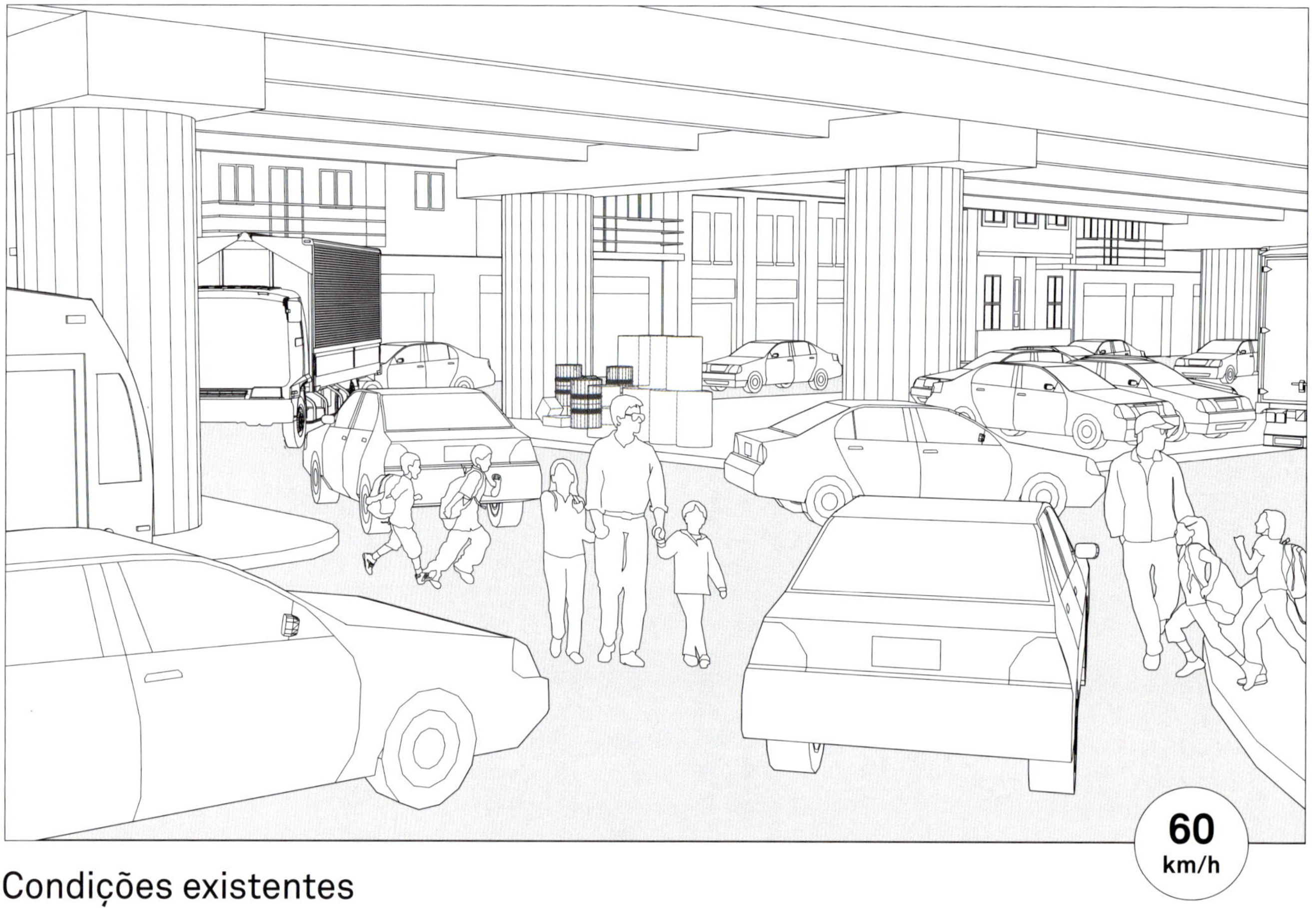

Condições existentes

Este exemplo retrata uma estrutura elevada de transporte coletivo. No nível do solo, as calçadas são estreitas demais para o atual volume de pedestres. A rua está caótica e lotada.

O tráfego de veículos em alta velocidade, as travessias de pedestres sem demarcação e a falta de semáforos e de rampas de pedestres tornam este ambiente muito agressivo.

Sob a estrutura, a falta de iluminação adequada e a concentração de ruído e fumaça criam um ambiente desagradável e hostil.

O espaço disponível abaixo da via elevada é utilizado principalmente para estacionamento e descarte informal de resíduos. As comunidades locais o veem como negligenciado e sem manutenção.

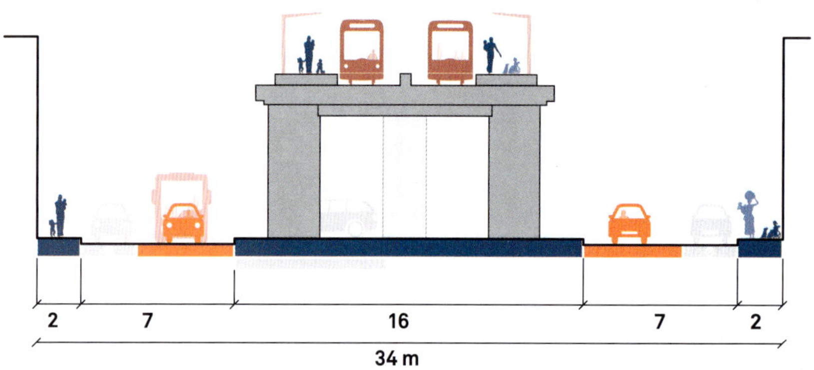

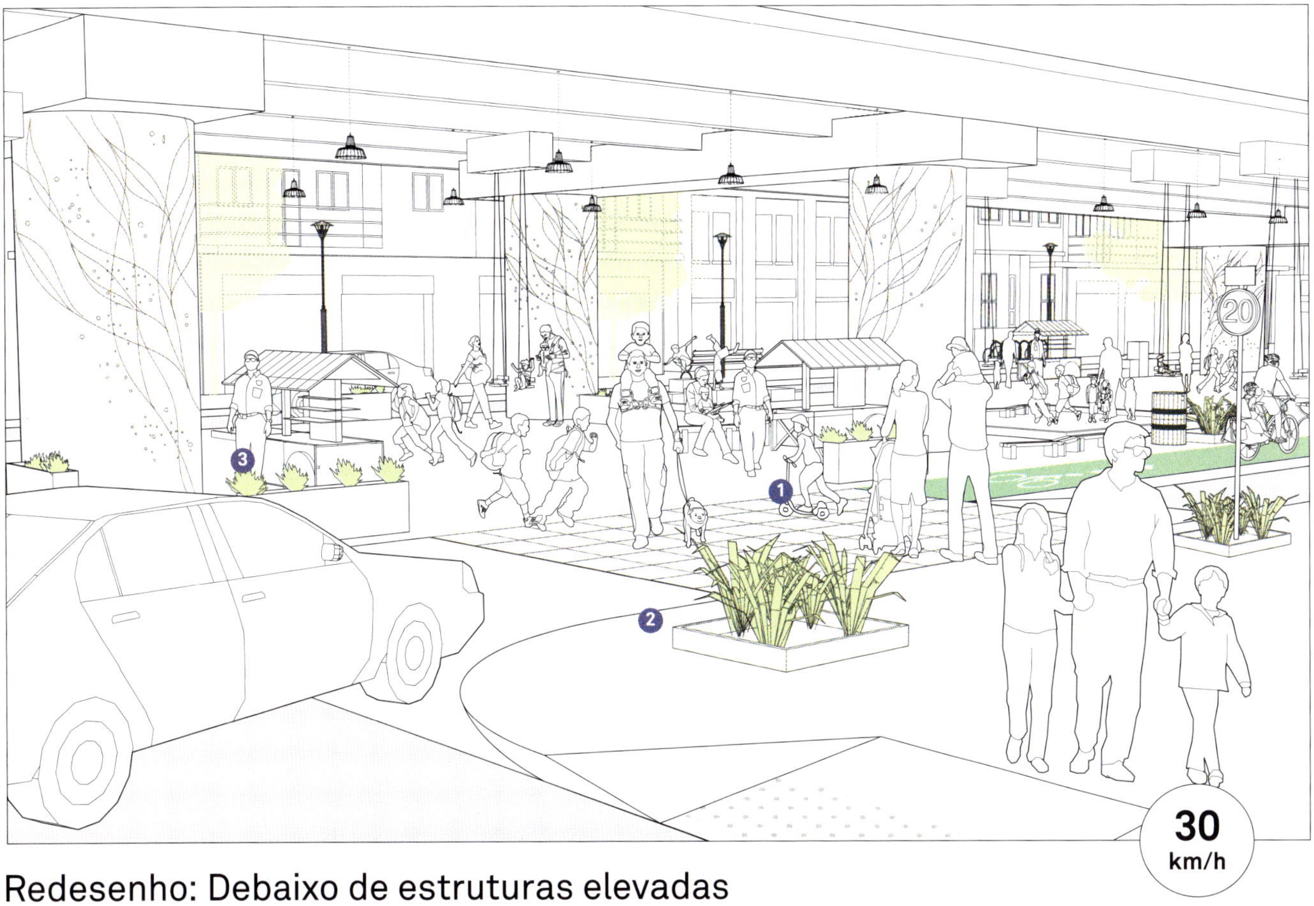

Redesenho: Debaixo de estruturas elevadas

RECUPERE

O número de faixas de tráfego foi reduzido para alargar as calçadas e adicionar uma ciclofaixa protegida em cada direção.

Os veículos de grande porte têm acesso restrito a horários específicos para carga, o que visa reduzir a quantidade de veículos e o ruído no nível do solo.

❶ O espaço debaixo da estrutura elevada foi recuperado para brincadeiras e socialização.

ATIVE

Foram criados espaços de descanso e brincadeiras no canteiro central, com mobiliário urbano, elementos lúdicos e comodidades como sanitários e bebedouros.

A estética da estrutura elevada foi aprimorada com o acréscimo de elementos coloridos e divertidos e com a instalação de obras de arte.

PROTEJA

As velocidades regulamentadas foram reduzidas no nível da rua.

A largura das faixas de tráfego foi reduzida.

Foram instalados elementos de moderação de tráfego, como travessias elevadas de pedestres, para reduzir as velocidades de operação.

MELHORE

❷ Foram pintadas faixas de pedestres onde faltavam. Foram instaladas rampas de pedestres, pisos táteis e semáforos.

A iluminação ao longo das calçadas e debaixo da estrutura elevada foi reforçada.

AMPLIE

❸ Os negócios receberam permissão para usar parte do espaço debaixo da estrutura elevada, o que incentiva o uso da rua e aumenta a segurança.

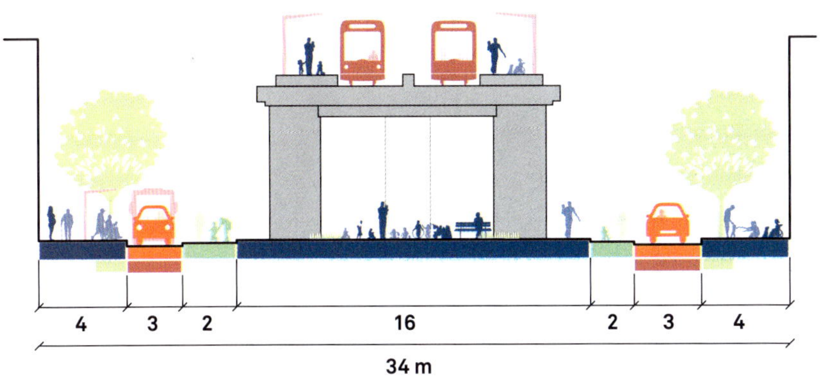

ESTUDO DE CASO

Olhe o Degrau

Localização: São Paulo, Brasil

Organizações executoras: Cidade Ativa, HealthBridge Foundation of Canada, Programa de Espaços Públicos da ONU-Habitat, Ciclo Social Arte, Zoom Urbanismo, Arquitetura e Design, Escola Estadual Oscar Pereira Machado, Novas Árvores Por Aí, associação local Família Nakamura, Prefeitura Regional de M'Boi Mirim, AkzoNobel

Realização: 2018

VISÃO GERAL

Olhe o Degrau é uma iniciativa premiada que chama a atenção para o papel das escadarias públicas paulistanas por meio da realização de intervenções físicas. Muitas vezes abandonadas e degradadas, as escadas são frequentemente vistas como locais inseguros. O projeto revela o potencial de intervenções simples e colaborativas na transformação de escadarias, permitindo que estes locais sejam reintegrados à rede de mobilidade de pedestres e passem a ser utilizados como espaços públicos de convivência, lazer e recreação. A iniciativa readaptou cinco escadarias públicas da cidade, três delas próximas a escolas públicas.

A escadaria retratada se localiza na Rua Agamenon Pereira da Silva, no Jardim Nakamura, uma comunidade de baixa renda. Encontra-se próxima a duas escolas públicas, uma creche, um centro de saúde, residências, paradas de ônibus, comércio e outros serviços. O projeto envolveu e recebeu o apoio de alunos, pais e funcionários da escola local, das associações de bairro, dos artistas urbanos locais e da autoridade governamental local. O resultado foi uma intervenção colaborativa que melhorou a qualidade do espaço, proporcionou áreas de descanso e permanência e criou um ambiente mais seguro para as pessoas que usam a escada em seus deslocamentos diários.

As atividades de engajamento representaram uma parte fundamental dos processos de pesquisa, desenho e implementação. Elas incluíram reuniões, oficinas e atividades com alunos e professores de escolas locais, associações, artistas, moradores, empresários e a autoridade governamental local.

ESTRATÉGIAS

Melhorar: Pintura de uma nova travessia de pedestres.

Ativar: Instalação de mobiliário urbano e elementos lúdicos.

Ampliar: Pintura de murais nos edifícios adjacentes.

ELEMENTOS DE DESENHO DE RUAS

Espaços de descanso e brincadeira: Instalação de um escorregador, uma mesa de piquenique, duas áreas de estar, uma biblioteca e um quadro comunitário.

Natureza e paisagismo: Construção de novas jardineiras para drenagem de águas pluviais.

Comodidades: Instalação de novas lâmpadas de LED, inclusão de sinalização de redução de velocidade, instalação de cestos de lixo.

CHAVES PARA O SUCESSO

Todo o processo foi beneficiado pelas relações construídas ao longo de um projeto anterior no mesmo bairro, o que ajudou a reter e aumentar o investimento nesta iniciativa. O envolvimento dos moradores e empresários locais foi fundamental para criar um senso de apropriação, permitindo a implementação e a manutenção de projetos com alta qualidade.

O envolvimento precoce e consistente da autoridade local, por meio de reuniões regulares e comunicação, resultou num maior comprometimento durante o processo e em aprovações mais rápidas.

3x
O número de pessoas sentadas ou brincando na escadaria triplicou

DEPOIS

APRENDIZADOS

O jogo Minecraft foi uma ferramenta poderosa para envolver crianças mais velhas e adolescentes durante a fase de desenho, mas era menos atraente para adultos. Isso demonstra a importância de usar diversas ferramentas durante o processo de engajamento, para incluir os variados atores locais.

A fim de manter a qualidade do projeto após a implementação, é importante desenvolver um plano que envolva a manutenção física, bem como atividades de monitoramento e avaliação por vários meses ou mesmo vários anos.

IMPACTOS

O uso dos degraus pelas crianças aumentou em 40%.

Após a intervenção, todas as pessoas entrevistadas relataram sentir-se seguras na escadaria. Antes, 30% relatavam sentir-se inseguras.

DEPOIS

100+
crianças envolvidas em reuniões e oficinas

ESTUDO DE CASO

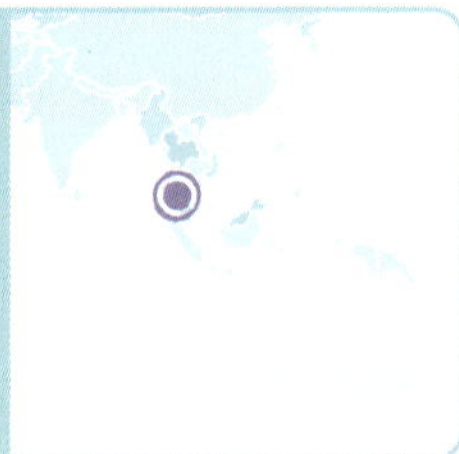

Programa de Vielas Históricas: Lorong Bandar 13

Localização: Kuala Lumpur, Malásia

Organizações executoras: Prefeitura de Kuala Lumpur, Think City

Realização: 2018

VISÃO GERAL

Lorong Bandar 13 é a primeira de nove vielas que foram identificadas para fazer parte de um programa de modernização no centro histórico de Kuala Lumpur. Esses espaços foram selecionados com base em suas condições físicas, na conectividade e no envolvimento dos atores locais (que colaboram para as melhorias necessárias).

Em 2018, a cidade transformou a Lorong Bandar 13, usando-a como projeto-piloto para as intervenções posteriores em outras vielas. A primeira fase do projeto incluiu uma análise do espaço, com observações na área e coleta de dados com os principais usuários e atores locais. Dentre os principais problemas estavam o descarte informal de lixo, a iluminação insuficiente, o estacionamento ilegal, buracos no piso e pavimentação irregular.

O redesenho da viela teve como objetivos a criação de um destino seguro e atraente para o encontro e a socialização, a conexão com muitos restaurantes da área, criando um espaço para refeições ao ar livre, e a ampliação de áreas para caminhar. A intervenção do Think City incluiu pintura e a criação de áreas de estar e de uma horta comunitária. Alguns dos espaços flexíveis são usados pelas crianças da vizinhança para brincar.

A comunidade e as associações locais foram envolvidas durante o processo de desenho.

PRINCIPAIS ESTRATÉGIAS

Melhorar: Reforço da iluminação, melhoria da manutenção do espaço.

Ativar: Instalação de mobiliário urbano, com permissão para o uso permanente do espaço, pintura das superfícies do piso com cores vibrantes para indicar caminhos e criar limites suaves entre áreas de uso específico.

ELEMENTOS DE DESENHO DE RUAS

Espaços de descanso e brincadeira: Instalação de uma plataforma elevada para encontros e eventos, instalação de bancos e mesas.

Natureza e paisagismo: Inclusão de uma horta comunitária com plantas comestíveis.

CHAVES PARA O SUCESSO

O envolvimento da comunidade local foi fundamental para dar às pessoas um sentimento de responsabilidade e apropriação sobre a viela redesenhada. Quando as pessoas se preocupam com os espaços que ocupam, tanto estes espaços quanto as pessoas prosperam. Com pequenas melhorias, a cidade se torna mais confortável e agradável.

Tiramarama Way

Localização: Auckland, Nova Zelândia

Organizações executoras: Wraight + Associates, artista Lisa Reihana

Realização: 2014-2018

VISÃO GERAL

Tiramarama Way é uma via exclusiva para pedestres e ciclistas em Wynyard Central, um emergente conjunto de empreendimentos comerciais e residenciais no bairro Wynyard Quarter, em Auckland. Baseando-se na história geológica do local enquanto um ambiente entre marés, o projeto da viela incorpora elementos relacionados à água e à luz e incentiva as brincadeiras, a exploração, o descanso e a permanência de pessoas de todas as idades no espaço. "Poças intencionais" se enchem de água em sincronia com a maré crescente, e há luminárias penduradas sobre toda a área. Jardineiras e um arvoredo introduzem plantas nativas no espaço. A superfície do piso foi projetada para lembrar abstratamente a antiga linha costeira.

Underpass Park

Localização: Toronto, Canadá

Organizações executoras: Waterfront Toronto, PFS Studio, The Planning Partnership

Realização: 2009-2015

VISÃO GERAL

Um espaço antes negligenciado debaixo e no entorno de viadutos rodoviários próximos ao centro de Toronto foi transformado num parque divertido e envolvente que reconecta os bairros vizinhos. Metade do parque é coberta pela infraestrutura rodoviária elevada das ruas Richmond e Adelaide. O desenho do parque incorpora essa cobertura de concreto como suporte superior e vertical para espaços flexíveis e estruturados, incluindo quadras de basquete, um parque de skate e outros elementos lúdicos para todas as idades. A área também pode ser usada para eventos como festivais, feiras e outros encontros públicos. Diversos murais de artistas locais decoram o espaço. Luzes foram embutidas no piso e adicionadas às colunas e arcadas para uso noturno, e suas cores incentivam interações criativas perto dos elementos de iluminação.

4.6

Cruzamentos

Os cruzamentos vêm sendo desenhados e operados há tempos para maximizar o tráfego de veículos motorizados, o que acaba gerando riscos e barreiras para crianças e adultos. As práticas convencionais muitas vezes exigem amplos raios de conversão, faixas de tráfego largas e baixa prioridade para os semáforos de pedestres. Em milhões de cruzamentos ao redor do mundo, essa prática leva os veículos a fazer curvas rápidas e radicais e incentiva a direção caótica ou agressiva.

Atualmente, as cidades vêm usando uma combinação de técnicas de rápida implementação e competências da engenharia de tráfego para redesenhar os cruzamentos com agilidade. Em muitos casos, o espaço público dos cruzamentos vem sendo recuperado, dando suporte a pequenos espaços urbanos de descanso e brincadeira. Estes projetos têm demonstrado que os cruzamentos podem ser gerenciados de forma a dar acesso seguro às crianças e aos adultos mais vulneráveis, bem como a permitir a circulação altamente eficiente de um grande número de pessoas.

A chave para desbloquear o espaço público nos cruzamentos é com frequência a mesma necessária para proporcionar segurança: tornar o cruzamento menor, facilitar sua travessia, reduzir o número total de faixas de aproximação ao mínimo necessário, em vez de mantê-las no máximo possível, e dar prioridade ao transporte coletivo e a outros serviços públicos em vez de mesclá-los com os fluxos gerais de tráfego.

Lima, Peru

PARE

4.6.1 | Cruzamentos

Todas as cidades têm diversos tipos de cruzamentos, cujas complexidades variam em função de seu tamanho, da quantidade de usuários e da geometria. Para o redesenho de qualquer cruzamento, estas estratégias permanecem as mesmas.

- **Desenhe cruzamentos compactos:** Os cruzamentos compactos reduzem a exposição, diminuem a velocidade do tráfego próximo aos pontos de conflito e aumentam a visibilidade.
- **Simplifique a geometria:** Cruzamentos complexos podem ser simplificados por meio de sua divisão em vários cruzamentos menores para aumentar a legibilidade, uniformidade e segurança. Priorize os cruzamentos perpendiculares.
- **Analise as redes:** Os cruzamentos não devem ser observados isoladamente, mas como parte de uma rede mais ampla. Integre a sincronização de semáforos com o desenho do cruzamento como uma alternativa à sua ampliação para ajudar a reduzir as velocidades nos pontos de confluência e aumentar a segurança.
- **Aumente o espaço de pedestres:** O redesenho da geometria dos cruzamentos pode ampliar o espaço para os pedestres. Use praças provisórias ou elementos e materiais de baixo custo para estimular a vida pública com rapidez.
- **Priorize os meios de transporte sustentáveis:** Ao redesenhar os cruzamentos, priorize pedestres, ciclistas e usuários do transporte coletivo.

Para mais informações, ver Guia Global de Desenho de Ruas – Capítulo 11 e Don't Give Up at the Intersection.

Nova York, EUA

CRUZAMENTO ELEVADO

A elevação dos cruzamentos aumenta a visibilidade dos motoristas e promove deflexões verticais, que criam uma condição de velocidade baixa e segura. Acrescente extensões de meio-fio para ampliar o espaço dos pedestres, reduzir a distância de travessias e impedir o estacionamento nas esquinas do cruzamento. Quando não houver conversão de veículos, desenhe as esquinas com o menor raio possível, de aproximadamente **0,6 m**.

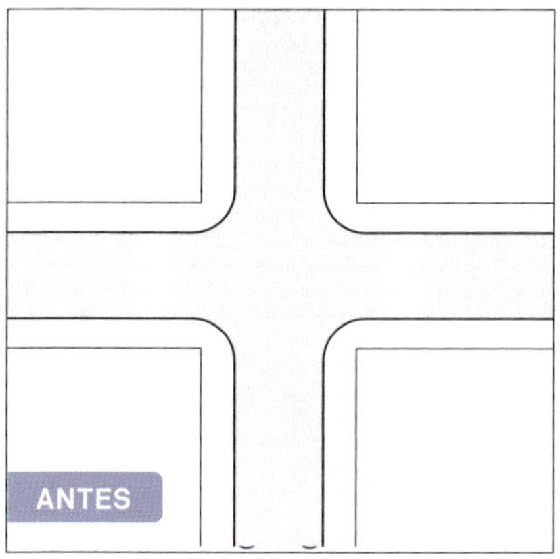

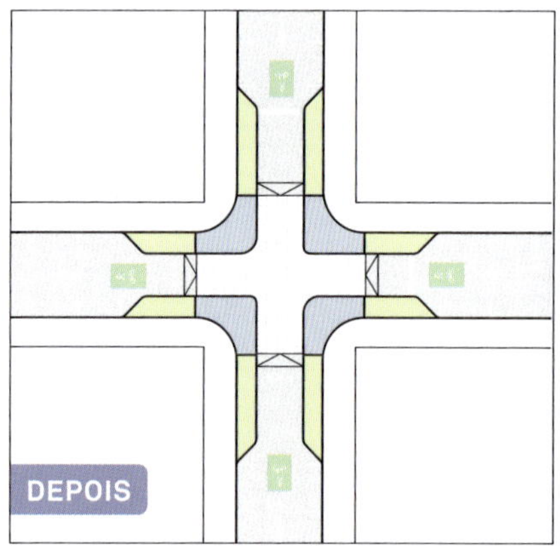

AJUSTE SIMPLES

Torne os cruzamentos compactos, diminua os raios de conversão para reduzir a velocidade nas curvas e limite as faixas de conversão sempre que possível. Estreite as faixas de tráfego e acrescente ilhas de refúgio para facilitar a travessia em duas etapas e para reduzir as distâncias de travessia.

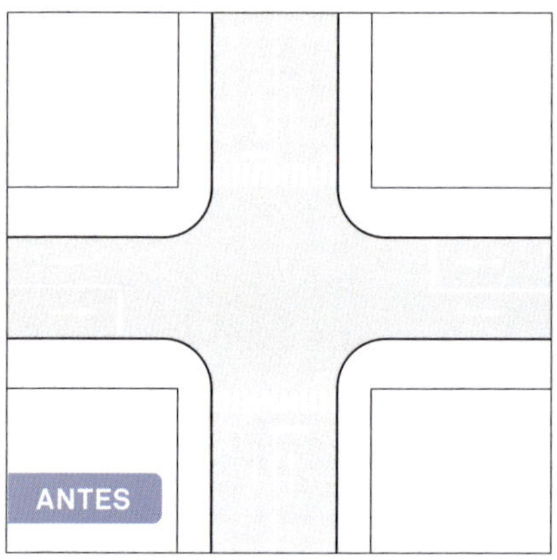

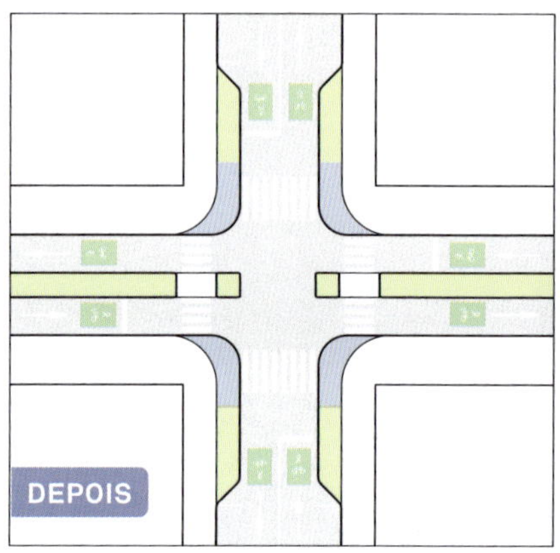

- leito viário
- calçada
- infraestrutura cicloviária
- paisagismo
- destaque do espaço recuperado

MINIRROTATÓRIA

As minirrotatórias são o tratamento ideal para cruzamentos sem semáforos em ruas de pequena escala. Os motoristas devem dar preferência aos pedestres e aos veículos que já estejam no cruzamento. Devem ser demarcadas faixas de pedestres para identificar os locais de travessia e onde a prioridade é desses usuários. Instale minirrotatórias usando demarcações simples ou ilhas elevadas. Desobstrua a visibilidade de uma distância de aproximadamente **5 m** da esquina até o ponto mais largo na rotatória.

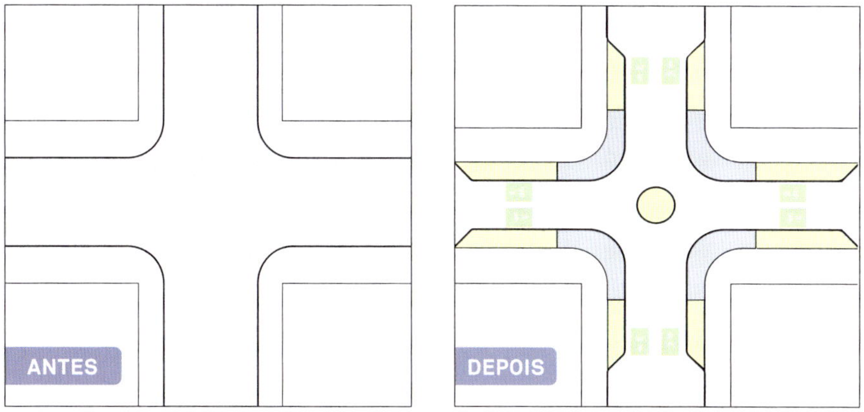

DESVIOS E LIMITES

Os desviadores e outras estratégias de gerenciamento de tráfego, como restrição de circulação e de acesso, ajudam a diminuir o volume de veículos motorizados. A redução do volume de tráfego aumenta o conforto e a segurança para os ciclistas.

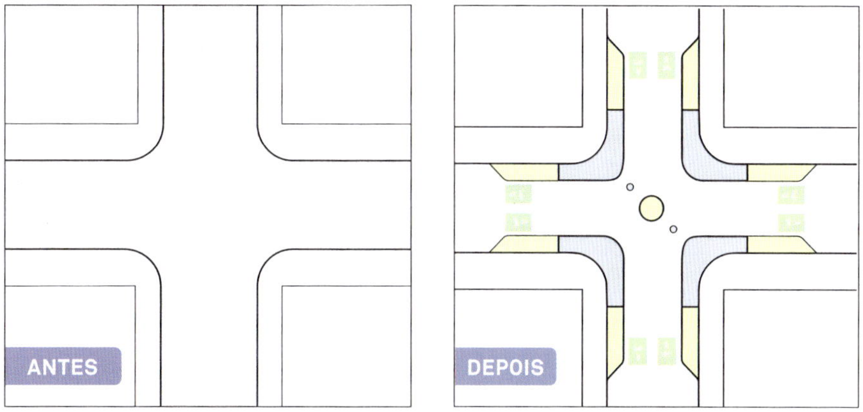

CRUZAMENTO COMPLEXO

Cruzamentos complexos têm um enorme potencial para atender à demanda latente por espaços públicos. Devido à falta de legibilidade, estes cruzamentos representam uma ameaça à segurança de todos os usuários. Simplifique o cruzamento priorizando a geometria ortogonal, reduzindo o número de ruas que se cruzam simultaneamente, adicionando espaço público e alterando a função das ruas menores. Redesenhe os cruzamentos de modo a aproximá-los o máximo possível do **ângulo de 90º**.

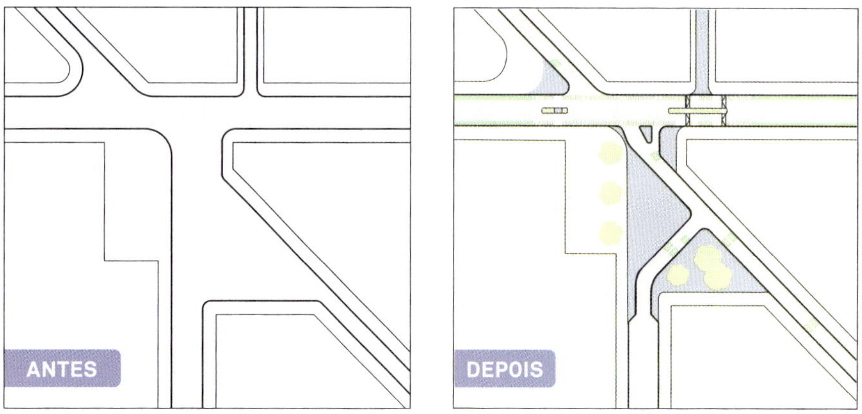

ROTATÓRIA

Muitas rotatórias grandes têm áreas centrais inacessíveis, padrões de tráfego complexos e condições perigosas. Reduza a rotatória a duas faixas de tráfego, diminuindo a quantidade de conflitos e de mudanças de faixas. Implante travessias elevadas de pedestres. Reconfigure as ruas de acesso para que se aproximem ao máximo do **ângulo de 90º** em relação à rotatória. Estenda as calçadas e a praça central e acrescente infraestrutura cicloviária protegida.

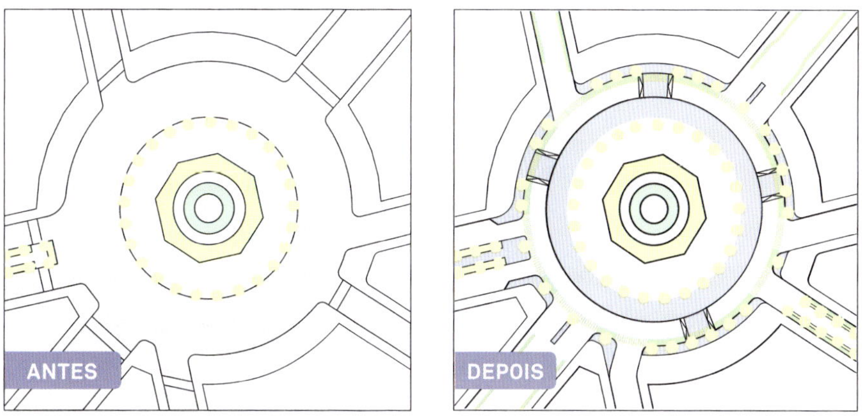

4.6.2 | **Cruzamentos**

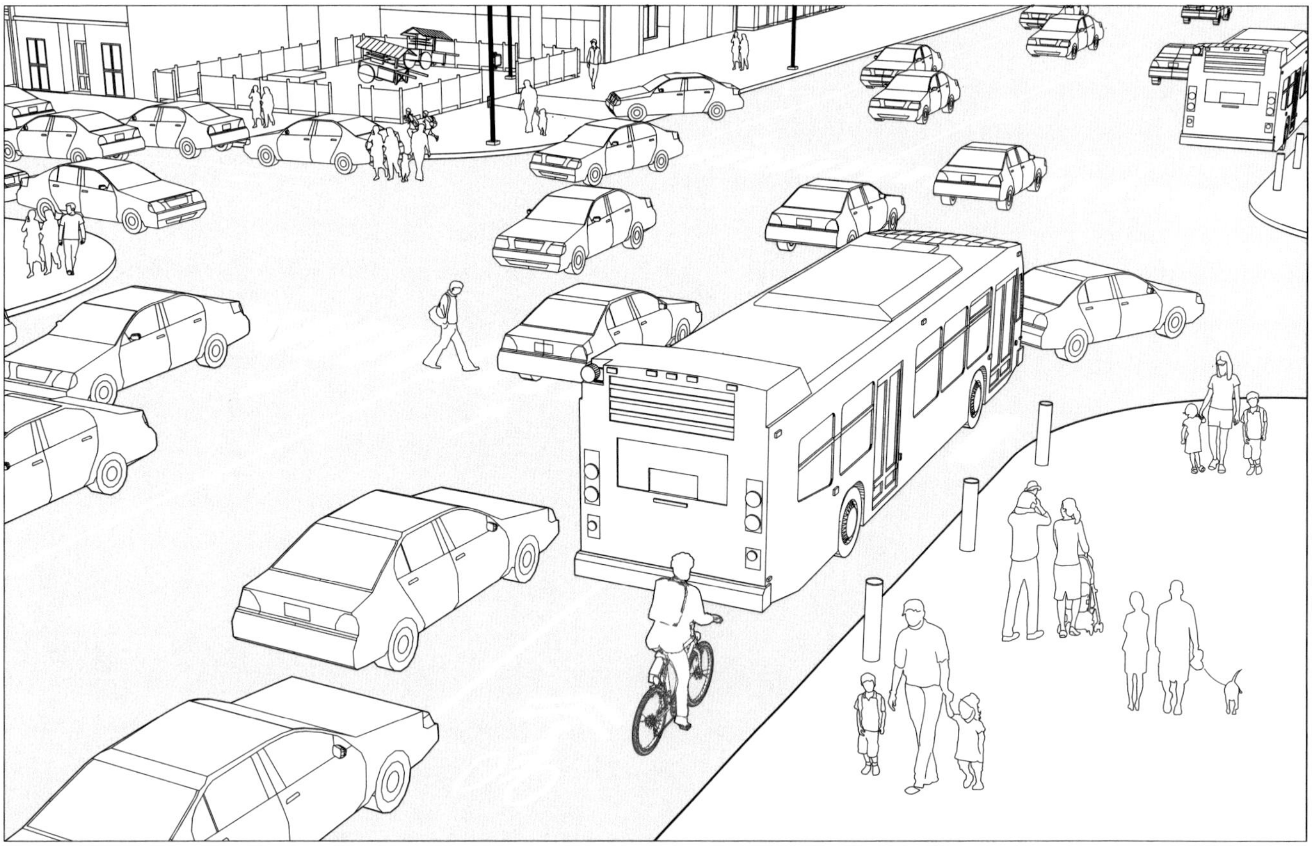

Condições existentes

Este exemplo retrata um cruzamento onde uma rua principal com alto volume de transporte coletivo e veículos particulares encontra uma rua do bairro. A proximidade de residências, comércio local, instalações para crianças e acesso ao transporte coletivo torna-o um cruzamento movimentado no qual as pessoas precisam disputar espaço, especialmente durante os horários de pico da manhã e do anoitecer.

Devido à falta de ciclofaixas protegidas, andar de bicicleta é desconfortável e arriscado. As crianças são forçadas a circular pela calçada, e muito poucas famílias usam a rua para pedalar.

As esquinas ficam repletas de pessoas esperando para atravessar. Os semáforos priorizam o tráfego veicular em relação ao de pedestres.

Grandes raios de conversão incentivam os veículos a fazer curvas a velocidades mais altas.

Alguns trechos do cruzamento carecem de travessias de pedestres demarcadas, e em todos os trechos faltam elementos como rampas de pedestres, que garantem o acesso de pessoas com mobilidade reduzida ou com deficiência.

Devido aos longos tempos de espera e às oportunidades pouco frequentes de travessia, as famílias muitas vezes atravessam no meio da quadra ou desobedecem aos semáforos a fim de encurtar o tempo total de trajeto.

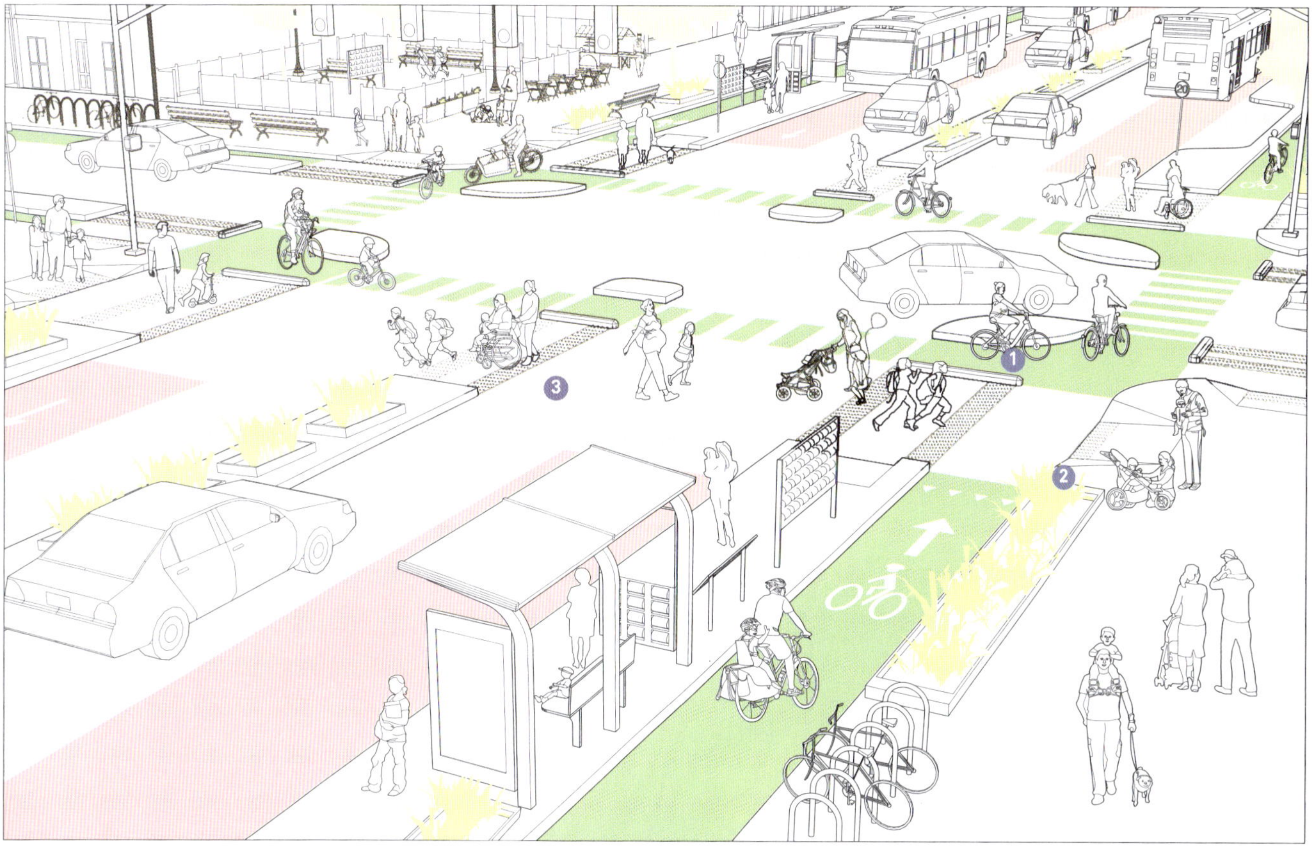

Redesenho: Cruzamento com proteção para os ciclistas

PROTEJA

❶ Foi adicionado um cruzamento protegido para os ciclistas em ambas as ruas, com ilhas de refúgio nas esquinas para proteger as bicicletas em conversão.

❷ Foram agregados elementos de paisagismo e mobiliário urbano para separar a calçada da ciclovia.

RECUPERE

As calçadas foram alargadas devido à redução da quantidade e da largura das faixas de tráfego, especialmente nas proximidades das esquinas.

MELHORE

❸ As demarcações de travessias de pedestres que estavam apagadas foram pintadas, e foram introduzidos ciclos mais curtos de semáforos, com fases mais longas para os pedestres. Foram instaladas rampas de pedestres, sinalização tátil de alerta e semáforos acessíveis de pedestres, com sonorização e botões táteis, para possibilitar o uso por pessoas com deficiência. Estes recursos também facilitam as travessias das famílias que levam crianças ou empurram carrinhos de bebê.

ATIVE

Foram criados espaços de descanso e brincadeira nas calçadas. Sombreamento e mobiliário urbano incrementam a experiência das famílias enquanto aguardam para atravessar a rua.

AMPLIE

As fachadas dos edifícios foram regulamentadas para assegurar sua atividade. Os proprietários podem ser incentivados a instalar toldos e outros elementos para proteger os pedestres durante os dias muito ensolarados ou chuvosos.

ESTUDO DE CASO

Superquadra Poblenou

Localização: Barcelona, Espanha

Organização executora: Prefeitura de Barcelona

Realização: 2015-2018

VISÃO GERAL

O programa Superquadra de Barcelona ("Superilla" em catalão, "Supermanzana" em espanhol) foi criado para lidar com a poluição do ar, o tráfego viário e a falta de espaços verdes. Também promove o envolvimento da população e aumenta a habitabilidade dos espaços públicos. O programa se baseia nas diretrizes de múltiplos planos setoriais, incluindo o Plano de Mobilidade Urbana 2013-2018, o Compromisso de Barcelona com o Clima e o Plano Verde e da Biodiversidade.

Sob o lema "vamos encher as ruas de vida", a cidade identificou ruas e cruzamentos para realizar intervenções temporárias e permanentes. Após um período de implementação e avaliação das transformações provisórias, buscou-se implantar um projeto permanente que criaria cinco tipos de espaços: para descanso e permanência, esportivo, cultural, para associações de bairros e para brincar. Para criar estes espaços, áreas de estacionamento e faixas de tráfego foram transformadas em espaços exclusivos para pedestres ou compartilhados. Essas mudanças apoiam-se em um trabalho abrangente que visa redirecionar o tráfego principal de veículos, incluindo as linhas de ônibus, para o perímetro das superquadras. As paradas de transporte coletivo também foram realocadas.

Cada superquadra é planejada, projetada e avaliada por meio de um esforço coletivo que envolve os moradores e outros atores locais. Os vizinhos podem participar de reuniões comunitárias abertas e oficinas, enquanto um grupo de trabalho permanente, com representantes da comunidade local e da cidade, colabora ao longo do processo.

Por exemplo, o cruzamento das ruas Carrer de la Ciutat de Granada e Carrer de Sancho de Ávila, no bairro de Poblenou, foi redesenhado para se tornar um playground para as crianças, com espaços para os cuidadores descansarem e socializarem. Os veículos motorizados não são autorizados a atravessar o cruzamento, mas usam a única faixa de tráfego compartilhada remanescente para virar à direita e evitar o espaço central de brincadeiras.

ESTRATÉGIAS

Proteger: Estreitamento do leito viário para reduzir as distâncias de travessia.

Recuperar: Remoção de áreas de estacionamento para estender as calçadas, remoção de faixas de tráfego para criar uma praça de pedestres no centro do cruzamento.

Ativar: Instalação de estruturas lúdicas, bancos e outros elementos de mobiliário urbano.

ELEMENTOS DE DESENHO DE RUAS

Calçadas: Pintura da calçada e da nova praça com um novo padrão de piso, inclusão de piso tátil para pedestres com deficiência visual.

Espaços de descanso e brincadeira: Instalação de um grande parquinho e de outros elementos lúdicos no centro do cruzamento.

Natureza e paisagismo: Instalação de vasos com árvores.

Assentos: Instalação de bancos.

Comodidades: Instalação de novos cestos de lixo, realocação de grandes recipientes de lixo já existentes.

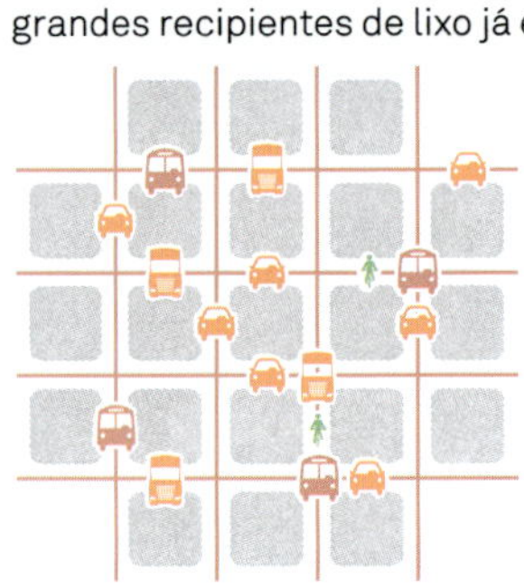

ANTES

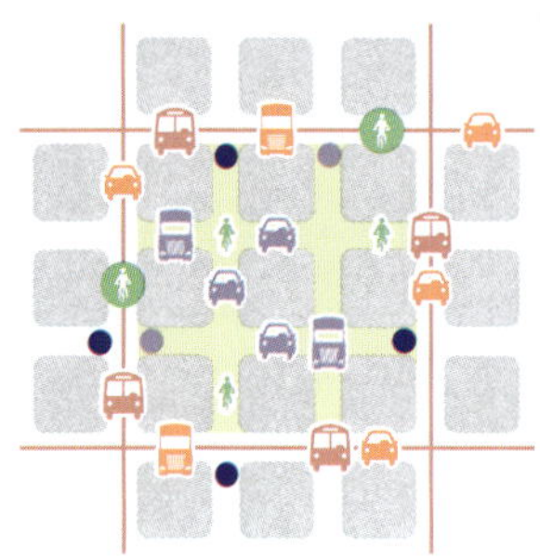

DEPOIS

Zona Visão Zero Barrio El Inglés

Localização: Bogotá, Colômbia

Organizações executoras: Prefeitura de Bogotá, NACTO-GDCI

Realização: 2018-2019

VISÃO GERAL

Esta intervenção rápida e temporária de três dias transformou uma rotatória de oito conexões onde os veículos motorizados costumam trafegar a velocidades perigosas. O desenho reduziu o cruzamento para seis conexões, conectou o espaço público no centro da rotatória a três quadras do entorno, aumentou o espaço para pedestres e ciclistas e estimulou os motoristas a dirigir a velocidades mais seguras. Mais de 50 funcionários do Departamento de Mobilidade de Bogotá pintaram 2.250 m² do novo espaço público em 18 horas.

A transformação temporária aconteceu depois que a comunidade solicitou melhorias na segurança no trânsito na área. Entre 2010 e 2018, o Departamento de Mobilidade de Bogotá contabilizou dez mortos e 123 pessoas feridas no trânsito do bairro, a maioria pedestres. Antes da implementação, os funcionários municipais e a equipe da NACTO-GDCI promoveram sete eventos de engajamento da comunidade para ouvir suas preocupações.

PRINCIPAIS ESTRATÉGIAS

Proteger: A distância máxima de travessia de pedestres foi reduzida de 32 m para 8,5 m (ficou 73% mais curta).

Recuperar: A quantidade de faixas de tráfego de veículos foi reduzida para recuperar espaço para os pedestres na praça central e para criar novas praças conectadas aos blocos adjacentes.

IMPACTOS

As métricas coletadas no período de intervenção mostraram uma redução de 60% nos conflitos no mesmo horário de pico em relação ao período anterior à intervenção rápida e temporária: 70 conflitos entre pedestres e veículos foram reduzidos para 28.

Os conflitos entre pedestres e veículos pesados foram reduzidos em 79% durante a intervenção rápida e temporária: de 48 para 10 conflitos no mesmo horário de pico.

De acordo com mais de 700 entrevistas de interceptação durante a intervenção rápida e temporária, 85% dos entrevistados disseram que o redesenho melhorou a segurança no trânsito.

DEPOIS

79%

das pessoas entrevistadas desejam que o projeto seja permanente

Sydney, Austrália

5

Elementos de desenho de ruas

Entender as diferentes zonas funcionais e a localização dos diversos elementos de paisagem de rua é essencial para o funcionamento das ruas urbanas. A atenção aos detalhes pode melhorar muito a mobilidade e a experiência das crianças nesses espaços. Caminhos desobstruídos nas calçadas, tratamentos de acessibilidade como rampas de pedestres e elevação do leito viário, oferta de assentos, elementos lúdicos, árvores e paisagismo, paradas de transporte coletivo, cestos de lixo, travessias de pedestres e infraestrutura cicloviária são aspectos que aprimoram o espaço público quando implementados em conjunto.

Avalie como cada elemento incentiva ou se relaciona com as brincadeiras, a aprendizagem e as interações sociais. Pense na altura de uma criança pequena e em como ela verá esses elementos de sua perspectiva e interagirá com eles. Considere que as crianças muitas vezes usarão o que está à disposição de maneiras não planejadas ou esperadas pelos adultos, testando seus limites ou usando sua imaginação, e essa é certamente uma parte importante de seu desenvolvimento cognitivo.

5.1 | Travessias de pedestres

As travessias de pedestres são um componente fundamental de uma rede segura e contínua de caminhada. Para promover a segurança e o conforto de todos os usuários, as travessias devem ter distanciamento frequente entre si, demarcação clara, estar no nível da rua e ser o mais curtas possível. Ao desenhar travessias de pedestres, deve-se dedicar especial atenção às crianças e às pessoas com mobilidade reduzida.

As crianças pequenas podem se locomover mais devagar e cobrir distâncias menores em um mesmo intervalo de tempo que os adultos saudáveis. Como é mais difícil vê-las, elas podem ficar mais vulneráveis nos cruzamentos que oferecem mais riscos de sinistros de trânsito. *Para mais informações, ver Guia Global de Desenho de Ruas – Capítulo 6.3.*

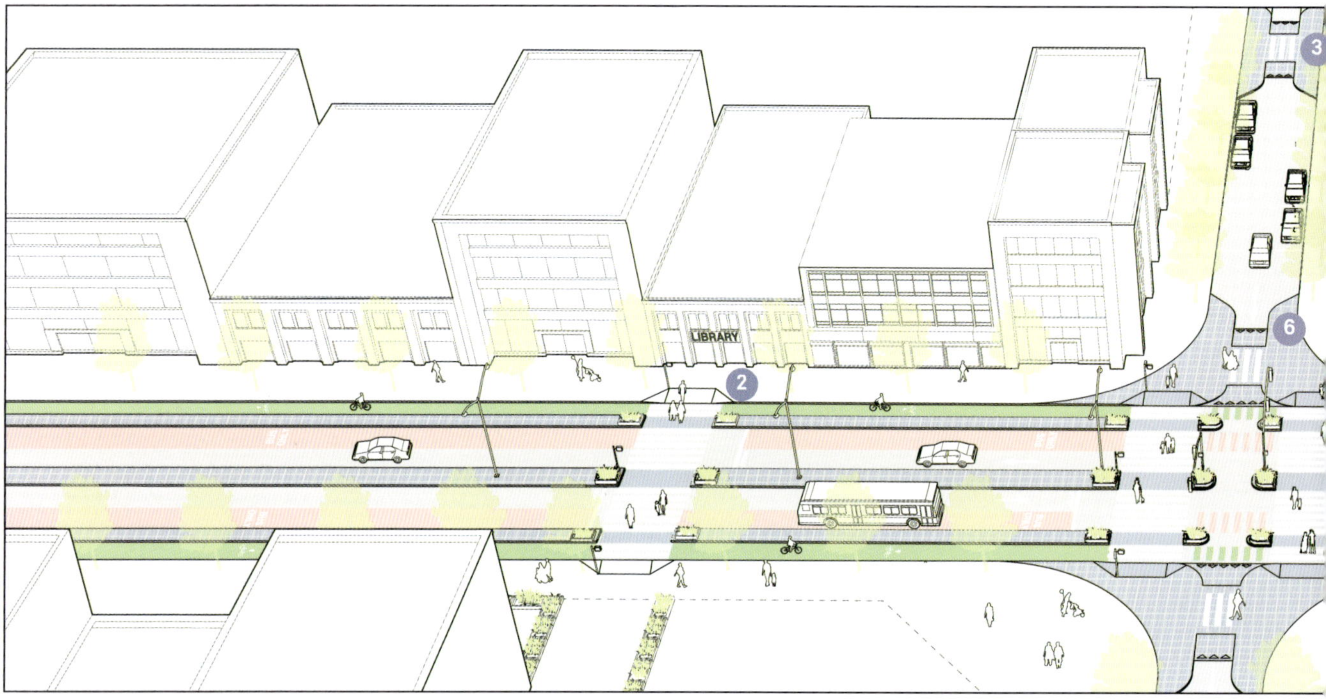

1 Travessias curtas e cruzamentos compactos

As travessias mais curtas são mais seguras e podem ser obtidas por meio do desenho de cruzamentos compactos. Diminua os raios de conversão, alargue as calçadas ou proporcione extensões de meio-fio para reduzir a distância total de travessia. Em vias com três ou mais faixas, ofereça ilhas de refúgio para pedestres como um lugar seguro de espera entre fluxos de tráfego. Essas ilhas devem ter pelo menos **1,8 m** e, idealmente, **2,4 m** de largura, para permitir que pessoas com crianças, carrinhos de bebê e cadeiras de rodas permaneçam juntas. Certifique-se de que um canteiro na extremidade proteja as pessoas que aguardam os veículos em conversão.

2 Alinhamento e espaçamento frequente

Idealmente, em áreas com grande volume de pedestres, as travessias devem ser implantadas a cada **50-100 m**, para garantir uma rede permeável de caminhada. Em ambientes urbanos, as travessias não devem ter mais de **200 m** de distância entre si. Elas também devem estar alinhadas com os principais destinos e considerar as linhas de desejo dos pedestres. Sempre que possível, alinhe a travessia com a faixa livre da calçada.

3 Moderação de tráfego

As estratégias de moderação de tráfego, como lombadas, plataformas atenuadoras de velocidade e travessias elevadas, devem ser aplicadas para reduzir a velocidade dos veículos que se aproximam de travessias não semaforizadas e em áreas com grandes volumes de crianças e cuidadores.

4 Legibilidade

As demarcações de travessia devem ser destacadas e claras, priorizando a pintura de alta visibilidade nos padrões escada ou zebrado. Adicione pisos táteis alinhados para indicar o final e o início da calçada para pessoas com deficiência visual. Em alguns casos, cores mais vibrantes e padrões divertidos podem ser incorporados a medidas de moderação de tráfego, desde que não incentivem as crianças a parar no leito viário. As demarcações de travessia devem ter pelo menos **3 m** de largura e ser mais largas em áreas com grandes volumes de pedestres.

Ao desenhar travessias, considere:

- Visibilidade
- Travessias em nível
- Alinhamento e espaçamento
- Semáforos sincronizados
- Moderação de tráfego

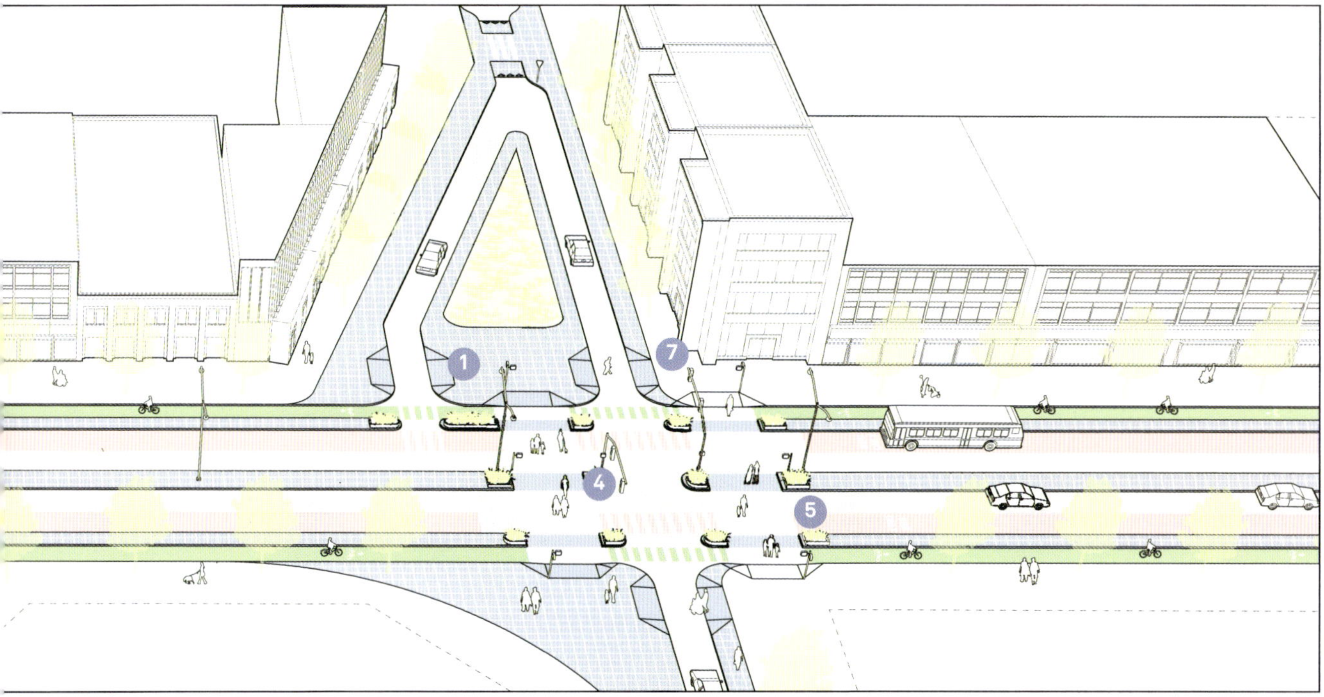

5 Travessias em nível e acessíveis

Todas as travessias devem ser acessíveis por uma rampa para pedestres. Elas devem ser implantadas no nível da rua ou elevadas para coincidir com o nível da calçada, promovendo um caminho curto e conveniente para as crianças. Alinhe as rampas de pedestres com as travessias, as faixas livres das calçadas e as rampas da calçada oposta. Evite passagens subterrâneas e passarelas de pedestres, pois elas reduzem a acessibilidade.

6 Visibilidade

É fundamental garantir que as crianças possam ver e ser vistas por motoristas e ciclistas. Proíba o estacionamento a uma distância mínima de **6-8 m** dos cruzamentos, adicione extensões de meio-fio sempre que possível, posicione as faixas de retenção a pelo menos **3 m** dos cruzamentos e minimize as obstruções visuais a partir de **3-5 m** dos cruzamentos.

7 Semáforos

Proporcione um tempo de abertura adicional para permitir que pessoas que se movem em um ritmo mais lento ou grandes grupos de crianças possam cobrir o percurso **(0,5 m por segundo)**. Disponibilize semáforos onde a velocidade dos veículos é superior a **30 km/h** e o volume de pedestres e a demanda de travessia são altos. Semáforos de contagem regressiva exibem os segundos restantes em cada fase e aumentam a previsibilidade.

Semáforos acessíveis devem ter indicações de trajeto audíveis e vibrotáteis. A circulação dos pedestres deve ser priorizada e seu tempo de espera deve ser mantido abaixo de **40 segundos**. A saída antecipada de pedestres é uma opção que lhes dá vantagem sobre os veículos em conversão, tornando as crianças mais visíveis para os motoristas na travessia.

5.2 | Calçadas

As calçadas são o alicerce de uma rede de transportes para crianças e cuidadores. Seu desenho deve refletir tanto o uso preferencial para a circulação quanto o caráter de espaço público, onde as crianças passam grande parte do dia. As calçadas bem projetadas têm uma faixa livre para circulação que atende às necessidades de acessibilidade e ao volume de pedestres. Para serem de alta qualidade, devem ter espaço suficiente para várias pessoas andarem lado a lado ou em pequenos grupos e fornecer espaço suficiente para que conversas e brincadeiras coexistam com a circulação. Calça seguras e confortáveis são bem iluminadas à noite e têm margens convidativas junto aos edifícios, lugares sombread para descansar e caminhar, áreas para brincar e socializar e sistemas de sinalização de orientação.

1 Zona de fachada

A zona de fachada (também denominada "faixa de acesso" em algumas cidades) é a seção da calçada que funciona como uma extensão dos edifícios. É o espaço imediatamente adjacente a eles. Este espaço é ideal para descansar e brincar. Sua largura varia, mas deve ser de pelo menos **0,5 m**. Uma zona de fachada ativa aumenta a segurança e o conforto da calçada.

2 Faixa livre

Uma faixa clara e desobstruída para a circulação de pedestres deve ser larga o suficiente para acomodar várias pessoas caminhando lado a lado, incluindo crianças, pessoas em cadeiras de rodas e com carrinhos de bebê. A faixa livre deve ter entre **1,8 m e 2,4 m** de largura em áreas residenciais e entre **2,4 m e 4,5 m** de largura nos centros das cidades, em zonas escolares ou áreas comerciais com grande volume de pedestres.

3 Zona de mobiliário urbano

Esta zona atua como amortecimento entre pedestres e ciclofaixas, entre carros estacionados e veículos em movimento. Sem bloquear a faixa livre, ela oferece espaço para comodidades como bancos, iluminação, bicicletários, quiosques e elementos lúdicos e de aprendizagem. É ideal para o plantio de árvores e a instalação de jardineiras e paisagismo, fornecendo sombra, e para criar oportunidades de interagir com a natureza e uma sensação de isolamento em relação à rua.

4 Zona de amortecimento

Uma zona de amortecimento (ou buffer) serve para separar os pedestres do leito viário, protegendo-os do tráfego em movimento e distanciando-os do ar poluído. Sua presença pode permitir que as crianças caminhem com independência. Esta zona geralmente abriga postes e iluminação. Se a calçada não for larga o suficiente, as zonas de amortecimento e de mobiliário urbano podem ser combinadas.

5 Meio-fio

O meio-fio é a zona adjacente à calçada. Ele oferece espaço para ciclofaixas, estacionamento de carros, paradas de transporte coletivo, embarque, extensões e parklets. Combine diferentes tipos de buffer com estratégias de gestão de uso do meio-fio que incluam funções específicas, limites de tempo e estratégias de precificação. Agrupe paradas de transporte coletivo, bicicletários e estações de compartilhamento de bicicletas para otimizar as transferências.

6 Rampas de pedestres

Instale rampas de pedestres junto a cada travessia e mudança de nível. Elas devem ser construídas com materiais antiderrapantes e ter uma inclinação máxima de **1:10 (10%)**, mas idealmente de **1:12 (8%)**. Essas rampas são essenciais para pessoas em cadeira de rodas ou com carrinhos de bebê. Devem ser alinhadas perpendicularmente à travessia de pedestres.

7 Fachadas ativas

Projete em função de entradas frequentes, lotes de pequenas dimensões e usos variados do nível térreo. As fachadas e vitrines das lojas devem ser projetadas de forma a coincidir com o nível dos olhos dos pedestres, incluindo crianças de diferentes alturas. A transparência agrega interesse visual e convida a uma vigilância mais natural. Vitrines de lojas com portões metálicos permeáveis, em vez de totalmente fechados, ajudam a manter o interesse visual à noite.

8 Superfícies atraentes

Murais, quebra-cabeças, jogos e obras de arte bi e tridimensionais nas fachadas, ou perto delas, incentivam as crianças a brincar e interagir com os edifícios. Use texturas e impressões em calçadas e outras superfícies horizontais. Procure envolver todos os sentidos. Elementos que incorporam acústica, reflexos, sombras e jogos de luz podem ser aplicados sobre todas as superfícies de piso e das construções.

5.3 | Espaços de descanso e brincadeira

É importante que as ruas urbanas funcionem não apenas como plataformas para uma mobilidade eficiente e confortável, mas também como espaços públicos. Os locais de descanso e brincadeira são necessários quando crianças e adultos precisam comer, parar, trocar de roupa, socializar, se distrair ou se acalmar. Se forem bem desenhados, podem incluir elementos lúdicos e educativos e convidar a interações e ao envolvimento social. Esses espaços farão com que cuidadores com crianças se sintam mais acolhidos e incluídos na coreografia da cidade. Quando houver espaço para acomodar suas necessidades, eles se sentirão aptos a participar da vida das ruas urbanas. De pequenos espaços para passar alguns segundos a áreas de estar que convidam as famílias a sentar-se e desfrutar de um momento relaxante, esses lugares para fazer uma pausa, sentar e permanecer podem contribuir para a saúde e o bem-estar emocional de crianças e cuidadores.

INCLUA ESPAÇOS FORMAIS E INFORMAIS

Os espaços de descanso e permanência podem ser informais, tais como recantos ou recuos de edifícios, ou formais, como áreas de estar, parklets e praças. Estes espaços podem acomodar atividades como a alimentação de bebês ou a troca de fraldas, que são facilitadas quando há privacidade e sombreamento.

ALOQUE OS ESPAÇOS EM CONJUNTO

Aloque os espaços de descanso e brincadeira perto de escolas e outras instalações para o público infantil ou em lugares em que as crianças circulam com os cuidadores, como paradas de transporte coletivo, mercados e mercearias.

DESENHE PARA INCENTIVAR INTERAÇÕES SOCIAIS

Aproveite as oportunidades de usar elementos que possam desencadear conversas entre as crianças, cuidadores e transeuntes. E lembre-se de que a brincadeira é para todos, crianças e adultos.

INCLUA ELEMENTOS EDUCATIVOS OU DIVERTIDOS

Os espaços de descanso e brincadeira envolvem as crianças na aprendizagem, incentivam a brincadeira, oferecem distração ao longo de um trajeto e preenchem os tempos de espera.[1]

Variações de tempo de duração e de atividade

Helsinki, Finlândia

FAZER UMA PAUSA

Locais ao longo da rua para parar e passar alguns momentos, realizar uma tarefa ou atividade rápida, observar algo ou brincar em movimento: os espaços de pausa não são designados para um uso específico.

São espaços como pequenos bolsões e recantos ao longo dos edifícios, áreas desobstruídas perto de travessias, entre árvores, perto de colunas ou postes, e fora da faixa livre da calçada.

Nova York, EUA

SENTAR

Espaços dedicados ao longo da rua para as pessoas se sentarem, descansarem ou fazerem uma pausa aumentam o conforto de um trajeto para crianças e cuidadores.

São locais como assentos em frente ao andar térreo dos edifícios e bancos ao longo das zonas de mobiliário urbano das calçadas e de muros, escadarias e parklets.

Lima, Peru

PERMANECER

Espaços na área das ruas, ou as próprias ruas inteiras, podem funcionar como destinos e convidar crianças e cuidadores a passar mais tempo ali. Eles acomodam uma vasta gama de atividades e podem atuar como um centro na vizinhança para socialização e brincadeiras.

São espaços como praças, ruas exclusivas de pedestres, ruas compartilhadas, calçadas largas e canteiros centrais.

Locais em potencial para descanso e brincadeiras

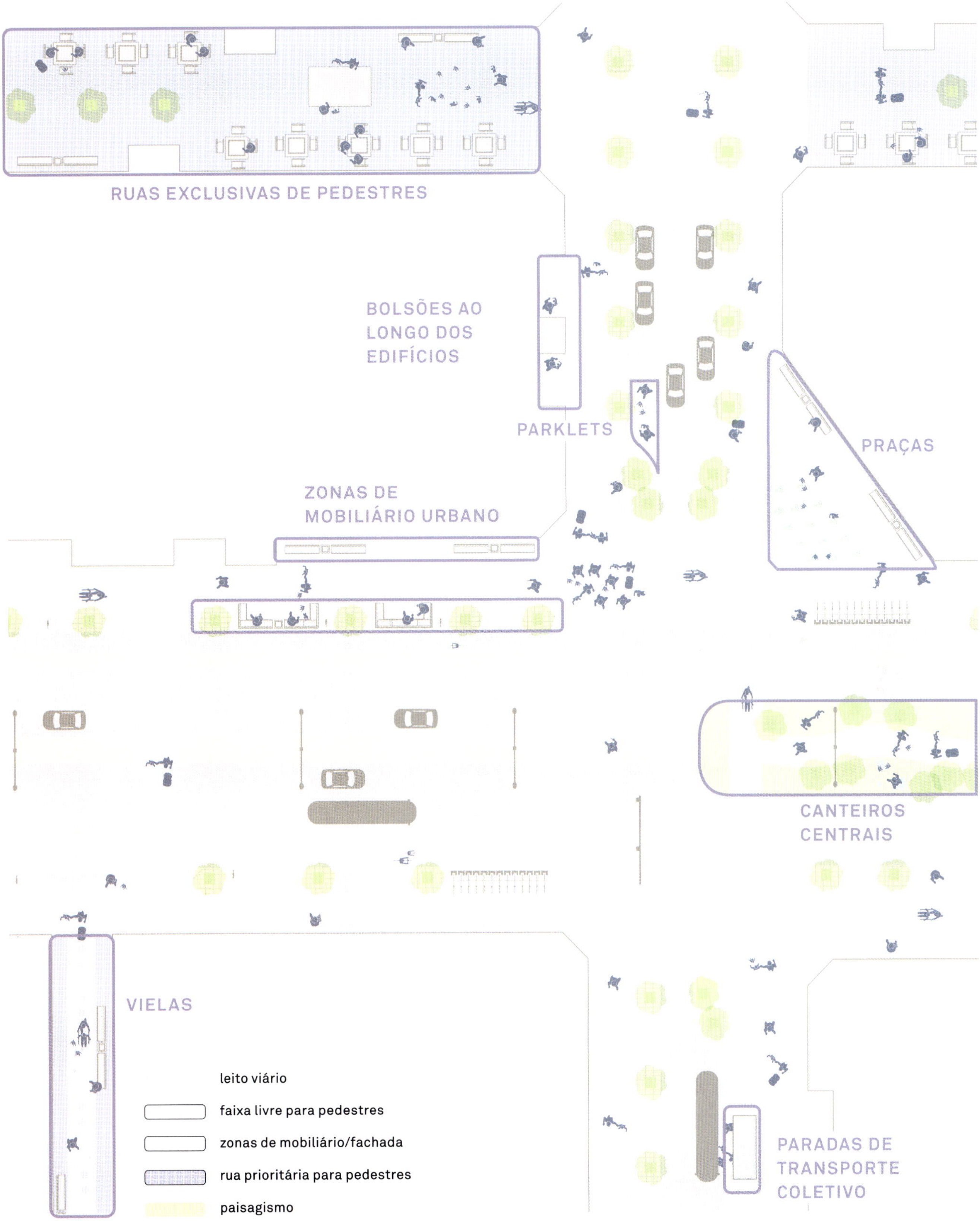

5.4 | Assentos

A presença de assentos e mobiliário urbano proporciona a crianças e cuidadores lugares para descansar, esperar pelo transporte coletivo ou pelos amigos ou para fazer uma pausa durante um trajeto. A oferta de bancos e assentos também pode incentivar a socialização entre crianças e cuidadores, criando oportunidades para que conheçam outras pessoas ou conversem com elas. A socialização informal é importante para o desenvolvimento interpessoal e emocional das crianças, e formas de alimentar este crescimento podem ser criadas a custos relativamente baixos nas ruas urbanas, como por meio do mobiliário urbano.

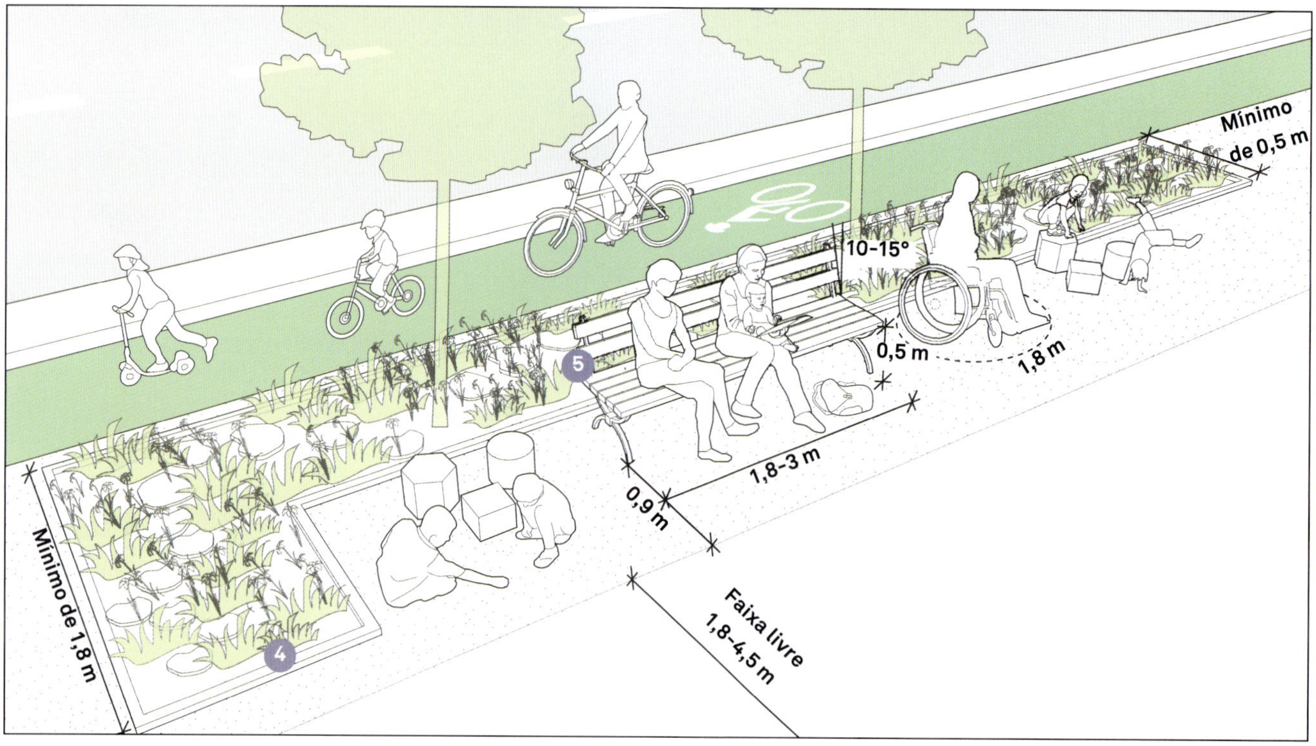

1 Use dimensões apropriadas

Para serem confortáveis e acessíveis, os assentos devem ter **0,5 m** de altura, apoios de braço e encosto inclinado entre **10° e 15°**. Sempre que possível, inclua elementos de dimensões apropriadas para crianças e instale bancos com mais de **3 m** de comprimento para oferecer opções de assento e incentivar as interações sociais. Sempre disponibilize espaço para cadeiras de rodas e carrinhos de bebê ou para que assentos móveis possam ser puxados para perto de assentos fixos.

2 Instale assentos suficientes

Leve em conta o comprimento linear total dos bancos ou a quantidade total de assentos para atender adequadamente ao volume esperado de pedestres. Instale assentos ao longo de todas as quadras, proporcionando idealmente oportunidades para sentar ou fazer uma pausa a cada **50-100 m** em uma rua.

3 Procure variar a localização

Ofereça uma combinação de opções para as pessoas se sentarem tanto ao sol quanto à sombra. Considere a proximidade em relação aos principais destinos, espaços de lazer e esquinas. Possibilite que os cuidadores observem as crianças brincando nas proximidades. Certifique-se de que os assentos e o espaço para as pernas não obstruam a faixa livre da calçada, não estejam muito perto das faixas de tráfego adjacentes, sejam bem iluminados e estejam disponíveis em cada quadra.

4 Incorpore arte e brincadeiras

Considere desenhar assentos que incorporem formas e cores convidativas para as crianças brincarem e interagirem.

5 Utilize materiais diversificados

Escolha desenhos e materiais que possam ser facilmente mantidos ou reparados e que se adaptem ao clima local. Leve em consideração a drenagem da água, o desgaste e a temperatura do metal em climas muito quentes ou muito frios.

6 Considere usos inesperados

As crianças usarão os elementos de design de maneiras inesperadas, podendo subir em um banco ou se esconder embaixo dele. Elabore peças com bordas arredondadas ou proteções que previnam contra tropeços.

Tipos de assento

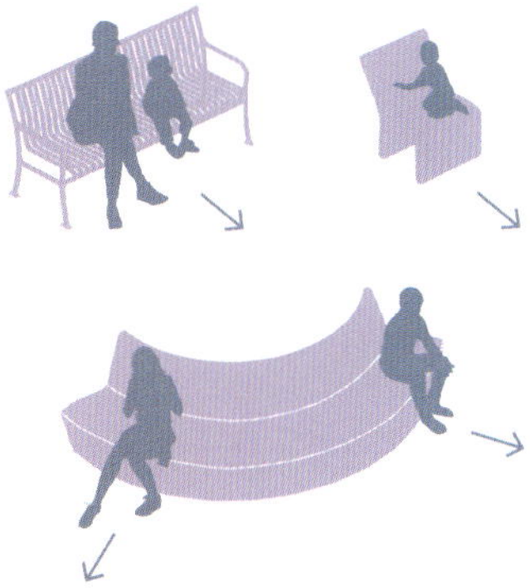

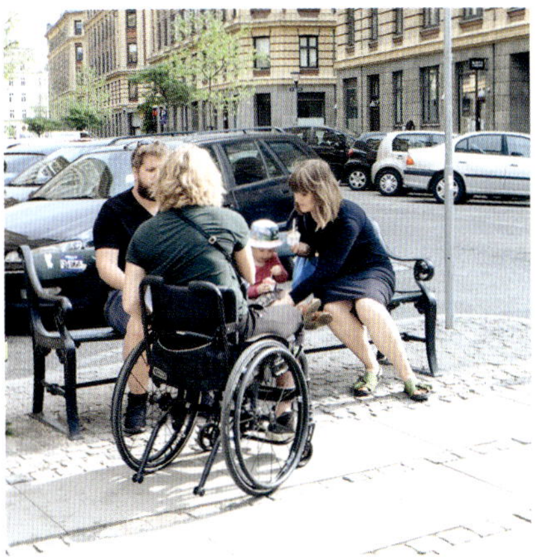

Copenhagen, Dinamarca

ASSENTOS FIXOS INDIVIDUAIS

Normalmente instalados em configuração linear na zona de mobiliário urbano de uma calçada, esses assentos devem oferecer oportunidades frequentes para crianças e cuidadores se sentarem e descansar.

O assento individual é importante para adolescentes, que às vezes preferem ter mais privacidade, e para pais quando precisam alimentar um bebê.

Os assentos fixos não devem conflitar com entradas de edifícios, zonas de carga e descarga de uso intenso e outras áreas de potenciais interferências.

Milão, Itália

ASSENTOS FIXOS SOCIAIS

Quando instalados de modo a criar cantos, formas côncavas ou pequenas “salas”, os assentos fixos permitem que grupos maiores de crianças ou famílias se sentem juntos ou podem convidar à interação social entre desconhecidos.

Instale assentos sociais próximos aos principais destinos, que recebem grandes grupos de pedestres, como escolas, parques e hospitais. Distribua-os na zona de mobiliário urbano de calçadas largas, praças, ruas compartilhadas e ruas de pedestres.

Nova York, EUA

ASSENTOS FLEXÍVEIS

Os assentos flexíveis são ideais para espaços maiores de pedestres, como ruas compartilhadas, ruas de pedestres e praças, onde ocorre uma mistura de atividades. As configurações flexíveis permitem que as pessoas se movam e mudem de assento conforme suas necessidades, se acomodem em grupos ou individualmente, acessem o sol ou a sombra e escolham um ponto de vista para observar outras atividades ou as crianças brincando.

Forneça assentos para variadas estaturas e tamanhos, de forma a acomodar as necessidades de crianças de diversas idades.

Para reduzir as taxas de substituição, use móveis feitos de materiais duráveis e trabalhe com parceiros locais para proteger o mobiliário à noite ou quando não estiver em uso.

5.5 | Brincadeira e aprendizagem

Brincar é uma das principais formas de as crianças aprenderem e se desenvolverem nos primeiros estágios de vida. A brincadeira e a aprendizagem devem ser incorporadas às ruas sempre que possível, melhorando os trajetos cotidianos e reforçando o que as crianças aprendem em ambientes formais. As oportunidades de brincar e aprender podem ser criadas em novos desenhos de ruas, em transformações de ruas em grande escala ou como parte de projetos de melhoria em menor escala.[2] Encontre espaços, superfícies, mobiliários urbanos ou outros elementos de diversas alturas para incorporar à brincadeira. Utilize texturas, materiais, pavimentação, cor, iluminação, sinalização de orientação e elementos interativos, tendo sempre em mente a manutenção de longo prazo.

As crianças aprendem de maneiras diferentes, por isso leve em consideração os seguintes tipos de aprendizagem ao trabalhar com artistas locais, grupos comunitários ou designers:[3]

APRENDIZAGEM VISUAL

Use diagramas, fotos, imagens, formas e cores nas obras de arte para incentivar o desenvolvimento de habilidades espaciais.

APRENDIZAGEM LINGUÍSTICA

Incorpore elementos que incentivem a leitura, a escuta e a fala. Adicione componentes que provoquem conversas entre as crianças e os cuidadores.

APRENDIZAGEM LÓGICA

Inclua números, relações, equações e padrões para desenvolver habilidades matemáticas e de contagem.

APRENDIZAGEM MUSICAL, RÍTMICA E AUDITIVA

Incorporar música às ruas nem sempre é fácil, mas quando possível considere acrescentar sons ou músicas nas paradas de transporte coletivo, no mobiliário urbano ou junto aos semáforos.

APRENDIZAGEM INDIVIDUAL

Algumas crianças aprendem melhor quando estão sozinhas, resolvendo seus próprios desafios. Inclua espaços onde as crianças possam passar um tempo sozinhas.

APRENDIZAGEM SOCIAL

As crianças geralmente aprendem ao interagir com outras pessoas. Identifique oportunidades de instalar obras de arte que incentivem o envolvimento social entre crianças e os cuidadores ou simplesmente entre as crianças.

APRENDIZAGEM COM A NATUREZA

Muitas crianças aprendem observando o mundo ao seu redor. Ofereça oportunidades de interação com a natureza, usando diversos materiais, texturas, cores e cheiros.

APRENDIZAGEM CINESTÉSICA E VISUAL

As crianças aprendem fazendo coisas, portanto considere adicionar elementos para estimular a interação, desenvolver a coordenação física e proporcionar experiências práticas.

Onde encontrar oportunidades

Milão, Itália

SUPERFÍCIES DE PISO

Use padrões de pavimentação ao longo das faixas livres de calçadas, das zonas de mobiliário ou dos edifícios. Esteja ciente do movimento e do volume de pedestres a ser gerado ao convidar as crianças a fazerem uma pausa, priorizando o uso dos espaços em ambos os lados da faixa livre.

São Paulo, Brasil

SUPERFÍCIES VERTICAIS

Superfícies verticais, como fachadas ou muros cegos de edifícios e janelas sem uso, podem fazer as vezes de telas para obras de arte em diversas escalas. Os gradis ao longo de propriedades privadas ou dos limites de parques possibilitam adicionar cores, plantas ou obras de arte que atraiam as crianças à medida que elas se aproximam desses destinos.

Lima, Peru

ELEMENTOS DE PAISAGISMO

Os elementos de paisagismo, como jardineiras e berços para árvores, oferecem oportunidades para as crianças se envolverem com a natureza.

Nova Orleans, EUA

ILUMINAÇÃO

A iluminação, incluindo fontes de luz abaixo do nível do piso, pode ser adicionada a diversos elementos. Utilize cores e sombras.

Moscou, Rússia

MOBILIÁRIO URBANO

O mobiliário urbano inclui assentos, paradas de transporte coletivo, cestos de lixo e bicicletários. As paradas de transporte coletivo, em particular, são espaços oportunos para incorporar brincadeiras e motivos de aprendizagem.

Boston, EUA

POSTES

Os postes geralmente estabelecem um ritmo ao longo da rua que pode proporcionar envolvimento.

5.6 | Natureza e paisagismo

A infraestrutura verde oferece proteção contra a poluição do ar e reduz o escoamento superficial de águas pluviais e os efeitos das ilhas de calor. Além disso, traz benefícios para crianças e cuidadores em áreas urbanas. Diversos estudos apoiam esta afirmação, mostrando que crianças que vivem em bairros com mais árvores e vegetação têm melhor desenvolvimento cerebral e das funções cognitivas, além de melhor capacidade de concentração e melhores habilidades motoras. Locais arborizados também incentivam comportamentos recreativos mais criativos. Outros estudos mostram que pessoas vivendo próximo à natureza têm melhor relacionamento com seus vizinhos e se sentem mais seguras do que aquelas com menos árvores por perto.[4] Além disso, as árvores também proporcionam sombra para as calçadas, ciclofaixas e praças, o que é importante em locais de clima mais quente. *Para mais informações, ver Urban Street Stormwater Guide.*

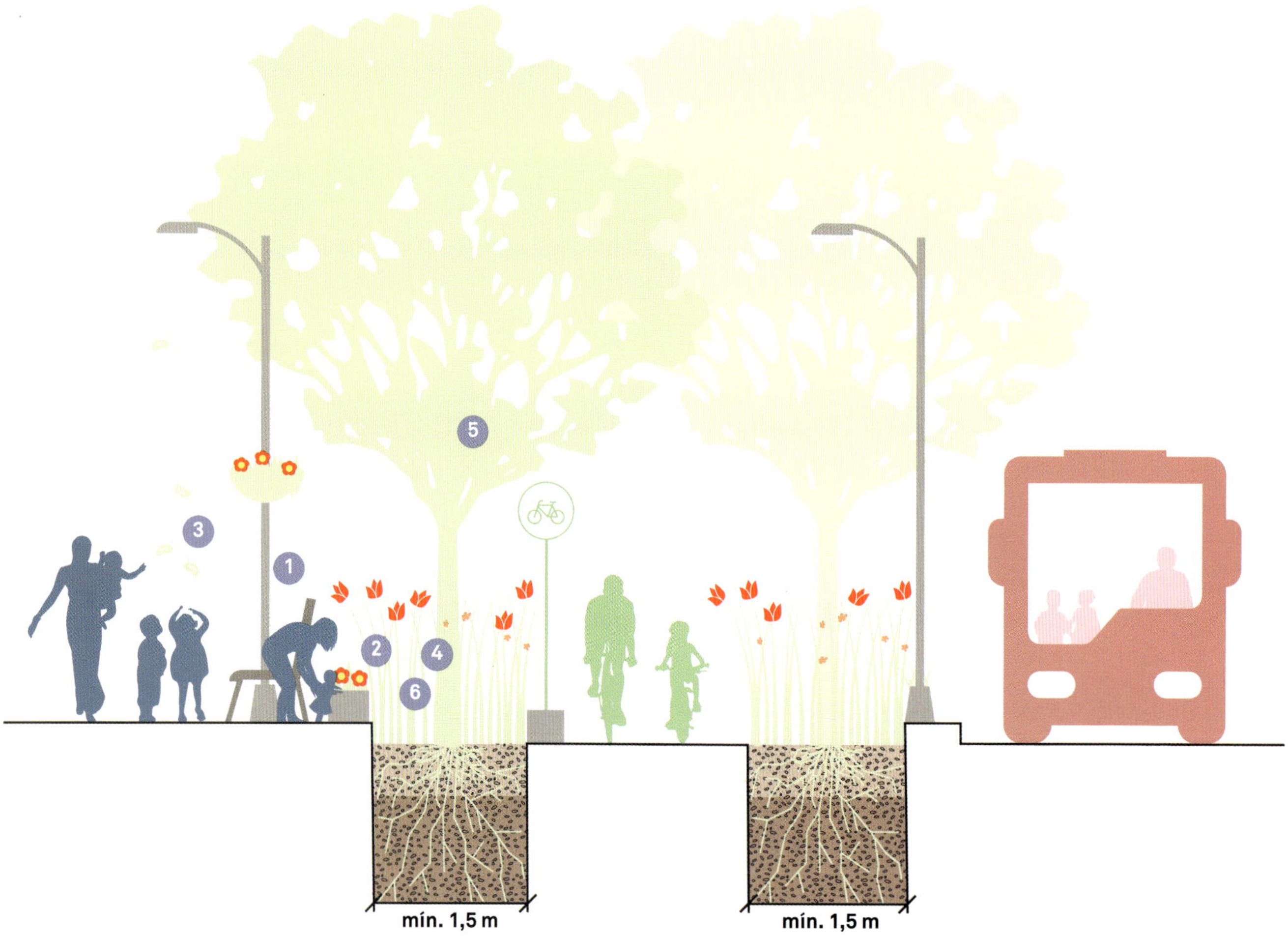

1 Disponha as árvores em conjunto com outros elementos

Coloque árvores perto de elementos como assentos e espaços de lazer para que possam fornecer sombra quando necessário.

2 Considere a altura das crianças

Considere a altura e o nível dos olhos das crianças ao escolher as plantas. As crianças estão mais próximas do piso e verão mais de perto as flores, a grama e os outros elementos de paisagismo.

3 Permita que as crianças se envolvam com a natureza

Instalar sinalização indicando que as pessoas podem tocar nas plantas informa aos cuidadores que as crianças têm permissão para fazer isso.

4 Utilize espécies de plantas apropriadas para as crianças

Procure usar plantas que atraiam borboletas, pássaros e outras espécies. Escolha plantas comestíveis, não tóxicas e sem espinhos e utilize espécies com pouco pólen para evitar a asma alérgica.

5 Plante mais árvores

Aproveite as áreas mais amplas para plantar árvores de grande porte, ou em maior quantidade, e agregar paisagismo. Plante árvores que florescem e dão frutos e cujas folhas mudam de cor.

6 Crie espaço para insetos e aranhas

Projete viveiros que forneçam hábitat para diferentes insetos e aranhas, permitindo que as crianças os observem e aprendam com a natureza.

Adicionando paisagismo com restrições locais

PROFUNDIDADE LIMITADA OU INTERVENÇÕES TEMPORÁRIAS

Quando os elementos de paisagismo e as árvores não puderem ser plantados no solo devido às condições locais, considere usar jardineiras elevadas que mantenham a faixa livre para pedestres. Considere que, incorporando assentos, as jardineiras podem convidar as crianças a interagir com a natureza. Em intervenções rápidas e temporárias ou provisórias, use jardineiras para adicionar paisagismo e definir a geometria. Trabalhe com as escolas e comunidades locais para convidar as crianças a participar da instalação e da manutenção contínua.

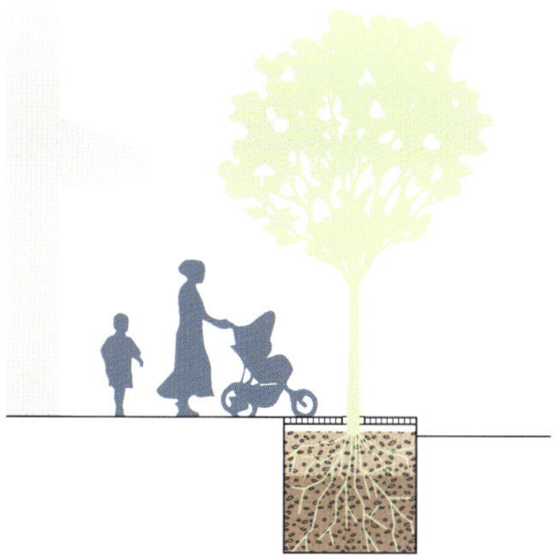

LARGURA LIMITADA

Quando a largura das calçadas for limitada, considere usar faixas estreitas de plantio na zona de amortecimento em vez de árvores. Como alternativa, utilize grades pisoteáveis para árvores ou cavidades de plantio que permitam que as raízes cresçam por baixo da calçada, mantendo uma faixa livre acessível – de no mínimo **1,8 m** – para os pedestres caminharem na superfície. Utilize materiais permeáveis e certifique-se de que os leitos das árvores tenham pelo menos **1,5 m por 1,5 m.** Procure oportunidades de remover vagas e adicionar árvores na faixa de estacionamento ou como parte das extensões de meio-fio.

ÁREA DE SUPERFÍCIE LIMITADA

Quando o plano do piso da rua não possibilita adicionar paisagismo, considere formas de pendurar plantas ou flores nos postes ou luminárias ou de incorporar paredes verdes nas superfícies verticais ao longo da rua.

Parques Sem Fronteiras

Localização: Nova York, EUA

Organização executora: Departamento de Parques e Recreação da Cidade de Nova York

VISÃO GERAL

O programa Parques Sem Fronteiras, da cidade de Nova York, denomina as calçadas que fazem fronteira com os parques de "parques exteriores", reconhecendo que as árvores e a natureza não devem se limitar à área de um parque. Ao redesenhar a área onde os parques encontram as calçadas, o programa reinventa a forma como um parque se insere em uma comunidade. Isso também redefine as calçadas como locais tanto de circulação quanto de interação com a natureza.

O programa selecionou diversos parques ao redor da cidade e redesenhou seus limites de forma a agregar melhores entradas, assentos mais modernos e uma fronteira mais fluida entre o parque e a calçada, além de reduzir as obstruções visuais.

5.7 | Paradas de transporte coletivo

O transporte coletivo é a maneira mais eficiente de movimentar uma grande quantidade de pessoas em um espaço limitado. Crianças e cuidadores usarão mais o transporte coletivo quando ele for frequente, confiável, acessível e projetado levando em consideração suas necessidades. Esse público precisa de um transporte coletivo que o atenda tanto na rua como a bordo dos veículos. Eles necessitam que as paradas e estações sejam acessíveis e lhes proporcionem diversão ou distração. As crianças muitas vezes ficam entediadas enquanto esperam, e as paradas de transporte coletivo oferecem amplas oportunidades para o desenvolvimento infantil ao incorporar espaços para jogos, brincadeiras e arte. Isso melhora muito a experiência tanto dos cuidadores quanto das crianças no uso do transporte. *Para mais informações, ver Transit Street Design Guide.*

1 Torne o embarque acessível

Garanta que os locais de embarque no transporte coletivo estejam nivelados com o veículo, com a plataforma de embarque a uma altura correspondente à altura do piso do veículo. Como alternativa, considere atualizar o design dos meios de transporte ou tornar o meio-fio mais alto.

2 Incorpore assentos

Assentos em paradas de transporte coletivo, incluindo assentos para o público infantil, oferecem a cuidadores e crianças lugares para descansar.

3 Instale mobiliário urbano em conjunto

Equipamentos como bicicletários, estações de compartilhamento de bicicletas, quiosques, banheiros públicos, bebedouros e cestos de lixo devem ser dispostos próximos a paradas de transporte coletivo.

4 Ofereça abrigo

Forneça abrigo para os usuários se protegerem do sol, do calor, do frio e do vento. Certifique-se de que os abrigos tenham iluminação para uso noturno.

5 Compartilhe informações sobre o transporte coletivo

Informações claras, acessíveis e em tempo real sobre os horários de chegada, além de anúncios de serviços, tornam mais fácil para os cuidadores usar o transporte coletivo de superfície e planejar as necessidades das crianças enquanto esperam.

6 Integre brincadeiras e aprendizagem

As estações e paradas de transporte coletivo podem ser ótimos lugares para descansar, sentar, permanecer e brincar. Tanto as superfícies de piso quanto as verticais oferecem oportunidades para a instalação de quebra-cabeças, jogos e obras de arte, que envolvem as crianças enquanto esperam pelo transporte.

Ônibus de trânsito rápido (BRT)/ Metrobús

DESTAQUE

Localização: Cidade do México, México

Organizações executoras: Governo da Cidade do México, Conselho para a Integração de Pessoas com Deficiências (DIF-CDMX), Instituto das Mulheres da Cidade do México

Realização: 2013-2017

VISÃO GERAL

Para melhorar a acessibilidade nas principais linhas do BRT, foram implementadas estratégias físicas e operacionais para dar suporte a usuários como crianças, pais com filhos pequenos, adultos mais velhos e pessoas com deficiência. Foram adicionadas rampas de pedestres, botões de advertência para embarque, espaços e assentos designados para usuários específicos, além de embarque nivelado e sanitários nas estações.

Plano de Paradas de Ônibus

DESTAQUE

Localização: Barcelona, Espanha

Organizações executoras: Instituto Municipal para Pessoas com Deficiência, Barcelona Activa

Realização: 2017-atualmente

VISÃO GERAL

Barcelona pretende se tornar uma cidade totalmente acessível até 2026. Como parte deste objetivo, e visando considerar as instalações de paradas de ônibus, o Plano de Paradas de Ônibus foi desenvolvido. A cidade contratou pessoas com deficiência para coletar dados e analisar mais de 2.500 localidades. Algumas paradas de ônibus já foram aprimoradas, com a ampliação da área de embarque por meio da instalação de uma nova plataforma modular.

Parada de Ônibus com Arte Pública

DESTAQUE

Localização: Vyksa, Rússia

Organizações executoras: Buro Druzhba, Fordplast

Realização: 2018

VISÃO GERAL

Essa parada de ônibus é construída a partir de grandes tubos industriais fabricados localmente. É ao mesmo tempo uma parada de transporte coletivo funcional e uma instalação de arte pública. A parada possui estações de carga para USB, iluminação e um recurso de som divertido: alguém do outro lado da rua pode falar com as pessoas que esperam no ponto de ônibus através de um tubo subterrâneo escondido.

5.8 | Espaço cicloviário

Cidades onde a bicicleta é uma forma segura e atraente de circulação são lugares que atendem às necessidades das crianças. Redes cicloviárias bem desenhadas possibilitam a mobilidade independente de crianças e adolescentes e agregam liberdade significativa para as famílias. Outro benefício da bicicleta é que ela é mais silenciosa e gera menos conflitos de tráfego com os pedestres. Uma cidade ciclável tem uma rede interconectada de ciclovias contínuas e confortáveis e ruas com baixo volume de automóveis. Como qualquer meio de transporte, a bicicleta deve ser considerada segura e conveniente antes de a maioria dos cuidadores e crianças passar a utilizá-la como transporte regular. *Para mais informações, ver Capítulo 2.2, Guia Global de Desenho de Ruas – Capítulo 6.4, Urban Bikeway Design Guide e Designing for All Ages and Abilities.*

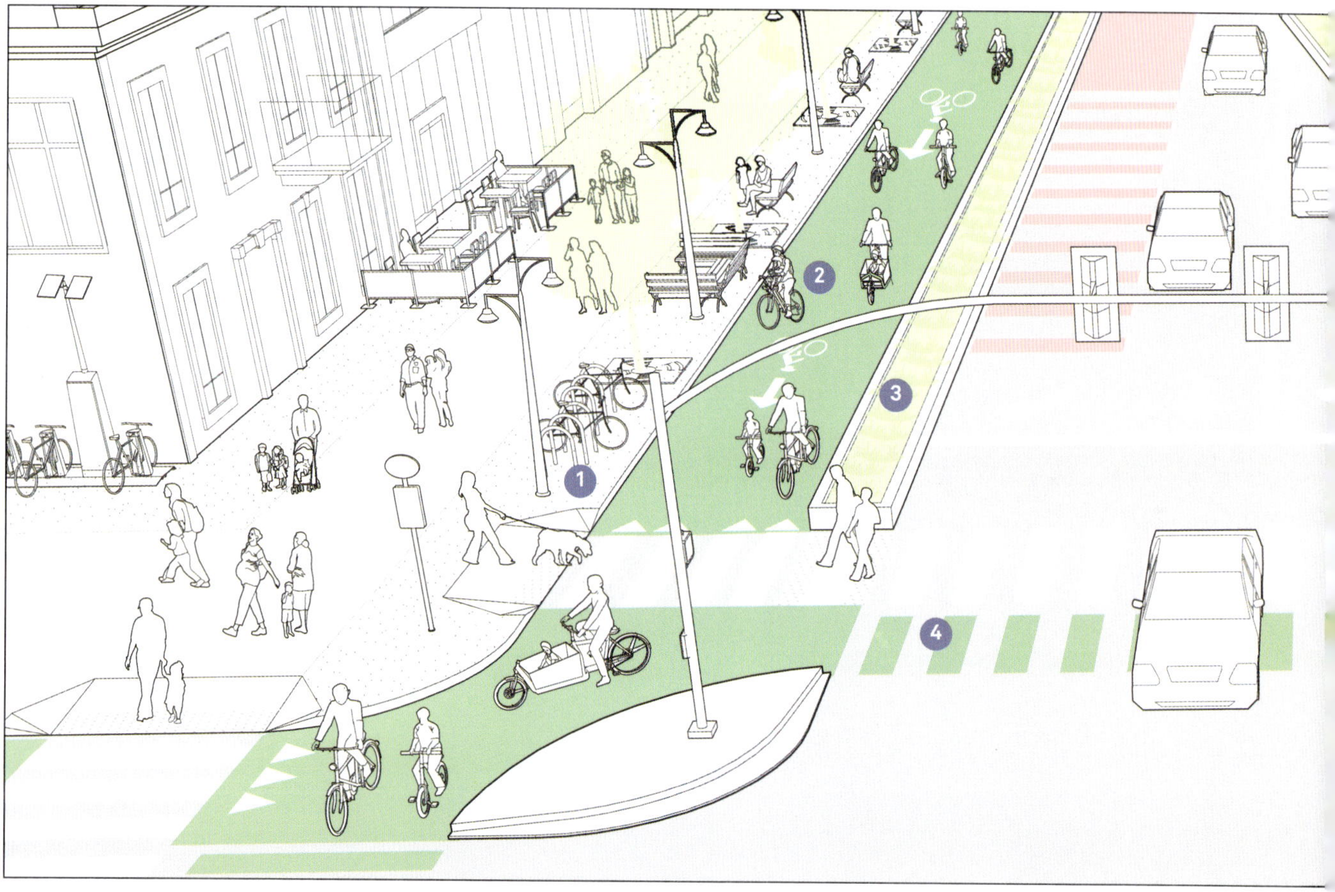

1 Zona do meio-fio

Quando adjacente às calçadas ou aos espaços de pedestres, a infraestrutura cicloviária deve ser fisicamente separada, para conforto tanto dos pedestres quanto dos ciclistas. Se as ciclofaixas estiverem niveladas com a calçada, o uso de diferentes texturas ou o alinhamento do mobiliário urbano ajudam as pessoas com deficiência visual a distinguir uma zona da outra. A zona do meio-fio também pode hospedar elementos de infraestrutura cicloviária, como paraciclos, mapas de orientação e estações de compartilhamento de bicicletas.

2 Faixa livre para ciclistas

As ciclofaixas devem ser largas o suficiente para que as crianças possam andar de bicicleta ao lado de seus cuidadores. Uma criança e um adulto pedalando lado a lado podem ocupar **2,2 m** de faixa livre para ciclistas, mas é preferível uma largura de **2,4 m**, permitindo passeios sociais. A ciclofaixa deve ter, no mínimo, entre **1,8 m e 2 m** para pistas unidirecionais, dependendo da presença de meios-fios adjacentes, e pelo menos **3,6 m** para pistas bidirecionais.

3 Buffer

O buffer (ou atenuador) proporciona uma separação vertical e/ou horizontal entre a ciclofaixa e o tráfego motorizado ou os carros estacionados, oferecendo proteção física e maior conforto para as famílias que andam de bicicleta. Os buffers podem ser compostos por pavimentos demarcados ou coloridos no mesmo nível da via e por elementos verticais adicionais, ou por barreiras elevadas ou meios-fios. Sua largura deve ser de pelo menos **1 m**.

4 Sinalização e demarcações

As demarcações no leito viário fornecem orientação para os ciclistas. As marcações de passagem preferencial indicam onde os ciclistas devem parar por causa dos pedestres. As marcações de setas e de travessias de bicicletas guiam a circulação através dos cruzamentos. As demarcações de conflito, em entradas de garagens ou faixas de conversão, alertam os motoristas e ciclistas sobre áreas de conflito em potencial e devem ser visualmente diferentes das demarcações-padrão da via.

Ao pedalar, uma experiência abrangente para crianças deve incluir:

Infraestrutura protegida

Cruzamentos seguros

Redes completas

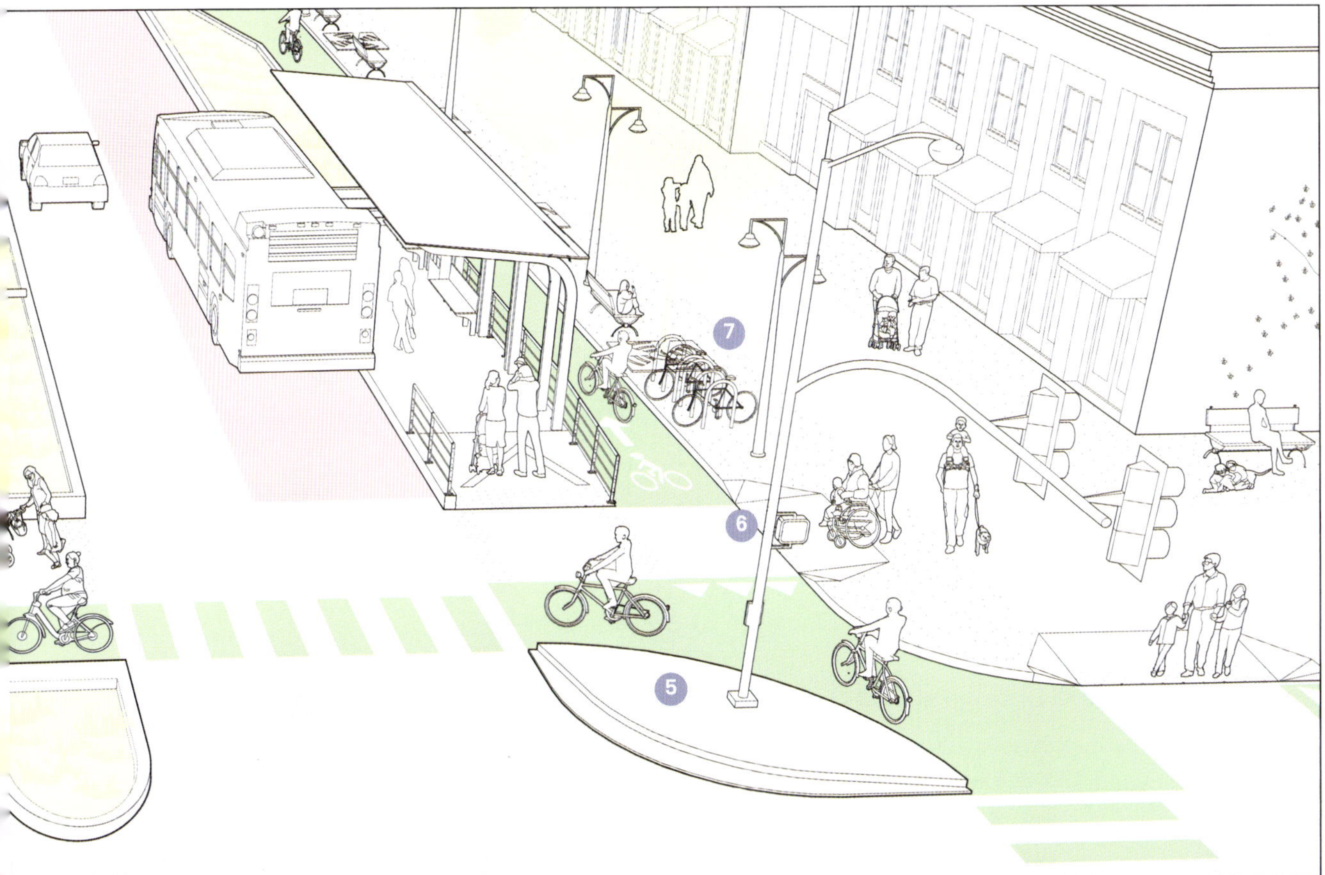

5 Ilha de refúgio na esquina

As ilhas de refúgio nas esquinas oferecem proteção física para os ciclistas que aguardam ou se movem nos cruzamentos. Elas evitam que os veículos invadam a infraestrutura cicloviária, estreitam os raios de conversão para reduzir as velocidades nas curvas e aumentam a visibilidade dos ciclistas pelos motoristas. Elas podem ter meios-fios montáveis (ou "saias galgáveis") para permitir que os veículos maiores façam curvas em baixa velocidade. As ilhas de esquina também podem ser construídas com materiais provisórios.

6 Semáforos para bicicletas

Os semáforos para bicicletas aumentam a segurança e a conveniência para os ciclistas nos cruzamentos. Estes semáforos podem ser usados para separar a circulação das bicicletas e a dos veículos motorizados, reduzindo os conflitos com os veículos em conversão. Os semáforos também podem proporcionar uma saída antecipada de ciclistas, para que estes se movam à frente dos veículos, tornando-se mais visíveis.

7 Bicicletários

Forneça lugares convenientes e seguros para estacionar e travar as bicicletas, inclusive modelos infantis e de carga. Os paraciclos devem acomodar unidades de tamanhos diferentes e estar localizados próximos às paradas de transporte coletivo e a outros destinos importantes, além de fora das faixas livres para pedestres.

Considere também: Travessias elevadas de bicicletas

As travessias elevadas de bicicletas melhoram a visibilidade dos ciclistas e reduzem a velocidade dos veículos que cruzam as ciclovias. Comumente combinadas com as travessias elevadas de pedestres, elas aumentam a frequência com que os motoristas dão preferência aos ciclistas; também têm demonstrado reduzir os sinistros – especialmente nas ciclovias de mão dupla.[5]

5.9 | Infraestrutura cicloviária

Ciclovias protegidas são o melhor tipo de infraestrutura cicloviária para crianças e cuidadores nas principais ruas urbanas. Embora as crianças possam andar de bicicleta junto aos veículos motorizados em ruas tranquilas, com baixas velocidades e baixo volume de tráfego, ciclovias dedicadas e protegidas são necessárias para que elas possam trafegar por ruas maiores e por cruzamentos.

Os corredores de bicicletas de alto volume e aqueles onde há previsão de passeios lado a lado devem proporcionar uma infraestrutura cicloviária mais ampla. *Para mais informações, ver Guia Global de Desenho de Ruas – Capítulo 6.4, Urban Bikeway Design Guide e Designing for All Ages and Abilities.*

CICLOVIAS PROTEGIDAS

Ciclovias protegidas, também conhecidas como ciclovias segregadas, têm elementos de separação tanto horizontais (buffers) quanto verticais (como balizadores flexíveis, carros estacionados, meios-fios ou elevação a um nível mais alto) para proteger os ciclistas do tráfego de veículos motorizados e dos carros estacionados que bloqueiam a rota.

Essas ciclovias podem ser usadas em qualquer rua que tenha largura suficiente. Para criar condições confortáveis para que pessoas de todas as idades possam circular de bicicleta, as ciclovias protegidas devem ser priorizadas em ruas em que circulem pelo menos 6.000 veículos motorizados por dia, com velocidade de tráfego superior a **30 km/h** ou múltiplas faixas de tráfego.

Bogotá, Colômbia

●●●●● **Segurança**
●●●●● **Conforto**
●●●●○ **Espaço**
●●●●○ **Custo**

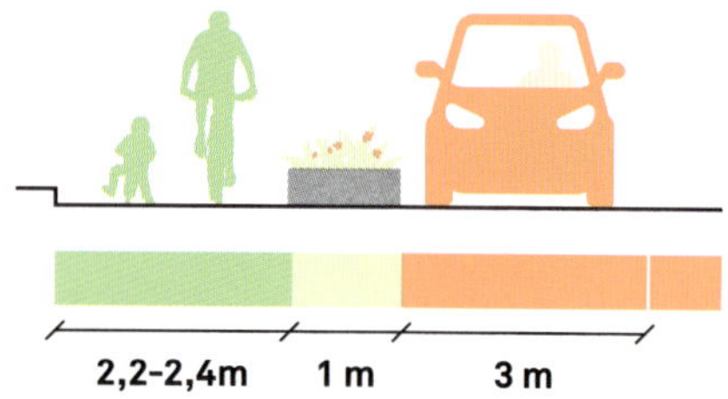

VIAS CICLÁVEIS

Uma via ciclável é uma rua de baixa velocidade e pequeno volume de automóveis que prioriza a bicicleta e a caminhada.[6] As pessoas podem pedalar por toda a largura da via em ambas as direções, o que permite um passeio em grupo com conforto. Os carros podem circular pelas vias cicláveis, mas a rua é desenhada de forma a desencorajar o tráfego de passagem. Fechamentos parciais nos cruzamentos desviam os veículos motorizados para outras ruas enquanto permitem que os ciclistas atravessem. A menos que a rua já tenha volumes muito baixos de automóveis, o acréscimo de elementos verticais e horizontais de moderação de tráfego reduz ainda mais a velocidade dos veículos motorizados.

As vias cicláveis devem ter velocidades veiculares inferiores a **30 km/h**. Nelas devem circular menos de 1.000-2.000 veículos por dia e menos de 100 carros por hora. O tráfego de caminhões deve ser baixo ou intencionalmente limitado às entregas locais. As vias cicláveis devem ter passagem prioritária na maioria dos cruzamentos para reduzir o tempo de viagem e tornar as bicicletas atrativas para trajetos longos.

Amsterdã, Holanda

●●●○○ **Segurança**
●●●○○ **Conforto**
○○○○○ **Espaço**
●●○○○ **Custo**

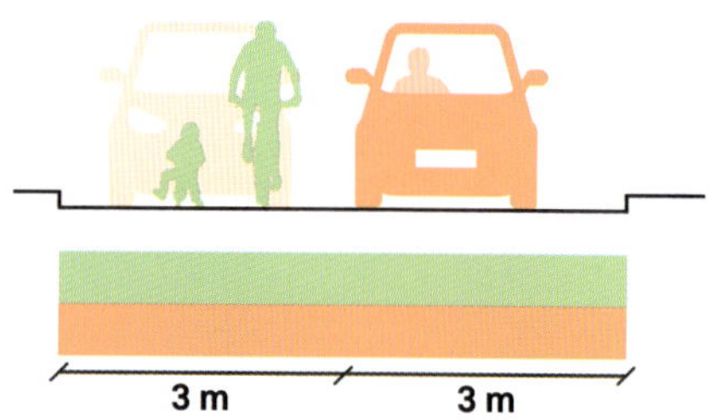

Compartilhamento de bicicletas

Os sistemas públicos de compartilhamento de bicicletas são um componente central do transporte ativo e aumentam significativamente as opções de mobilidade para pais e cuidadores, que costumam ter padrões de trajeto complexos. As estações de compartilhamento de bicicletas devem estar distribuídas de forma frequente, a uma distância curta uma da outra (não mais do que 5 minutos a pé) e em densidade suficiente (pelo menos 28 estações a cada 2,6 km^2). Devem ser bem iluminadas, complementares a outros elementos da rua e convenientemente localizadas perto dos principais destinos. Considere fornecer bicicletas com cadeiras para crianças, bicicletas para crianças menores, bicicletas elétricas e sistemas tipo dockless. *Para mais informações, ver Bike Share Station Siting Guide.*

Mini Bicicletar

Localização: Fortaleza, Brasil

Organizações executoras: Prefeitura de Fortaleza, Unimed Fortaleza, Serttel

Realização: 2017-atualmente

VISÃO GERAL

Este programa oferece 50 bicicletas infantis com rodinhas retráteis em cinco estações distribuídas pela cidade. Nos primeiros seis meses de operação, foram realizadas 6.531 viagens. O sistema também é integrado ao cartão de tarifas do transporte público local, permitindo que os usuários do cartão tenham acesso gratuito às bicicletas. O programa é financiado por uma cláusula contratual que exige que o patrocinador promova atividades educativas relacionadas ao uso de bicicletas.

DESTAQUE

BikeMi e BikeMi Júnior

Localização: Milão, Itália

Organização executora: Municipalidade de Milão

Realização: 2008-atualmente

VISÃO GERAL

O sistema de compartilhamento de bicicletas de Milão, BikeMi, inclui 150 bicicletas equipadas com uma cadeira infantil que pode acomodar uma criança de até 20 kg. O uso de capacetes pelas crianças é obrigatório e eles devem ser providenciados pelos ciclistas. O BikeMi também teve um programa-piloto, o BikeMi Júnior, que forneceu bicicletas para crianças de 6 a 10 anos com peso inferior a 40 kg.

DESTAQUE

5.10 | Elementos adicionais

Elementos viários como iluminação pública, cestos de lixo e sinalização orientativa são essenciais para tornar as ruas seguras e acessíveis. Outros elementos, como sanitários públicos, bebedouros e wi-fi, tornam o deslocamento pela cidade mais confortável e incentivam crianças e cuidadores a passar mais tempo nas ruas urbanas. Tenha em mente a altura e as experiências das crianças ao projetar e instalar essas comodidades.

ILUMINAÇÃO PÚBLICA

A iluminação pública aumenta a segurança e oferece oportunidades para que as crianças brinquem e permaneçam ao ar livre por mais horas.[7] Forneça diversas fontes de iluminação e incorpore elementos lúdicos como lanternas, luminárias na altura das crianças e fontes de luz interativas.

Minimize a iluminação dirigida para o alto e o ofuscamento usando luminárias de distribuição limitada (com o facho de luz voltado para baixo). A iluminação com temperatura de cor mais baixa, também chamada de “quente”, é preferível.[8]

Para mais informações, ver Guia Global de Desenho de Ruas – Capítulo 7.3.

SINALIZAÇÃO DE ORIENTAÇÃO

Para ajudar as pessoas a identificar onde estão e a chegar aonde desejam, utilize sinalizações, mapas, cores, desenhos esquemáticos e dicas visuais. Faça uso tanto das superfícies de piso quanto das verticais. As crianças se beneficiam de “pontos de referência” que associam à sua vizinhança, os quais podem variar de desenhos em tampas de poços de inspeção a instalações de arte.

CESTOS DE LIXO

Disponibilize cestos de lixo de forma conveniente para ajudar a manter o ambiente de pedestres limpo e agradável. Coloque lixeiras perto de esquinas, de vendedores ambulantes, de cruzamentos e parklets, em áreas limítrofes às faixas livres. Promova a reciclagem e a separação do lixo.

Os cestos de lixo podem ser divertidos para as crianças, como aqueles que estimulam seu uso de forma recreativa. Atente-se ao fato de que, quando na altura de uma criança, os cestos permitem que elas os usem, mas também podem encorajá-las a explorar seu conteúdo.

Zwolle, Holanda

Londres, Reino Unido

Los Angeles, EUA

SANITÁRIOS PÚBLICOS

Sanitários públicos são especialmente úteis para cuidadores acompanhados de crianças e possibilitam fazer viagens mais longas e confortáveis. Certifique-se de que eles estejam convenientemente localizados para ser usados por pedestres, ciclistas e passageiros do transporte coletivo. Os sanitários unissex permitem que cuidadores de todos os gêneros os utilizem com segurança e conforto com crianças pequenas. Forneça trocadores. Garanta que os sanitários públicos sejam acessíveis para pessoas com deficiência.

Considere que as crianças não conseguem alcançar as pias projetadas para adultos sem a ajuda de seus cuidadores.

BEBEDOUROS

Forneça bebedouros com água fresca e potável para proporcionar uma alternativa sustentável à água engarrafada e assegurar uma fonte de água, fundamental em muitas comunidades. Utilize desenhos criativos para incentivar o uso desses bebedouros e certifique-se de que eles sejam mantidos limpos e seguros.

Disponibilize bebedouros com diferentes alturas para serem usados por crianças e pessoas em cadeiras de rodas. Para que um bebedouro atenda aos padrões universais de desenho, a bica não deve estar a uma altura maior do que **75 cm** em relação ao piso.

WI-FI E RECARGA

Forneça wi-fi público gratuito e espaços para carregar dispositivos eletrônicos em áreas públicas. Em áreas com iluminação natural suficiente, as estações de carga podem ser alimentadas por energia solar.

Paris, França

Medellín, Colômbia

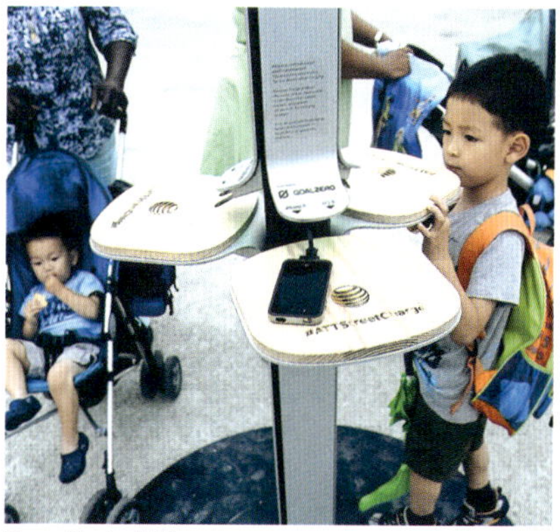

Nova York, EUA

C

6 Como fazer a mudança acontecer

7 Expandindo

BURCU

Istambul, Turquia

6 Como fazer a mudança acontecer

Trabalhar para implementar ruas de alto nível que atendam a crianças e cuidadores requer uma infinidade de ações. A mudança estrutural, de longo prazo, implica definir visões, envolver os atores locais, atualizar códigos e diretrizes e mensurar o impacto. Mas as mudanças menores podem acontecer imediatamente e são primeiros passos importantes para demonstrar o que é possível realizar, para trazer novas ideias e trabalhar no rumo dos projetos principais.

As obras construídas – mudanças reais nas ruas urbanas, como melhorias nas calçadas, implantação de novas obras de arte e jogos, inclusão de paisagismo ou transformações de ruas inteiras – melhoram a experiência das crianças e dos cuidadores. Sinalizam que eles são importantes e prioritários. Esta seção destaca algumas das etapas-chave no processo mais amplo de transformação das ruas para as crianças: como demonstrar o compromisso com elas e seus cuidadores.

6.1 | Crie um plano de implementação

As etapas a seguir podem ajudar a realizar uma mudança coesa em prol de ruas amigáveis às crianças. Essas ações podem ser aplicadas tanto para um projeto individual de desenho de rua como para influenciar um plano de ação formal para toda a cidade. Embora os governos municipais sejam a esfera que detém mais poder para mudar o stat quo do desenho de ruas, há diversos pontos de partida para o incentivo à conversa e à catalisação da mudança, desde organizações sem fins lucrativos e fundações a líderes comunitários.

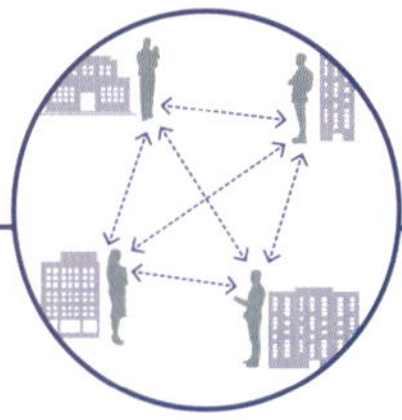

COLABORAÇÃO TRANSVERSAL ENTRE ÓRGÃOS MUNICIPAIS

O redesenho de rua requer ações de diversos departamentos e serviços municipais, que muitas vezes funcionam isolados uns dos outros. É importante envolver esses diferentes departamentos desde o início do processo para trabalhar em direção a um mesmo objetivo e integrar as instituições tradicionalmente menos envolvidas, como departamentos de polícia e institutos educacionais. Destaque as necessidades e prioridades de planejamento e de desenho da cidade e busque evidências que apoiem o investimento no redesenho ou na melhoria das ruas.

ENTENDA O CONTEXTO LOCAL

Embora os princípios de projeto para a criação de ruas para crianças sejam universais, é fundamental considerar os aspectos do contexto de cada cidade. Fatores como clima, transporte, quota modal e comportamentos culturais afetarão o desenho final e a implementação dos projetos. Reúna dados existentes relativos a crianças e cuidadores e assegure-se de coletar dados específicos do local para orientar as decisões de projeto. Se possível, disponibilize esses dados para as instituições municipais e para o público.

COMECE COM UMA VISÃO

Estabeleça uma visão de longo prazo para desenhar ruas mais seguras, saudáveis, bonitas e inspiradoras. Fazer declarações corajosas e confiantes promove o apoio dos atores locais e do público, mesmo durante períodos desafiadores. Cada decisão, meta e projeto deve responder a esta visão. Estabeleça objetivos que sejam específicos, mensuráveis, atingíveis e vinculados a prazos e assegure-se de que o orçamento esteja de acordo.

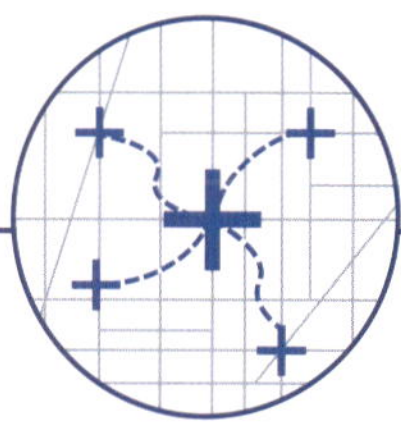

ALINHE-SE COM OS ESFORÇOS EXISTENTES

A criação de ruas ótimas para crianças requer uma abordagem holística e alinhamento com outros projetos, programas ou iniciativas locais com objetivos similares. Trabalhe em conjunto com outras equipes para conciliar esforços e recursos e ampliar o impacto. Exemplos que podem ser citados são a atualização dos planos de mobilidade e códigos de zoneamento para incorporar estratégias de planejamento focadas na criança, novos programas de mobiliário urbano que incluam desenhos para crianças ou projetos de melhoria das escolas que podem se estender para incluir as ruas adjacentes.

INSPIRE-SE E APRENDA COM OUTRAS CIDADES

Olhe para outras cidades ao redor do mundo em busca de ideias para projetos, programas e políticas amigáveis às crianças. Identifique estudos de caso aplicáveis ao contexto do projeto ou exemplos que inspirem ideias mais ousadas e demonstrem o que é possível ser feito. Copie e adapte essas ideias para contextos locais conforme a necessidade. Observe como as estratégias de planejamento e desenho por trás desses projetos influenciaram seu sucesso.

DEMONSTRE AS POSSIBILIDADES

Considere começar com projetos--piloto ou temporários de curto prazo. Eles são mais fáceis de implementar, levando-se em conta restrições de tempo, orçamentos e, muitas vezes, códigos e alvarás de construção. Projetos-piloto costumam demonstrar o potencial de sucesso de uma ideia, o que é uma forma decisiva de inspirar a demanda por ruas amigáveis às crianças e garantir financiamento adicional para uma construção permanente ou ampliação. A natureza temporária ou provisória muitas vezes reduz o medo da mudança. *Para mais informações, ver Capítulo 6.5.*

ENVOLVA OS ATORES LOCAIS

Para gerar apoio e compromisso de longo prazo para qualquer projeto, é fundamental identificar os atores locais e envolvê-los desde o início e com constância. Isso inclui crianças, pais, cuidadores, membros da comunidade e de diversos órgãos municipais, especialistas e políticos. O envolvimento dos atores locais pode ser vital para o sucesso de um projeto em longo prazo: quando as pessoas se sentem donas de um espaço, é mais provável que elas o usem e mantenham e que atuem como suas guardiãs locais.

IDENTIFIQUE AS LIDERANÇAS

Encontre e capacite pessoas que possam mobilizar outras, que sejam vistas como líderes locais e que tenham o potencial de inspirar e apoiar as mudanças. Esses indivíduos podem ser políticos, empresários, líderes de fundações, policiais, engenheiros, bibliotecários e outros. E, mais importante, as próprias crianças podem ser os líderes que exigem mudanças!

IDENTIFIQUE OS PROJETOS DE IMPACTO

Eleja as áreas específicas de projeto pensando onde estão as maiores necessidades das crianças e cuidadores, onde os investimentos atuais estão sendo feitos e onde as comunidades estão exigindo mudanças. Para identificar onde as oportunidades estão, use dados e chamadas abertas para solicitar projetos. O foco nos projetos com maior chance de sucesso e impacto pode ajudar a demonstrar a importância do trabalho e impulsionar uma visão geral das ruas e cidades dedicadas às crianças.

MENSURE, CONSERVE E PROGRAME

Os projetos não terminam quando sua construção chega ao fim. Ao planejar intervenções, considere o tempo e os recursos necessários para as atividades pós-implementação, como a manutenção do espaço, a limpeza contínua e a programação. Isso é facilitado pelo envolvimento e a aceitação inicial da comunidade e pelo desenvolvimento de um plano de manutenção com os atores locais. Colete métricas antes e depois da implementação para mensurar o impacto dos projetos ao longo do tempo.

AMPLIE E INSTITUCIONALIZE O SUCESSO

Existem muitas oportunidades para melhorar as ruas para crianças. Considere como os projetos pontuais ou menores podem ser ampliados e institucionalizados por meio da formalização de programas, remoção de políticas impeditivas, alocação de fundos, capacitação de funcionários municipais e melhoria das diretrizes. *Para mais informações, ver Capítulo 7.*

CONTE A SUA HISTÓRIA

Compartilhe os impactos e as lições aprendidas depois que os projetos estiverem implementados. Seja paciente: as narrativas não se alteram da noite para o dia e a mudança raramente é algo fácil. Envolva a imprensa e a mídia desde o início e com constância. Assegure que o redesenho de ruas seja conduzido de acordo com as boas práticas globais e com dados sobre o bem-estar das crianças. Seguir firme com o propósito central de construir ruas melhores para todas as crianças pode ajudar a lidar com as críticas e a superá-las.

6.2 | Trabalhe em conjunto com múltiplos atores locais

Identifique as lideranças para o projeto dentro e fora do governo municipal e mapeie outros importantes atores locais. Identifique as principais responsabilidades e o valor agregado de cada parceiro local e pense em qual estágio do processo cada pessoa pode gerar o maior impacto. Designe alguém do governo municipal para coordenar os projetos de rua com foco nas crianças. Ajude aqueles que trabalham com crianças a compreender a importância do desenho de ruas e da mobilidade e faça designers e planejadores entenderem o impacto que o ambiente construído causa na saúde e no bem-estar de crianças e cuidadores.

Envolva os atores locais para:

- Selecionar e analisar localidades
- Envolver outros parceiros do entorno
- Estabelecer uma visão de projeto
- Planejar e desenhar
- Revisar e aprovar
- Construir
- Manter
- Gerenciar operações
- Mensurar e avaliar
- Atualizar as políticas públicas e os regulamentos
- Demais ações

Líderes governamentais e membros do poder público

Projetos de redesenho de ruas requerem a ação e colaboração de diferentes departamentos e serviços do governo municipal, regional ou nacional, e é importante conectar, integrar e alinhar o trabalho. Considere nomear funcionários dedicados ou criar grupos de trabalho entre órgãos para coordenar os esforços relacionados a políticas e projetos voltados para crianças como uma forma eficiente de organizar reuniões entre departamentos e monitorar o progresso.

OS ATORES LOCAIS PODEM INCLUIR:

- Departamentos de construção e obras públicas
- Departamentos de educação
- Órgãos de execução
- Departamentos de proteção ambiental
- Prefeitura e Câmara Municipal
- Departamentos de parques
- Departamentos de planejamento
- Departamentos de saúde pública
- Departamentos de saneamento básico e gestão de resíduos
- Departamentos de serviços sociais
- Departamentos e operadores de trânsito
- Departamentos e engenheiros de transporte

Instituições educacionais e culturais

As crianças e os cuidadores frequentam instituições educacionais e culturais, portanto essas organizações podem ajudar a conscientizar, oferecer treinamentos (como aulas de ciclismo), incentivar diferentes opções de mobilidade e gerar demanda. Elas também administram os ativos físicos, como escolas e bibliotecas, e têm a oportunidade de estender as melhorias de suas próprias instalações para a rua. Considere ajudá-las a moldar programas para educar crianças e cuidadores a respeito de mobilidade sustentável, segurança no trânsito e desenho de espaços públicos.

OS ATORES LOCAIS PODEM INCLUIR:

- Instituições acadêmicas
- Equipamentos para a primeira infância (creches, jardins de infância)
- Bibliotecas
- Museus
- Escolas
- Centros esportivos

Líderes comunitários

Os membros da comunidade detêm um conhecimento inestimável sobre as necessidades e os desejos das crianças e sobre os desafios que elas enfrentam diariamente. Muitas comunidades já trabalham para criar ambientes seguros, acessíveis e divertidos para suas crianças. O envolvimento de moradores locais desde o início do processo é importante para fortalecer o senso de identidade e pertencimento e para incentivar a adesão a um projeto. Isso também aumentará o apoio da comunidade durante a implementação e ajudará na manutenção contínua. Considere adotar editais públicos para o financiamento de projetos comunitários. Isso pode incentivar as comunidades a se envolver no processo de transformação e a pedir por mudanças.

OS ATORES LOCAIS PODEM INCLUIR:

- Centros comunitários
- Grupos comunitários
- Grupos religiosos
- Mídia e jornalistas
- Associações de bairro
- Grupos de pais e cuidadores
- Pessoas com deficiência
- Organizações de serviço social
- Grupos de jovens

Organizações da sociedade civil

Estes atores são uma fonte de informações a respeito das necessidades de crianças e cuidadores nas cidades, devido à sua experiência nas questões locais. Eles também são parceiros confiáveis para defender, comunicar e implementar projetos de transformação de ruas.

OS ATORES LOCAIS PODEM INCLUIR:

- Fundações
- Grupos locais de defesa
- Organizações sem fins lucrativos
- Institutos de pesquisa
- *Think tanks*

Setor privado

O envolvimento de empresas locais como parte interessada nos projetos de melhoria de ruas pode ajudar na sua adesão como membro da comunidade e na ativação dos espaços. Procure empresas locais, bem como corporações maiores, para patrocinar os projetos e prestar outras formas de assistência. Identifique onde e como os novos empreendimentos podem melhorar as instalações e as ruas adjacentes aos limites das propriedades.

OS ATORES LOCAIS PODEM INCLUIR:

- Corporações
- Empreendedores
- Mercados de agricultores
- Empresas locais, vendedores ambulantes e proprietários de quiosques
- Indústrias de manufaturas

6.3 | Envolva crianças e cuidadores

Embora em última instância os adultos sejam os responsáveis pela criação de ambientes urbanos seguros, é importante envolver significativamente as crianças no processo de elaboração das ruas voltadas para elas. Reflita sobre como as crianças podem contribuir com suas impressões sobre os desafios locais, ajudar na definição de prioridades e colaborar com soluções de desenho. Ajuste os métodos de engajamento de forma a adequá-los a diferentes grupos etários e situações. Certifique-se de que pais e outros cuidadores possam ajudar a identificar as prioridades das crianças muito pequenas, cujas habilidades de comunicação ainda são limitadas.[1]

BENEFÍCIOS PARA AS CRIANÇAS

Engajar as crianças de forma significativa e permitir que elas participem ativamente como parceiras nos processos as ajuda a crescer e a se tornarem adultos mais envolvidos e informados. Isso as incentiva a se entenderem como membros de uma comunidade desde cedo. Crianças que se envolvem em processos participativos, interagindo tanto entre si quanto com os adultos, se sentirão mais competentes e confiantes ao se relacionar com outras pessoas.

Por meio do engajamento e da participação, as crianças aumentam sua autoestima, encontram novos amigos (e possíveis modelos para futuras carreiras), aprendem novas habilidades e permitem que suas ideias inovadoras brilhem.

Lima, Peru

BENEFÍCIOS PARA AS COMUNIDADES

Interagir com crianças e jovens ajuda a preencher a lacuna entre as gerações e a compreender suas reais necessidades. Quando as ideias das crianças são levadas a sério, a confiança e o orgulho na comunidade são fortalecidos.

Às vezes, até mesmo ótimas iniciativas podem ser rejeitadas pela vizinhança. Esta é uma parte normal do processo, e um maior envolvimento da comunidade (inclusive com as crianças) e a educação podem ajudar a superar essas preocupações.

Shenzhen, China

BENEFÍCIOS PARA OS LÍDERES MUNICIPAIS E MEMBROS DO PODER PÚBLICO

Ao interagir com a comunidade, os principais tomadores de decisão passam a ter uma compreensão mais profunda das questões locais e das necessidades de seus cidadãos, o que os ajudará a tomar decisões mais fundamentadas. Colocar as necessidades do público infantil no centro das políticas públicas, do planejamento e do desenho cria não apenas cidades amigáveis às crianças, mas cidades humanas e amigáveis para todos.
No nível macro, isso contribui para os seguintes programas da ONU: Convenção sobre os Direitos da Criança, Plano de Ação da Agenda 21, Nova Agenda Urbana e Objetivos de Desenvolvimento Sustentável da ONU-Habitat.

Valência, Espanha

Recomendações gerais para o processo de engajamento

PROMOVA O ENVOLVIMENTO EM TODAS AS ETAPAS DO PROCESSO

Crianças e cuidadores devem ser envolvidos em todas as fases do projeto: planejamento, desenho e atualização de políticas públicas. Engaje crianças e cuidadores a fim de melhor coordenar o planejamento do governo local com os cidadãos interessados.

Envolva pais e comunidades desde o início para gerar um senso de apropriação local e garantir que todos os espaços sejam projetados com base nas necessidades e desejos dos usuários.[2]

Inclua crianças com deficiência, grupos indígenas e outras comunidades frequentemente marginalizadas, de acordo com o contexto local.

Permita que as pessoas se envolvam em todas as etapas do projeto e incentive a participação contínua.

FAÇA AS PERGUNTAS CORRETAS

Faça perguntas abrangentes e não direcionadas. Por exemplo, pergunte por que e onde as crianças se sentem inseguras ao atravessar as ruas, e não quais elementos de desenho adicionar para torná-las seguras. Use perguntas indiretas ao entrevistar crianças e dê liberdade a elas para opinarem à vontade. Pergunte às crianças e aos cuidadores como eles se locomovem e quais meios de transporte usam, além da rota e da duração de seus trajetos, para entender como melhorá-los e reduzir os tempos de viagem.

PROMOVA PARCERIAS E OBTENHA ADESÃO DESDE O INÍCIO

Construa coalizões e parcerias entre diversas disciplinas e setores. Isso impulsiona vários recursos e habilidades que permitem incorporar os princípios de desenho nos espaços do dia a dia para o desenvolvimento da primeira infância.

SEJA INCLUSIVO E TRANSPARENTE

Atinja os diferentes grupos da comunidade utilizando diferentes formas de engajamento e indo ao seu encontro onde eles estiverem. Considere usar diferentes linguagens e proporcione alternativas de participação por meios digitais.

Comunique os marcos parciais do projeto com frequência. Busque estratégias para informar a respeito dos cronogramas do projeto e para gerenciar as expectativas.

CELEBRE E RECONHEÇA AS CONTRIBUIÇÕES

Reserve um tempo para celebrar e reconhecer a participação de todos. Convide as crianças para assistirem à implementação e inauguração do projeto e, se possível, permita que façam parte do processo, seja na instalação do novo mobiliário urbano, na cocriação de um mural ou na impressão das marcas das mãos no concreto ou com tinta.

Inclua citações das crianças em relatórios e outros documentos e compartilhe suas histórias.

SEJA ÉTICO

Lembre-se de que as crianças têm o direito de se desligar e se envolver novamente, e não devem ser forçadas a participar. Considere o contexto e a cultura local de envolvimento das crianças nos esforços da comunidade, como projetos, planos e processos de tomada de decisão. As crianças precisam de oportunidades para iniciar projetos por conta própria. No entanto, isso não significa que o envolvimento deva ser exclusivo delas. Procure misturar grupos etários e tratar as crianças e os adultos de forma equitativa.[3]

Certifique-se de que as pessoas que interagem com as crianças tenham recebido treinamento básico e crie um espaço seguro onde as crianças estejam protegidas de perigos. Garanta que haja um mecanismo de acompanhamento para atender às preocupações e às sugestões das crianças e de seus cuidadores.

Certifique-se de que crianças e responsáveis consintam em participar voluntariamente do projeto e ser fotografados. Considere incluir uma linha de assinatura no formulário de consentimento para as crianças mais velhas, junto com a dos pais ou a do responsável legal.[4]

Proteja todas as informações confidenciais coletadas por meio da participação das crianças e da análise do projeto.

6.4 | Ferramentas e métodos de engajamento

Engajar as crianças deve estar em primeiro plano em uma abordagem colaborativa entre todos os atores locais para o desenho de ruas melhores. No entanto, a maioria das cidades deixa a desejar no que diz respeito ao envolvimento consistente e significativo desse público.[5] A seguir estão algumas ideias de ferramentas e métodos que podem ser usados para reunir as percepções das crianças e dos cuidadores durante as diferentes etapas do processo. Não há soluções que sirvam para todos os casos, e as estratégias de engajamento podem ir desde conversas informais, caminhadas e brincadeiras até desenhos, construção de maquetes, dramatização, mapeamento e histórias fotográficas. Considere trabalhar com as escolas locais para aumentar o envolvimento e, em comunidades multilíngues, certifique-se de incluir diferentes idiomas.

DE CRIANÇA PARA CRIANÇA (A) (E)

As crianças mais velhas podem ajudar as mais novas a aprender sobre segurança no trânsito e melhorias das ruas por meio de passeios e caminhadas guiadas.

DIÁRIO (A) (E)

Incentive as crianças a manter um diário. Por exemplo, peça para elas documentarem como vão à escola, que caminhos fazem e quanto tempo levam.

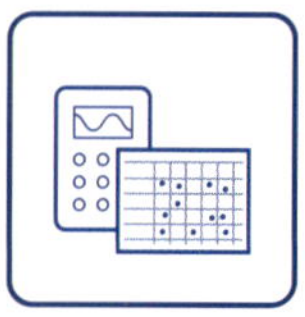

AUDITORIA DE RUA (A) (D) (E)

Faça uma auditoria de rua com crianças e cuidadores. Compare suas diferentes perspectivas e discuta os principais desafios e soluções potenciais.

HISTÓRIA FOTOGRÁFICA (A)

Peça para as crianças tirarem fotos dos lugares de que gostam e das coisas que precisam ser melhoradas nas ruas locais. Compartilhe e discuta suas descobertas.

PASSEIOS GUIADOS POR CRIANÇAS (A) (E)

As crianças costumam adorar os lugares onde vivem. Deixe que elas conduzam o passeio e mostrem o que funciona e o que não funciona.

PESQUISAS VISUAIS (A) (D) (E)

Faça uma pesquisa sobre preferências visuais para obter resultados rápidos. Torne-a acessível para aqueles que não sabem ler.

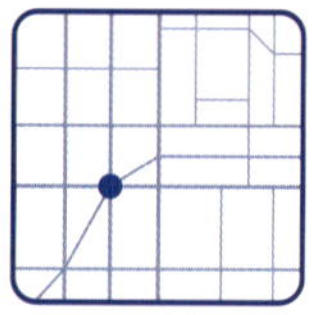

MAPEAMENTO (A) (E)

Ajude a identificar e priorizar os locais, as rotas e as áreas de circulação. Use mapas em grande escala para documentar o ambiente das crianças.

ARTE E BRINCADEIRAS (A) (D)

Use desenhos para atrair pessoas de todas as idades, especialmente crianças de 4 a 11 anos.[6]

Reutilize materiais como caixas de papelão, canudos, brinquedos, folhas e galhos para criar maquetes dos bairros, a serem usadas em exercícios de desenho de ruas.

TECNOLOGIA (A) (D) (E)

Ajude as crianças a cocriar com os adultos, por meio de jogos de computador como Minecraft ou SimCity.

Peça para as crianças relatarem as más condições das vias e documentarem seus trajetos para a escola, a pé ou de bicicleta, por meio de aplicativos gamificados.

ENTREVISTAS, GRUPOS FOCAIS E PESQUISAS (A) (D) (E)

Conduza entrevistas e pesquisas e organize grupos focais antes e depois da conclusão do projeto. Use essas ferramentas de forma consistente para entender onde as mudanças são necessárias.

MUDANÇA DE PERSPECTIVA (D)

Observe uma rua a partir da perspectiva de uma criança ou de um cuidador para preparar-se melhor para uma discussão significativa. Isso pode ser feito por meio da mudança do nível do olhar (por exemplo, para 95 cm, a altura média de uma criança de 3 anos), do ritmo e da percepção de segurança, entre outros aspectos.

OBSERVAÇÕES E CONTAGENS (A) (E)

Entenda como a rua é utilizada e quem são os usuários por meio de medições quantitativas e contagens.

Etapas do processo:

- (A) Análise
- (D) Projeto
- (E) Avaliação

6

Escolha o local e o momento corretos

Ao planejar atividades de engajamento para crianças e cuidadores, selecione locais próximos à área do projeto e de fácil acesso. Encontre crianças e cuidadores nos locais onde eles já passam seu tempo, como escolas, mercearias e eventos. Eleja horários que permitam que as pessoas participem, incluindo horário escolar e comercial, e programações que possam envolver famílias com crianças pequenas, adolescentes, adultos mais velhos e gestantes. Promova cuidados para o público infantil e contrapartidas quando possível.

NA ESCOLA

Milão, Itália

NA MERCEARIA

Lima, Peru

NA BIBLIOTECA

Viena, Áustria

NOS SERVIÇOS DE SAÚDE

Recife, Brasil

EM PARQUINHOS INFANTIS

Nova York, EUA

NO PARQUE

Tessalônica, Grécia

EM EVENTOS DE RUAS ABERTAS

Cidade do Cabo, África do Sul

EM ESPAÇOS ESPORTIVOS

Vyksa, Rússia

EM EVENTOS COMUNITÁRIOS

São Paulo, Brasil

DESTAQUE

Growing Up Boulder

Localização: Boulder, EUA

Organização executora: Universidade do Colorado Boulder

Realização: 2009-atualmente

VISÃO GERAL

Growing Up Boulder, ou GUB (em português, "Boulder em Crescimento"), é um programa da cidade de Boulder, no Colorado, EUA, que incentiva crianças e jovens a se unirem aos processos de planejamento urbano, com a intenção de tornar Boulder uma referência de cidade amigável às crianças e aos jovens. O GUB capacita os jovens por meio do envolvimento em processos e projetos relacionados às questões urbanas locais e possibilita que crianças e adolescentes influenciem e deliberem sobre esses assuntos. Financiado em grande parte pela cidade, mas sediado na Universidade do Colorado, o GUB contrata funcionários em meio período para fazer a ponte entre as crianças e outros atores locais e para trabalhar com as crianças a fim de determinar suas prioridades no planejamento urbano e ajudá-las a expressar suas preocupações junto ao conselho municipal. O programa elabora currículos e atividades de engajamento público para jovens de 2 a 18 anos.

DESTAQUE

Semana de Design de Shenzhen

Localização: Shenzhen, China

Organização executora: Semana de Design de Shenzhen

Realização: 2018-2019

VISÃO GERAL

Menores de 18 anos foram convidados a participar do redesenho de um parque local por meio da interação com uma maquete exibida durante a Semana de Design de Shenzhen. A atividade foi planejada propositalmente de forma a minimizar a influência dos adultos sobre as crianças, e os pais não eram autorizados a oferecer orientação ou opiniões. Voluntários profissionais ajudaram a orientar as crianças quando necessário, usando diferentes técnicas para crianças de diferentes idades: crianças menores de 6 anos eram envolvidas por meio de narração de histórias e faziam perguntas, crianças de 7 a 12 anos eram convidadas a descrever suas ideias para o redesenho do parque, e crianças maiores de 12 anos contavam com a ajuda de voluntários para expressar mais claramente seus conceitos de desenho em um nível mais avançado. Assim que o projeto do parque estiver concluído e em uso, os representantes das crianças serão convidados a avaliá-lo.

Mapa da Cidade de Barcelona

Localização: Barcelona, Espanha

Organizações executoras: Universitat Politècnica de Catalunya, Studio Tridimenciudad

Realização: 2017

VISÃO GERAL

Mapas podem ser ferramentas divertidas e educativas para envolver crianças, jovens e adultos. Na interação com mapas, as pessoas podem ser questionadas sobre onde moram, quais lugares usam com frequência ou que locais consideram adequados para receber um projeto especial. Este mapa em grande escala de Barcelona foi impresso e colocado em uma praça movimentada no coração da cidade. Os moradores locais, incluindo as crianças, foram convidados a traçar suas rotas diárias. Por meio dessa atividade, eles puderam compartilhar suas próprias experiências, aprender com outras pessoas e reconhecer as ruas e os locais importantes destacados por diversas pessoas.

Curativos Urbanos

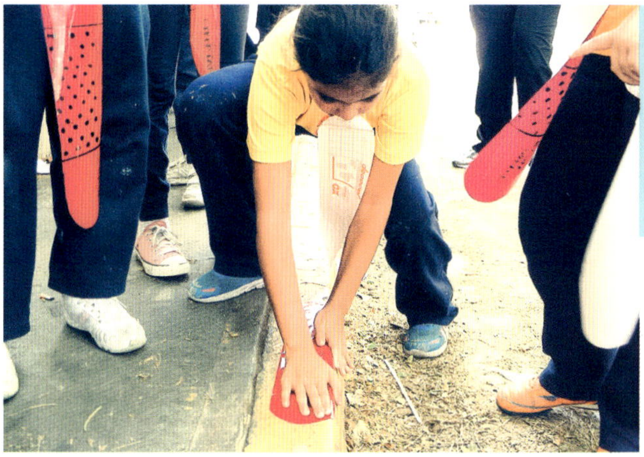

Localização: Brasil

Organização executora: RedOCARA

Realização: 2011-2013

VISÃO GERAL

Os participantes foram convidados a criar curativos e colocá-los nos locais da rua que precisavam ser reparados, como superfícies trincadas, onde há necessidade de rampas ou travessias de pedestres ou onde exista qualquer outro elemento físico que torne o espaço público menos seguro ou acessível.

DESTAQUE

Aplicativo Agente de Trânsito

Localização: Oslo, Noruega

Organizações executoras: Agência de Meio Ambiente Urbano, Centro Norueguês para Pesquisa em Transporte, Agência de Ensino da Cidade de Oslo

Realização: 2015-atualmente

VISÃO GERAL

O aplicativo Agente de Trânsito permite que estudantes mapeiem suas rotas para a escola e identifiquem e reportem tanto trechos positivos quanto perigosos. Por exemplo, se arbustos cresceram e prejudicam a visibilidade ou restringem a circulação, um relato sobre isso pode levar à poda no mesmo dia. Criado em 2015, o aplicativo reúne mais de 43.000 crianças, que identificam e informam a existência de locais perigosos. Essa contribuição é valorizada em razão das diferentes perspectivas e conhecimentos das crianças sobre o trânsito. Mantida por fundos para intervenções, a ferramenta é eficaz para incentivar mudanças físicas nos bairros onde as crianças vivem ou estudam.

DESTAQUE

6.5 | Demonstre as possibilidades

Desafiar o status quo pode ser difícil, e talvez não seja fácil para as pessoas imaginar suas ruas de um jeito diferente; também não é fácil convencê-las de que a mudança trará um impacto positivo. Demonstrar o que é possível fazer pode ajudar cidades e profissionais a conseguirem apoio para seus projetos. As transformações rápidas e temporárias são oportunidades para passar das ideias à prática, testar estratégias de desenho e identificar conquistas. Esses projetos são formas poderosas de demonstrar rapidamente como as ruas podem proporcionar uma mobilidade e um brincar mais seguros enquanto estimulam mudanças de longo prazo.

Estratégias eficazes para demonstrar o que é possível fazer

DEVOLVA O ESPAÇO ÀS PESSOAS

Em muitos lugares, as crianças não têm oportunidades para brincar com segurança nos espaços públicos. Por isso, a remoção ou redução de veículos pode ser uma maneira eficaz de demonstrar como as ruas podem ser usadas imediatamente pelas crianças para brincadeiras.

Tenha em mente que as transformações rápidas e temporárias são um meio de obter apoio para a mudança permanente. Essas intervenções, por si só, não devem ser usadas como um substituto para espaços ou instalações permanentes ou de longo prazo para crianças e cuidadores.

Concentre-se no objetivo final e selecione as intervenções estrategicamente.

As crianças podem ser as primeiras a ocupar um espaço transformado. Crianças, cuidadores e famílias identificam rapidamente as oportunidades ocultas na transformação das ruas e na recuperação do espaço para caminhar, socializar e brincar.

AUMENTE A ADESÃO DOS PARCEIROS

Transformações rápidas e temporárias necessitam de diversos parceiros e da adesão da comunidade local. Projetistas e engenheiros dos órgãos municipais devem contribuir para o projeto e a avaliação da intervenção. A mesma importância têm as organizações locais da sociedade civil, universidades, líderes e membros da comunidade, incluindo as crianças, que podem ajudar a planejar e implementar as intervenções.

Líderes de órgãos municipais podem ajudar a planejar o processo, identificando as melhores estratégias para obter as licenças convenientes e identificando as oportunidades de avançar.

Planeje eventos de lançamento em que os principais atores locais – desde políticos de alto escalão a moradores locais, incluindo as crianças – sejam convidados a participar e a usar o espaço. Convide a mídia para divulgar o sucesso do projeto.

IMPLEMENTE COM RAPIDEZ E BAIXO CUSTO

Use cones, giz, tinta e mobiliário flexível, como cadeiras de praia e vasos. Essas mudanças podem ser feitas durante a noite pelos funcionários públicos e membros da comunidade. Testar desenhos de rua como simulações da vida real pode auxiliar, de maneira efetiva e eficiente, a tomada de decisões de projeto e a obtenção de consenso entre os órgãos municipais.

As transformações rápidas e temporárias podem ter mais sucesso com a inclusão de programação. Promova apresentações de música e dança, aulas e oficinas, cinema ao ar livre, além de mobilizar vendedores de comida e outras atividades envolventes e divertidas.

MENSURE E JUSTIFIQUE

Use dados e acontecimentos para comunicar o sucesso de um projeto e obter o apoio do público e dos principais atores locais.

Defina indicadores apropriados para analisar os cenários de referência e dados pós-intervenção. Monitorar e avaliar tanto o processo quanto a transformação física oferecerá informações valiosas para projetos futuros.

MANTENHA E GERENCIE

As ruas requerem manutenção e gerenciamento contínuo. Identifique quem está cuidando das jardineiras, do mobiliário urbano e de outras comodidades e onde cada elemento é armazenado.

REITERE E COMPARTILHE OS APRENDIZADOS

Desenvolva um processo de aprendizado iterativo para que cada local possa continuar a se adaptar e a evoluir com base nas evidências mais recentes e robustas que surgem da experiência prática e dos estudos científicos em andamento.

Ferramentas comuns para criar projetos pop-up e temporários de sucesso

GIZ E MATERIAIS DE PINTURA

ASSENTOS, CADEIRAS, MESAS, GUARDA-SÓIS, ETC.

JOGOS, ESTRUTURAS LÚDICAS E BRINQUEDOS

CONES, BALIZADORES FLEXÍVEIS E BLOCOS DE MEIO-FIO

PLANTAS, JARDINEIRAS E GRAMADOS

PROGRAMAÇÃO COM MÚSICA, PASSEIOS GUIADOS E CHECK-UPS MÉDICOS

Cidade 2000

Localização: Fortaleza, Brasil

Organizações executoras: Prefeitura de Fortaleza, Governo do Ceará, NACTO-GDCI, World Resources Institute

Realização: 2017, 2019-atualmente

VISÃO GERAL

Como parte do plano de implantação de uma zona de baixa velocidade no bairro Cidade 2000, a Avenida Central foi totalmente transformada em apenas duas noites. Mais de 1.200 m^2 de área de estacionamento subutilizados foram recuperados para dar lugar a uma nova praça onde as pessoas podem caminhar, se sentar e passar tempo juntas. Uma faixa estreita preserva o acesso local para veículos motorizados, permitindo a entrega de mercadorias, o embarque e desembarque e algumas vagas de estacionamento. Foram introduzidas três novas travessias de pedestres, dando a estes clara prioridade. Juntas, essas medidas incentivam os veículos a circular a velocidades mais seguras e aumentam a segurança e o conforto para todos os usuários das ruas.

Na nova praça, as crianças têm um lugar para brincar, vizinhos de todas as idades e habilidades têm novos bancos onde podem sentar-se e conversar, os ciclistas têm um caminho mais seguro para pedalar, e o comércio local tem novos clientes. Imediatamente após a transformação, o número de crianças brincando na área mais que dobrou. O que era um vasto mar de asfalto tornou-se o novo coração do bairro.

A intervenção foi testada durante quinze dias, e um empresário local deu entrada em uma petição para torná-la permanente. A petição coletou muitas assinaturas, e o prefeito aprovou a transformação permanente com melhorias estruturais. O projeto catalisou um programa para os espaços públicos em toda a cidade.

ANTES

DEPOIS

DESTAQUE

Avenida Coxe

Localização: Asheville, EUA

Organizações executoras: Street Plans, Prefeitura de Asheville, Asheville on Bikes, Blue Ridge Bicycle Club, AARP, Sound Mind Creative

Realização: 2018

VISÃO GERAL

Em quatro dias e com a ajuda de 60 voluntários, um trecho de 0,5 km da Avenida Coxe, em Asheville, Carolina do Norte, EUA, foi transformado em um espaço seguro, acessível e funcional para todos os usuários. Esta intervenção testou soluções para a segurança dos pedestres e ciclistas no corredor, incluindo seis novas travessias de pedestres e um percurso multiúso protegido por carros estacionados e barreiras. Além disso, um mural de 550 m² foi instalado em um quarteirão que às vezes é fechado ao tráfego de veículos, para eventos. O mural faz com que o espaço pareça mais uma praça do que uma rua e ajuda a ativá-lo ainda mais durante os eventos.

Esse projeto-piloto foi criado para durar um ano e orientar o redesenho de longo prazo da Avenida Coxe. As métricas coletadas após o redesenho mostram que o projeto reduziu a velocidade dos veículos pela metade.

DESTAQUE

Leefstraten: Ruas Vivas

Localização: Gante, Bélgica

Organizações executoras: Prefeitura de Gante, Lab van Troje

Realização: 2012-2017

VISÃO GERAL

O projeto Leefstraten, ou "Ruas Vivas", foi criado para ajudar a prefeitura de Gante a planejar e implementar mudanças permanentes nas ruas. Para testar diferentes geometrias de ruas, layouts e esquemas de estacionamento, a cidade fechou temporariamente algumas vias por várias semanas. Essas intervenções foram planejadas e implementadas por meio de esforços colaborativos entre a prefeitura, o laboratório criativo Lab van Troje, moradores e grupos locais e empresas. Cada Rua Viva é projetada e implementada de uma maneira diferente. Sinalizações e cercas bloqueiam o acesso de veículos. Muitas ruas usam grama artificial para recuperar o leito viário. Vasos de plantas, mobiliário urbano removível e equipamentos de lazer criam espaços para as famílias descansarem, se reunirem e se divertirem. Algumas comunidades da Leefstraat planejam eventos e programações adicionais para atrair usuários e revelar possibilidades inesperadas.

Cruzamento LeGare

Localização: Adis Abeba, Etiópia

Organizações executoras: Departamento de Estradas Municipais de Adis Abeba, Departamento de Gerenciamento de Tráfego, Serviço de Gerenciamento de Programas de Transporte, Polícia Rodoviária, Instituto Etíope de Arquitetura, Departamento de Edificações e Desenvolvimento da Cidade, NACTO-GDCI

Realização: 2016

VISÃO GERAL

Em parceria com cinco órgãos municipais e três instituições acadêmicas locais, a NACTO-GDCI conduziu uma intervenção rápida e temporária no cruzamento LeGare, como parte de uma sessão de capacitação para treinar os atores locais em estratégias e coleta de métricas para o desenho de ruas. A geometria do cruzamento foi transformada com o uso de giz, barbante e plantas emprestadas de um viveiro local. As faixas foram alinhadas de forma a encurtar as distâncias de travessia e reduzir as velocidades de conversão dos veículos. O teste bem-sucedido de um dia ajudou a conquistar o apoio das autoridades locais para buscar uma intervenção temporária de seis meses para coletar mais métricas. Mais tarde no mesmo ano, um projeto de longo prazo foi implementado.

Na transformação temporária, para recuperar cerca de 2.000 m² de espaço público, foram usados 750 litros de tinta e 120 vasos de plantas, além de instaladas quatro novas travessias de pedestres. A inclusão de ilhas de refúgio no canteiro central e de extensões do meio-fio reduziu as distâncias de travessia de pedestres: uma única travessia de 50 m de extensão foi convertida em duas travessias mais curtas, de menos de 10 m cada, com uma área de refúgio entre elas.

Intervenções simples de desenho podem mudar a maneira como pedestres, ciclistas e motoristas interagem com o ambiente da rua. Antes da intervenção, LeGare oferecia pouco espaço para os pedestres e incentivava o excesso de velocidade, mas o redesenho fez os veículos motorizados se moverem de forma mais previsível e proporcionou aos pedestres espaços seguros para atravessar e descansar.

ANTES

POP-UP

TEMPORÁRIO

PERMANENTE

6.6 | Ruas temporariamente abertas às crianças

Mesmo quando não é possível realizar uma intervenção geométrica provisória ou uma mudança operacional, existem maneiras de devolver as ruas às crianças e aos cuidadores. O fechamento temporário para o trânsito e a abertura para as pessoas criam oportunidades para brincadeiras e interações sociais, fortalecem os laços comunitários intergeracionais, reduzem a poluição do ar e sonora e aumentam a segurança. Quando isso ocorre com frequência, o uso das ruas para brincadeiras pode ser incorporado às rotinas regulares.

Ruas de lazer

Feche temporariamente as ruas ao tráfego de passagem em bairros residenciais, durante horários específicos em dias de semana ou aos finais de semana, para criar um espaço de recreação para as crianças.

Em algumas cidades, as ruas de lazer podem perdurar por semanas. Essas ruas permitem que os moradores locais as ocupem espontaneamente e não requerem programação adicional.[7]

SELEÇÃO DE RUAS

Selecione ruas de bairros tranquilos que não tenham rotas de trânsito. O ideal é que as ruas não sejam selecionadas por uma autoridade governamental, mas sim pelos moradores.

ALVARÁS

As taxas de licenciamento e os custos de seguro podem ser um obstáculo para trazer mais diversão para áreas carentes. Procure simplificar os processos de licenciamento, conceder licenças sazonais e oferecer isenção de taxas.

EQUIPAMENTOS E COMODIDADES

Disponibilize "peças soltas" para brincadeiras não estruturadas, como caixas de papelão, tecidos, bolas e giz. Assentos extras e sombreamento são úteis, mas os moradores costumam trazer suas próprias cadeiras, guarda-sóis e brinquedos.

FREQUÊNCIA

Embora a rua de lazer possa ser realizada como um evento único, o fechamento regular e esporádico é melhor. Planeje com uma antecedência de seis a oito semanas, pois a concessão de licenças leva tempo. As ruas de lazer podem funcionar por duas ou três horas ou até por um fim de semana inteiro.

Ruas abertas

Feche temporariamente para o tráfego de passagem as ruas grandes ou uma rede de ruas em áreas centrais.[8]

SELEÇÃO DE RUAS

Considere fechar trechos mais longos de ruas (algumas ruas abertas ultrapassam os 30 km de fechamento para veículos). Selecione ruas que beneficiem diversos bairros. Envolva as autoridades de trânsito nessa seleção.

BICICLETAS

Permita que os ciclistas pedalem ao longo dos fechamentos temporários em ritmo lento, dando preferência aos pedestres. Os eventos que cobrem rotas mais longas devem incentivar ativamente os ciclistas, oferecendo-lhes espaço dedicado e comodidades.

EQUIPAMENTOS E COMODIDADES

Proporcione assentos, sombra, água e sanitários. Incentive os comércios locais a montar barracas ao longo do percurso.

FREQUÊNCIA

Idealmente, os eventos de ruas abertas ocorrem todos os finais de semana e duram o dia todo. Se o programa for mais curto, reserve algumas horas pela manhã para garantir que as crianças e os adultos mais velhos possam desfrutar de um evento menos movimentado. Planeje atrair mais participantes durante os horários da tarde.

Ruas escolares

Feche temporariamente as ruas para o tráfego de passagem em torno de escolas durante os horários de entrada e saída.

SELEÇÃO DE RUAS

Selecione ruas próximas a escolas que tenham um grande volume de crianças e maior exposição à poluição do ar devido ao tráfego.

APOIO DA COMUNIDADE

Uma petição local pode ajudar a gerar apoio e engajamento. Trabalhe com empresas e moradores locais para evitar possíveis obstáculos. Certifique-se de avisar pais e comunidades locais.

EQUIPAMENTOS E COMODIDADES

O fechamento das ruas pode demandar apenas agentes de tráfego, cones e semáforos.

FREQUÊNCIA

Estabeleça horários e dias em função dos períodos escolares, normalmente de segunda a sexta-feira, na entrada e saída, por uma hora em cada turno.

Playing Out

Localização: Reino Unido

Organizações executoras: Playing Out, entidades locais

Realização: 2009-atualmente

Tipo de fechamento temporário: Rua de lazer

VISÃO GERAL

O Playing Out (em português, "Brincando ao Ar Livre") é um movimento liderado por pais de todo o Reino Unido em favor da liberdade das crianças de brincar onde vivem. Uma primeira sessão bem-sucedida do Playing Out, organizada em um bairro de South Bristol em 2009, rapidamente se multiplicou por cinco outras ruas no ano seguinte. A ideia se espalhou por outras cidades do Reino Unido e foi coberta pela mídia, resultando em mais de 300 requerimentos de moradores e conselhos de todo o país até 2012. No mesmo ano, a Câmara Municipal de Bristol estabeleceu uma política de ruas de lazer. Desde então, outras cidades começaram a apoiar esse tipo de programa. Essa grande demanda por ruas de lazer foi elevada por um estudo da Universidade de Bristol, que descobriu que essas sessões aumentavam significativamente o tempo que as crianças passavam brincando ao ar livre.

A organização Playing Out criou tutoriais e documentos de apoio para capacitar as comunidades locais a criar suas próprias ruas de lazer, incluindo vídeos, manuais, modelos de cartazes, cartas e demais documentações relevantes que muitas vezes eram solicitadas pelo conselho municipal. A organização compartilha ainda histórias de iniciativas de sucesso, apresenta um mapa dos projetos em andamento e vende kits de ferramentas com adesivos, coletes, cartazes, cordas, giz e outros materiais úteis para serem usados quando da realização de uma sessão. Também oferece informações para ajudar prefeituras e conselhos municipais a iniciar seus próprios programas. Até abril de 2019, mais de 900 comunidades de rua em 74 cidades organizaram sessões regulares de Playing Out, beneficiando diretamente 27.000 crianças. A Playing Out deseja que o crescente movimento pelas ruas de lazer liderado pelos pais gere uma mudança cultural e política generalizada, restaurando a brincadeira ao ar livre como parte da vida de todas as crianças.

DESTAQUE

Caixa de Brincar

Localização: Los Angeles, EUA

Organizações executoras: Departamento de Transportes de Los Angeles, Kounkuey Design Initiative

Realização: 2015-atualmente

Tipo de fechamento temporário: Rua de lazer

VISÃO GERAL

O Departamento de Transportes de Los Angeles e o escritório de design Kounkuey Design Initiative (KDI) tinham um objetivo ambicioso: transformar os bairros em locais de diversão para pessoas de todas as idades, melhorando a coesão, a segurança e a saúde pública da comunidade. Como parte do processo de desenvolvimento de um projeto-piloto de ruas de lazer para Los Angeles, o KDI trabalhou com as comunidades locais para desenhar e criar a Caixa de Brincar (em inglês, "Box of Play"). Esta caixa contém itens de mobiliário e jogos para os moradores usarem durante os eventos de ruas de lazer. Uma das peças de design portátil, o *wobble* (em português, "oscilador"), pode ser usada de diversas maneiras. O design aplicado ao projeto se orienta justamente pelo conceito de oferecer objetos não apenas com funções pré-atribuídas, mas que incentivem a comunidade a adaptá-los às suas necessidades e à imaginação.

Durante o projeto, a equipe do KDI ajudou a configurar um sistema de aplicativo on-line para as comunidades se inscreverem e solicitarem ruas de lazer. Por meio desse processo, as comunidades obtêm a Caixa de Brincar e assistência com licenças, seguro e programação.

DESTAQUE

Playground Móvel de Sábado à Noite

Localização: Hanói, Vietnã

Organizações executoras: Think Playgrounds, HealthBridge Vietnam

Realização: 2015

Tipo de fechamento temporário: Rua de lazer

VISÃO GERAL

O Bairro Antigo de Hanói não dispunha de espaços de recreação para as famílias locais até o início do projeto Playground Móvel de Sábado à Noite, que proibiu a circulação de veículos nas ruas e criou um playground móvel provisório. Como parte de um projeto-piloto criado por uma equipe de arquitetos locais, a iniciativa disponibilizou equipamentos feitos de bambu e materiais reciclados, desenhos em giz e jogos tradicionais, como o "bamboo jacks" e pernas de pau. O Playground Móvel de Sábado à Noite foi realizado durante 11 noites e atraiu mais de 4.000 visitantes, metade dos quais eram crianças. Após o piloto, o programa foi entregue à prefeitura local, à União Juvenil e à comunidade para funcionar por um ano. Com base no sucesso da iniciativa, o governo do distrito pedestrianizou a área nas proximidades do lago Hoan Kiem para oferecer áreas adicionais de lazer para as famílias locais.

Paulista Aberta

Localização: São Paulo, Brasil

Organizações executoras: SampaPé, Minha Sampa, Prefeitura de São Paulo e outras

Realização: 2015-atualmente

Tipo de fechamento temporário: Rua aberta

VISÃO GERAL

A Avenida Paulista é uma via de 2,7 km de extensão e 48 m de largura, com estações ligadas a três linhas de metrô e na qual circulam mais de 1,5 milhão de pedestres por dia. Um grupo de organizações da sociedade civil de São Paulo se organizou para exigir domingos sem carros e transformar esta via centrada no automóvel em um espaço icônico para pessoas. Um dia de teste bem-sucedido em 2015 criou o precedente para futuros dias sem carros, e desde 2016 a avenida vem sendo aberta para as pessoas todos os domingos e feriados, das 10h às 18h. As pessoas usam o espaço para atividades culturais e recreativas, como apresentações e prática de esportes. A popularidade da rua aberta também abriu caminho para novas políticas locais. Em São Paulo, o programa se espalhou por ruas de diversos bairros.

Ruas Escolares

Localização: Toda a Europa

Organizações executoras: Diversas

Realização: Década de 1990-atualmente

Tipo de fechamento temporário: Rua escolar

VISÃO GERAL

Cidades europeias conceberam uma solução para aumentar a segurança durante a entrada e a saída das escolas: as Ruas Escolares proíbem veículos nas imediações das unidades durante os horários de abertura e encerramento. Essa iniciativa teve origem em Bolzano, na Itália, e foi replicada em muitas outras cidades da Europa, incluindo Viena e Edimburgo.

Placas informam aos usuários as restrições de horários, e agentes de tráfego bloqueiam as ruas para veículos. Essa medida simples, porém eficaz, aumenta a segurança do tráfego viário e incentiva o uso de meios de transporte mais sustentáveis. Em muitos casos, o número de crianças indo a pé e de bicicleta para a escola aumentou, ao passo que menos cuidadores passaram a levá-las de carro. As comunidades escolares, incluindo pais e professores, também relataram uma melhoria na qualidade do ar e a diminuição de ruídos, o que torna os trajetos de ida e volta para a escola mais agradáveis.

Barcelona, Espanha

7 Expandindo

Desenhar ruas para crianças vai além de transformações pontuais em ruas e de eventos temporários. É necessário ampliar e melhorar programas e políticas municipais. Isso pode ser obtido através da incorporação e institucionalização de boas práticas e da alocação de recursos para a manutenção a longo prazo, independentemente de mudanças na administração pública. Para manter a mudança quando as boas práticas de hoje se tornarem a prática padrão ou o novo status quo, os órgãos municipais e as demais organizações e atores locais devem alinhar seus esforços para trabalhar em prol de uma visão global de uma cidade amigável às crianças – uma cidade para todas as pessoas.

7.1 | Faça uma abordagem abrangente

Implementar e sustentar uma abordagem de longo prazo que priorize crianças no desenho de ruas requer um esforço abrangente, que envolve o trabalho conjunto de diversos órgãos e atores locais. Convide os principais tomadores de decisão a colocar a saúde e o bem-estar das crianças no centro de seu trabalho, estejam eles elaborando políticas públicas, programas ou projetos físicos. Estabelecer uma visão forte e duradoura para colocar as crianças em primeiro lugar e garantir que os recursos sejam alocados para alcançar essa visão ajudará os diferentes atores locais a entender quais são suas responsabilidades no curto prazo.

7

ESTUDO DE CASO

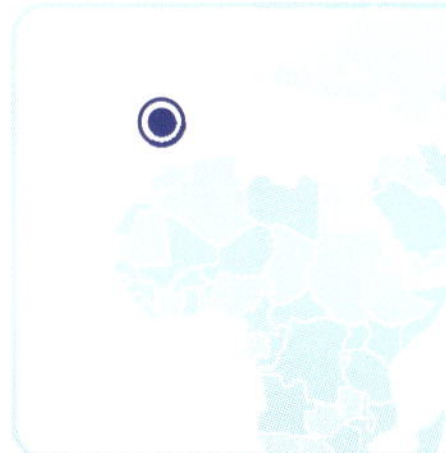

Substitua os veículos por espaço público

Localização: Pontevedra, Espanha

Organização executora: Prefeitura de Pontevedra

Realização: 1999-atualmente

VISÃO GERAL

Os líderes de Pontevedra acreditam que um planejamento urbano abrangente é a melhor forma de criar uma cidade amigável às crianças e que uma cidade onde pedestres são prioridade é um bom lugar para crianças e famílias. Em Pontevedra, 80% das crianças entre 6 e 12 anos vão para a escola caminhando sem a companhia de um adulto. Este foi o resultado de esforços de longo prazo para preterir veículos motorizados no planejamento urbano e aumentar a segurança e o bem-estar das famílias. Políticas, programas e melhorias físicas realizadas pela prefeitura também foram inspiradas na obra de Francesco Tonucci e sua iniciativa Cidade das Crianças ("La Città Dei Bambini", em italiano).

A transformação começou em 1999, com a pedestrianização do centro da cidade, e foi gradualmente expandida em direção ao rio e a outros destinos importantes, como os terminais de transporte coletivo. Grande parte do centro é composta por ruas exclusivas de pedestres ou compartilhadas. A maioria das vagas de estacionamento na rua foi removida e foram construídas garagens subterrâneas em torno do centro da cidade.

A transformação recuperou 669.000 m² antes dominados por veículos motorizados e segue em andamento. Além disso, algumas ruas receberam medidas de moderação de tráfego, travessias elevadas de pedestres, reforço de iluminação, melhorias na acessibilidade ou renovação do mobiliário urbano.

O plano completo inclui o uso de bicicletas, pois a cidade também implantou uma rede cicloviária, e o transporte coletivo. O Metrominuto, similar a um mapa de rota de transporte coletivo, mostra distâncias e tempos de caminhada entre os principais destinos e é instalado em pontos de ônibus.

O programa de Rotas Seguras para a Escola de Pontevedra, "Camino Escolar", incentiva as crianças a ir a pé para a escola sem cuidadores e tem como lema "A cidade leva você para a escola". As empresas locais, identificadas por adesivos próximos às suas entradas, dão suporte aos alunos quando necessário.

O limite de velocidade de 30 km/h para toda a cidade foi estabelecido em 2010 e é incentivado por meio do desenho das ruas.

PRINCIPAIS ESTRATÉGIAS

Melhorar: Ruas, calçadas, praças, rotatórias e outros espaços públicos foram incrementados com nova pavimentação e infraestrutura para pedestres.

Proteger: O limite de velocidade foi definido em 30 km/h em toda a cidade.

Recuperar: Muitas ruas no centro da cidade foram transformadas em ruas exclusivas para pedestres ou em ruas compartilhadas; muitas vagas de estacionamento foram removidas.

IMPACTOS

Aumento da população jovem, apesar das baixas taxas de natalidade do país: o número de crianças menores de 15 anos aumentou em 8%, contra os 2,4% na cidade grande mais próxima, Vigo, demonstrando a popularidade das transformações das ruas e o alinhamento de políticas e programas.

Aumento da mobilidade independente e ativa entre as crianças: 80% das crianças de 6 a 12 anos vão a pé e sem cuidadores para a escola, contra 9% na década de 1990 (esse número também era de 80% na década de 1970).

Aumento dos deslocamentos ativos: em 2013, 65% de todos os trajetos foram feitos a pé ou de bicicleta.

Redução do uso de automóveis: desde 1999, há 77% menos veículos no anel interno da cidade e 53% menos em toda a cidade.

Diminuição dos sinistros de trânsito: ocorreram 784 sinistros em 2008, contra 1.200 no ano 2000.

Diminuição das mortes no trânsito: não ocorre nenhuma morte desde 2011, contra 3 entre 2007 e 2013 e 30 entre 1997 e 2006.

Redução das emissões de CO_2: de 1999 a 2014, redução de 66%.

Redução das taxas de criminalidade: em 2010, Pontevedra atingiu a menor taxa de criminalidade em uma década, com 34 delitos por 1.000 habitantes. Em 2017, ocorreram apenas 27 delitos.

Reconhecimento internacional: a cidade recebeu uma série de prêmios, incluindo o Prêmio Internacional de Dubai da ONU-Habitat, em 2014, e o prêmio do Center for Active Design, em 2015.

ESTUDO DE CASO

Programa Primeiro as Crianças

Localização: Bogotá, Colômbia

Organizações executoras: Gabinete do Prefeito, Secretaria da Educação, Secretaria de Mobilidade

Realização: 2016-atualmente

VISÃO GERAL

Bogotá visa tornar-se uma cidade sustentável e igualitária, com moradores felizes que possam atingir todo o seu potencial. Dentre as prioridades da cidade está a melhoria da mobilidade e do espaço público, especialmente para as crianças.

O programa Primeiro as Crianças tem uma abordagem holística, com o objetivo de melhorar os trajetos diários das crianças para a escola enquanto pedestres, ciclistas e passageiros de veículos. Para reduzir os riscos que elas enfrentam, a cidade implantou cinco projetos: caravanas de pedestres e ciclistas (Ciempiés e Al Colegio en Bici), um parque educacional (Movi Parque), duas faixas prioritárias de ônibus, check-up periódico do transporte escolar e zonas escolares.

O programa faz parte da política Visão Zero de Bogotá, adotada pela cidade por meio de seu Plano de Segurança Viária 2017-2026.

IMPACTOS

Desde 2018, mais de 1.000 alunos se inscreveram no Ciempiés, o programa "a pé para a escola".

Foram feitas mais de 1,5 milhão de viagens de bicicleta para a escola em quatro anos, como parte do Al Colegio en Bici, o programa "de bicicleta para a escola".

Mais de 1.500 alunos aprenderam conceitos de coexistência gentil e segura nas ruas com o Movi Parque, o parque para educação no trânsito.

Mais de 95.000 alunos utilizam ônibus escolares que trafegam por faixas prioritárias.

Foram criadas mais de 2.900 zonas escolares ao longo de quatro anos.

CHAVES PARA O SUCESSO

Brincadeiras e aprendizagem: canções, jogos e outros elementos educativos ajudaram a gerar trajetos seguros e divertidos, para além dos requisitos técnicos de projetos de transporte.

Responsabilidade compartilhada: a inclusão da comunidade estendida cria laços e aumenta a confiança nas instituições públicas. Instituições, escolas e comunidades têm diferentes papéis e deveres enquanto parte do sistema de mobilidade de uma cidade.

APRENDIZADOS

As crianças estão dispostas a – e até preferem – ir a pé e de bicicleta para a escola ao invés de tomar o ônibus escolar, pois seus trajetos são mais agradáveis.

As comunidades podem se envolver ativamente na promoção de ambientes seguros para as crianças.

Subprogramas

ZONAS ESCOLARES

Zonas escolares criam ambientes urbanos seguros e reduzem as velocidades veiculares em áreas adjacentes a instituições de educação. O limite de velocidade nas proximidades das escolas é de 30 km/h, mas o desenho das ruas geralmente permite que os veículos alcancem velocidades mais altas. Para estimular o respeito a esse limite, são aplicadas medidas de moderação de velocidade nas zonas escolares, como extensões do meio-fio, e de ampliação da visibilidade de pedestres e ciclistas.

CIEMPIÉS ("CENTOPEIA")

A iniciativa Ciempiés Caminos Seguros (em português, "Centopeia Caminhos Seguros") visa proporcionar mais segurança às caminhadas até a escola, transformando-as em momentos lúdicos e educativos que fortalecem o tecido social. Um monitor reforça a segurança e conduz as crianças usando jogos e músicas. Percebendo como as crianças gostam de caminhar juntas, pais e cuidadores são incentivados a se envolver.

MOVI PARQUE

O Movi Parque é uma reprodução, em escala infantil, do tráfego urbano cotidiano, construído com tapetes emborrachados. É um cenário educativo que pode ser levado para escolas e outras instituições interessadas em ensinar crianças de 3 a 11 anos a deslocar-se com segurança e utilizar opções de transporte sustentáveis e seguras. As crianças atuam como usuários habituais das vias, e professores especializados da Secretaria de Mobilidade mostram a elas como caminhar e pedalar com segurança, como interpretar os sinais de trânsito e como interagir com os outros usuários da rua.

AL COLEGIO EN BICI ("DE BICICLETA PARA A ESCOLA")

Al Colegio en Bici (em português, "De Bicicleta para a Escola") é uma iniciativa que promove a bicicleta como meio de transporte saudável e ecologicamente correto para os estudantes irem à escola e como uma forma de vivenciar a cidade. Os alunos vão à escola diariamente pedalando junto com colegas mais velhos, que atuam como guias e têm treinamento em segurança no trânsito, ciclismo e mecânica básica de bicicletas. Esses guias também organizam excursões com os estudantes para explorar Bogotá e visitar museus, bibliotecas e espaços públicos.

FAIXAS PARA ÔNIBUS ESCOLARES

Dois projetos focam nas crianças que usam o transporte coletivo: o Ciempiés Carril Escolar (em português, "Centopeia Faixa Escolar") é uma faixa prioritária para ônibus escolares, e o Ruta Pila é uma estratégia de controle preventivo que checa a segurança dos veículos. Esses programas visam tornar mais seguras e eficientes as viagens de ônibus das crianças.

7.2 | Atualize as políticas públicas

Incorporar o bem-estar das crianças às políticas locais, regionais e nacionais assegura que as estruturas legais e regulamentares priorizem crianças e cuidadores no longo prazo. As políticas públicas que moldam a experiência das crianças nas ruas urbanas incluem aquelas relacionadas à mobilidade, ao desenho e ao acesso ao espaço público, ao desenvolvimento urbano, às considerações sobre planejamento e uso do solo e à alocação de recursos. Essas políticas podem garantir determinadas práticas, exigir o cumprimento de padrões mínimos, incentivar boas práticas, estabelecer restrições e ser atualizadas para remover impedimentos. Alguns exemplos estão listados a seguir. *Para mais informações, ver Apêndice C e Guia Global de Desenho de Ruas – Capítulo 2.*

Exemplos

Planos de mobilidade obrigatórios para escolas podem ser um ponto de partida para estimular a mudança: eles promovem a mobilidade ativa, alteram a infraestrutura ao redor das escolas e incentivam a mobilidade sustentável.

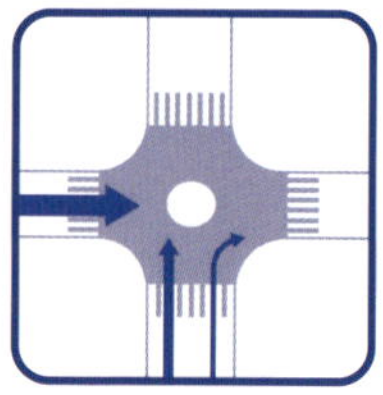

Muitas cidades exigem avaliações de impacto no tráfego e auditorias de segurança no trânsito como parte de grandes projetos de infraestrutura. Esses requisitos podem ser usados para incentivar a priorização das crianças.

Procure oportunidades para permitir determinados usos da rua e para instalar elementos ou materiais amigáveis às crianças. Considere a criação de códigos e manuais específicos ou crie emendas aos existentes. Por exemplo, autorize a instalação de parklets em zonas de estacionamento na rua ou a criação de áreas para estacionar carrinhos de bebês em calçadas largas.

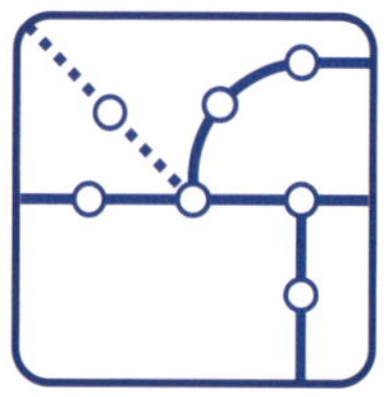

Algumas cidades reconhecem que crianças e cuidadores usam o transporte coletivo fora dos horários de pico e redesenham suas redes para melhorar o tempo de viagem e a confiabilidade. Além disso, algumas cidades oferecem tarifas com desconto para crianças e estudantes. *Para mais informações, ver Capítulo 7.3.*

Planos e códigos podem ajudar a incentivar proprietários privados a criarem ruas ótimas para crianças. Considere exigir que incorporadores implementem usos comerciais ativos nos andares térreos ou designem espaços abertos dentro do lote para somá-los às áreas de lazer e recreação existentes na vizinhança, ou incentive-os a fazê-lo por meio de contrapartidas, tais como o aumento do coeficiente de aproveitamento do terreno. Dentre outras ideias, pode-se estimular a criação de espaços para estacionar e guardar bicicletas e carrinhos de bebê.

Reconheça a importância do acesso aos serviços essenciais por meio de opções de mobilidade sustentáveis e de desenhos de ruas seguros e inspiradores. Incentive iniciativas amigáveis às crianças por parte das empresas e conecte diferentes aspectos das políticas públicas para o desenvolvimento da primeira infância para incluir saúde pública, mobilidade, nutrição e acesso a creches. *Para mais informações, ver Capítulo 7.3.*

7

ESTUDO DE CASO

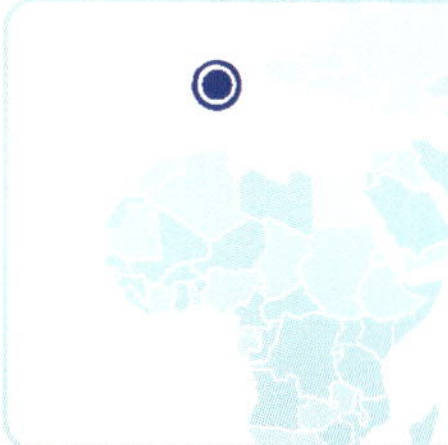

Distrito Urbano Sustentável de Vauban

Localização: Friburgo, Alemanha

Organização executora: Prefeitura de Friburgo

Realização: 1993-2006

VISÃO GERAL

Vauban é uma antiga base militar que foi adquirida do governo alemão pela cidade de Friburgo. A escassez de moradias incentivou o município – onde, em 2017, um quarto dos 5.500 moradores tinha menos de 18 anos – a desenvolver um novo bairro.

O projeto contou com um plano diretor criado por meio da participação de órgãos municipais e de uma organização sem fins lucrativos local, o Fórum Vauban, fundado em 1994 para ser o órgão oficial de participação dos cidadãos. Para criar um bairro voltado às famílias e alinhado com a agenda de sustentabilidade, os principais objetivos do projeto eram criar um tecido urbano denso, promover a construção de edifícios e espaços públicos com baixo consumo de energia, restringir o uso de carros, incentivar a caminhada e a bicicleta e melhorar o acesso ao transporte coletivo, a espaços verdes de alta qualidade e aos serviços públicos. Uma linha de veículos leves sobre trilhos conecta o bairro à cidade de Friburgo, e todas as residências estão a, no máximo, 400 m de uma parada de transporte coletivo.

Para garantir que o bairro fosse econômica e socialmente diverso, a cidade de Friburgo avaliou a idade, a ocupação, o estado civil e o número de filhos, dentre outros dados, de cada um dos compradores de casas em potencial. A diversidade de pessoas e da arquitetura ajuda a promover um espaço público vivo e a fomentar o interesse visual e a identidade do bairro. Antigos barracões militares foram transformados em um centro comunitário, em um centro para requerentes de asilo e em moradias estudantis e sociais.

Algumas regulamentações específicas que contribuem para os objetivos do projeto foram postas em prática:

- Restrição de estacionamento nas ruas residenciais de 4 m de largura, chamadas de ruas de lazer "Stellplatzfrei"; o acesso de veículos é permitido em velocidade lenta.
- Menos de 0,5 vaga de estacionamento residencial por unidade, e pelo menos uma vaga de estacionamento para bicicletas por unidade.
- Edifícios residenciais de quatro ou cinco pavimentos.
- Espaços verdes próximos às moradias para garantir oportunidades de lazer.
- Comércios e serviços ao longo da rua principal.
- Estacionamento em edifícios-garagem na periferia; estacionamento limitado nas ruas.

ESTRATÉGIAS

Proteger: Criação de ruas compartilhadas de baixa velocidade.

Ativar: Planejamento de usos diversificados no nível térreo para gerar uma vida pública rica e ativa.

7.3 | Integre o uso do solo e a mobilidade

Rotinas diárias são afetadas pela distância dos principais destinos em relação às casas, por sua proximidade em relação a outros destinos e pelas opções de transporte disponíveis para acessá-los. Uma abordagem cuidadosamente coordenada entre regulamentações, planejamento de transporte, densidade e uso do solo deve ser aplicada em cada bairro. Em última análise, o objetivo é criar uma cidade composta de bairros compactos e interconectados.[2]

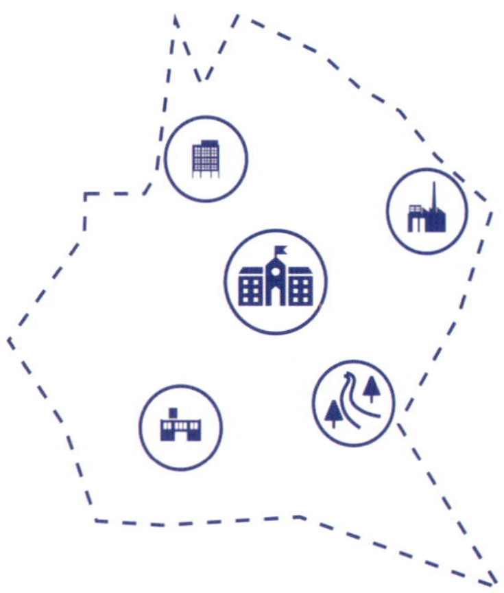

PLANEJE "BAIRROS DE 15 MINUTOS"

Um "bairro de 15 minutos" é um bairro onde todas as necessidades e serviços básicos podem ser acessados em uma viagem de até 15 minutos a pé, de bicicleta ou de transporte coletivo a partir de casa ou de um destino importante, como uma escola ou uma praça pública. Crianças e cuidadores precisam de acesso regular a locais como creches, escolas, parques, playgrounds, instalações de serviços de saúde e lojas.

Minimize o tempo necessário e maximize as opções de mobilidade para o acesso aos bens e serviços diários. Identifique oportunidades para possibilitar que crianças e cuidadores acessem com segurança os destinos mais frequentes, em até 15 minutos, usando opções de mobilidade convenientes e eficientes.

Desenvolva políticas que assegurem que quaisquer transformações nos bairros permitam aos moradores acessar a maioria de seus principais destinos diários em até 15 minutos de trajeto, por meio do transporte coordenado e do planejamento de uso do solo.

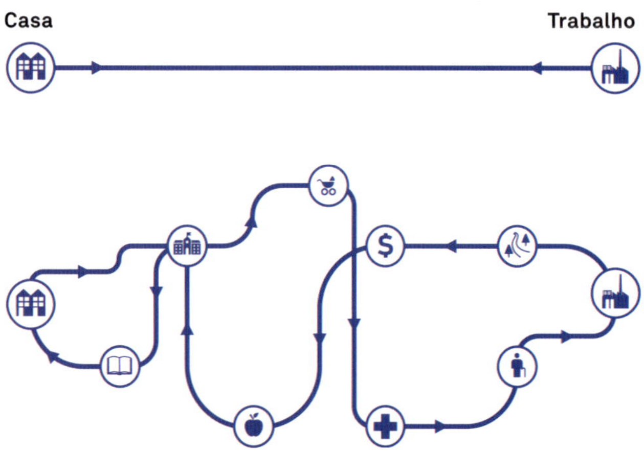

AVALIE AS DECISÕES DE PLANEJAMENTO COM CRIANÇAS E CUIDADORES

O planejamento tradicional dos serviços de transporte urbano e das ruas muitas vezes considera um limitado conjunto de trajetos feitos a cada dia. A extensão desses trajetos e o meio de transporte utilizado para os deslocamentos diários geralmente atendem a trajetos previsíveis, realizados com um ou dois meios de transporte e com um único destino e poucas paradas.

Para cuidadores e crianças, uma jornada diária típica costuma ser muito diferente daquela de outros usuários da rua. Eles podem ter horários variados de um dia para o outro e paradas em diversos destinos, além de usar vários meios de transporte, muitas vezes carregando bagagens pesadas. Isso requer considerações mais cuidadosas quando se planeja atender igualitariamente a todas as comunidades.

Envolva crianças e cuidadores para compreender suas perspectivas e implementar suas sugestões no planejamento e redesenho do bairro e das redes de transporte coletivo.

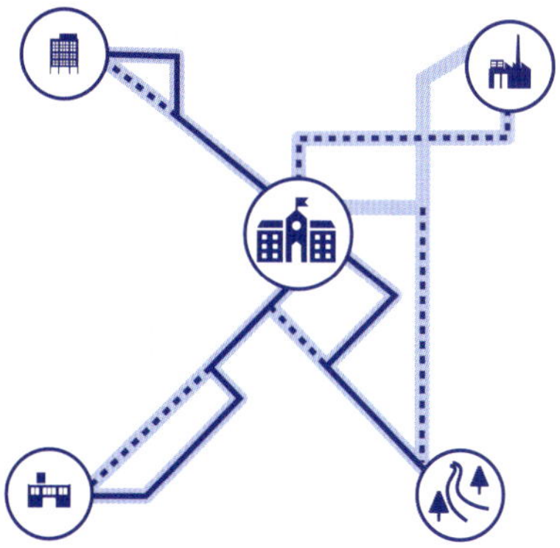

MELHORE AS RUAS EXISTENTES E A MOBILIDADE

Planeje em prol de serviços de transporte que tenham valores acessíveis e que sejam confiáveis, convenientes e confortáveis, e de ruas que tenham redes de pedestres diretas, contínuas e acessíveis, infraestrutura cicloviária protegida e faixas dedicadas de transporte coletivo. Idealmente, isso pode ser facilmente combinado para dar suporte a uma gama de diferentes trajetos diários.

Analise a localização das estações e paradas de transporte coletivo, ajuste e modernize as existentes ou adicione novas, de forma a conectá-las aos serviços essenciais e aos destinos importantes para crianças e cuidadores. Torne as estações e paradas de transporte coletivo acessíveis melhorando as travessias de pedestres e distribuindo-as com maior frequência.

Aperfeiçoe e conecte a infraestrutura de pedestres e ciclistas para tornar as conexões intermodais o mais contínuas possível.

Altere os padrões de uso do solo para remover as barreiras de distância.

Estabeleça metas para reduzir as emissões de CO_2.

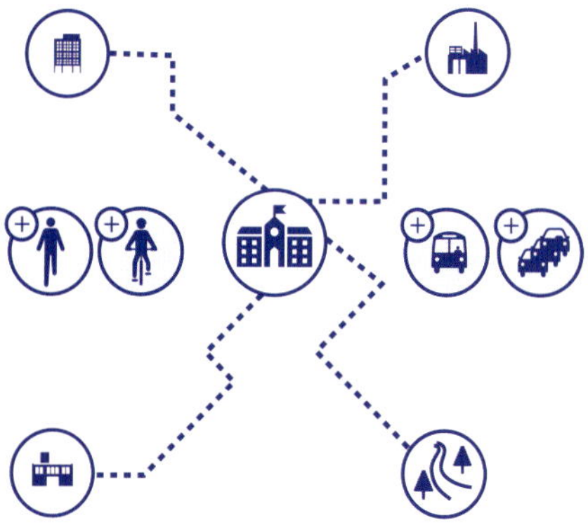

OFEREÇA NOVAS OPÇÕES DE TRANSPORTE

Proporcione sistemas de compartilhamento de bicicletas e opções de micromobilidade, melhore ou adicione novos serviços de transporte coletivo, revise seus horários, instale sistemas de compartilhamento de veículos elétricos e disponibilize estações de carga para eles. Isso proporciona às famílias mais opções para viajar a seus destinos.

ADICIONE NOVOS DESTINOS E REDUZA AS DISTÂNCIAS DE TRAJETO

Identifique locais e espaços onde novos destinos como praças, áreas de lazer, opções de alimentação saudável, empresas amigáveis a crianças e adolescentes, oportunidades educacionais e instalações de serviços de saúde possam ser projetados para transformar as ruas, ocupar terrenos baldios ou ser incorporados a novos empreendimentos.

Incentive projetos que incorporem espaços de descanso e brincadeiras por todo o bairro.

DESTAQUE

Roterdã Amigável às Crianças

Localização: Roterdã, Holanda

VISÃO GERAL

Com base em uma série de intervenções físicas nas ruas e em outros espaços públicos, como calçadas, becos e pátios, Roterdã desenvolveu, em 2012, um código para projetar espaços de recreação ao ar livre. A política reconhece que um ambiente lúdico e seguro para crianças não deve ser restrito aos parquinhos. O código especifica que as ruas residenciais devem ter calçadas de pelo menos 3 m de largura para permitir que as crianças brinquem com segurança e recomenda situá-las no lado ensolarado da via.

DESTAQUE

Política de Transporte Público

Localização: Edmonton, Canadá

VISÃO GERAL

Em Edmonton, crianças menores de 12 anos podem viajar gratuitamente de transporte público quando acompanhadas por um adulto ou um adolescente mais velho pagante. Essa política faz parte de um plano para tornar Edmonton uma cidade mais amigável às famílias. A tarifa especial para os jovens ajuda as famílias a economizar, incentiva os cuidadores a deixar e buscar as crianças na escola a caminho do trabalho e estimula o uso do transporte público.

DESTAQUE

A-MA-Zone

Localização: Seul, Coreia do Sul

VISÃO GERAL

De 1995 a 2012, a Lei de Trânsito Rodoviário estabeleceu mais de 15.000 zonas escolares em toda a Coreia do Sul, cobrindo quase todas as escolas primárias. Esta era a prática padrão para as rotas escolares, mas essa política sempre separou os pedestres do tráfego viário, e o compromisso do programa com a segurança oprimiu a função social e cultural das ruas. O projeto-piloto das A-MA-Zones foi lançado em 2012 como uma abordagem experimental alternativa às zonas escolares convencionais, passando a considerar as diferenças dos contextos locais. As principais distinções entre as A-MA-Zones e as zonas escolares convencionais incluem: implementação de ruas compartilhadas, extensão dos limites para além do perímetro da zona escolar legal a um raio de 300 m, redução do limite de velocidade para 20 km/h, fechamentos temporários de ruas para garantir rotas sem carros até a escola durante os horários de pico, medidas mais intensivas de moderação de tráfego, como chicanas, estreitamento de vias, extensões do meio-fio e elevação de travessias e cruzamentos, e incorporação de elementos artísticos e de brincadeiras.

Cidade Igualitária

DESTAQUE

Localização: Viena, Áustria

VISÃO GERAL

Em 1999, as autoridades municipais de Viena realizaram um estudo que mostrou que as mulheres tinham um padrão de circulação muito mais variado do que os homens, usando o transporte coletivo com mais frequência e fazendo mais viagens a pé. Pensando nisso, os planejadores da cidade elaboraram um plano para melhorar a mobilidade dos pedestres e o acesso ao transporte coletivo. O projeto alargaria as calçadas, adicionaria iluminação pública, assentos e rampas junto às escadas e melhoraria os cruzamentos, tudo com o objetivo de proporcionar recursos igualitários para homens e mulheres. Mais de 60 projetos urbanos concebidos pensando especificamente nas mulheres foram implementados em Viena.

Política de Espaço Público

DESTAQUE

Localização: Madri, Espanha

VISÃO GERAL

Com base na crescente demanda pela reinvenção dos espaços públicos, especialmente aqueles utilizados pelas crianças, a cidade de Madri desenvolveu um guia de desenho para espaços em torno das escolas. A premissa do manual é que os espaços escolares de uso único são obsoletos e que seus arredores imediatos não são seguros para os estudantes. O guia reconhece três tipos de espaços e dá orientações de projeto específicas para cada um: o pátio, localizado dentro dos limites da escola; o entorno imediato, onde podem ser feitas melhorias em calçadas, faixas de pedestres, pequenas praças e entradas das escolas; e o entorno próximo, que compreende o planejamento do bairro, aumentando a proximidade entre os serviços e promovendo a coesão da comunidade.

Estatuto do Pedestre

DESTAQUE

Localização: São Paulo, Brasil

VISÃO GERAL

Um estatuto voltado para os pedestres, criado em São Paulo em 2017 por meio de uma parceria entre a prefeitura e organizações da sociedade civil, reconhece crianças, jovens e cuidadores como usuários da rua e aborda suas necessidades específicas. Ele define que os direitos dos pedestres incluem a liberdade de andar com carrinhos de bebê ou cadeiras de rodas em calçadas, travessias de pedestres, praças e outros espaços públicos. Também define que os pedestres devem ter tempo suficiente para atravessar a rua com segurança, considerando o horário do dia, o volume de pessoas e a velocidade dos usuários. Essas considerações incluem crianças, estudantes, pessoas idosas, pessoas com deficiência e pessoas com mobilidade reduzida. Além disso, a política exige acesso a programas educacionais voltados especificamente para crianças, adolescentes, cuidadores e adultos mais velhos.

7.4 | Lance programas e iniciativas eficazes

Programas elaborados para toda a cidade podem ajudar a mudar práticas e comportamentos através da educação das pessoas ou da ampliação de projetos pontuais para aumentar seu impacto. Muitos programas se concentram em ensinar as crianças e cuidadores a modificar seu comportamento para lidar com ambientes urbanos perigosos e desconfortáveis. No entanto, é fundamental ensinar às crianças que esses aspectos perigosos e desconfortáveis de seus trajetos diários podem e devem ser alterados por meio de projetos e políticas. Programas e iniciativas são mais bem-sucedidos quando projetos baseados em comportamento são combinados com mudanças de infraestrutura. Alguns exemplos são fornecidos a seguir.

Programas de segurança viária

VISÃO ZERO PARA JOVENS

Visão Zero é um programa internacional que visa eliminar todas as fatalidades e lesões graves no trânsito e ao mesmo tempo aumentar a mobilidade segura, saudável e equitativa para todos. Implementado pela primeira vez na Suécia na década de 1990, o Visão Zero foi adotado por muitos países ao redor do mundo. Nos últimos anos, ele foi expandido para priorizar explicitamente as crianças.

COLETIVO A PÉ E DE BICICLETA

Grupos de crianças e cuidadores se reúnem todos os dias para ir juntos a pé ou de bicicleta até a escola ou a outros destinos, ao longo de uma rota definida.

ROTAS SEGURAS PARA A ESCOLA

Rotas Seguras para a Escola é uma abordagem que promove a caminhada e o uso de bicicletas até a escola por meio de melhorias na infraestrutura, fiscalização, ferramentas, educação para a segurança e, algumas vezes, uso de incentivos.

ZONAS ESCOLARES

As zonas escolares apresentam baixas velocidades veiculares, restrição ao tráfego de automóveis e medidas de segurança adicionais em todas as ruas em torno das escolas, normalmente até um raio de 200 m.

Iniciativas para o uso de bicicletas

CLUBES DE PASSEIO

Os clubes são compostos por crianças, cuidadores e outras pessoas que se reúnem para expandir suas habilidades em relação a uma forma específica de se deslocar, como andar de bicicleta, patinar ou caminhar. Eles exploram diferentes áreas da cidade para conhecer outros participantes.

ESCOLINHAS DE MOBILIDADE

Estes são locais específicos, geralmente ao ar livre, onde crianças e pessoas de todas as idades podem aprender a pedalar e a se deslocar no trânsito em um espaço seguro que simula ambientes de rua reais. As bicicletas são comumente fornecidas para a aprendizagem, de forma que as pessoas possam adquirir confiança ao pedalar antes de comprar a sua própria.

JOGOS DINAMARQUESES DE CICLISMO

Os jogos de ciclismo foram desenvolvidos por pedagogos dinamarqueses e pela Federação Dinamarquesa de Ciclistas a partir do método de "aprender brincando". Consistem em envolver ciclistas em jogos enquanto pedalam, com o objetivo de ensinar crianças e jovens a andar de bicicleta, desenvolvendo habilidades de segurança relacionadas ao uso de bicicletas e, acima de tudo, estimulando a alegria de pedalar.

Programas de espaço público

ARBORIZAÇÃO

Programas de arborização podem definir metas para que as cidades incorporem árvores às ruas urbanas, assegurando que elas sejam incluídas quando as ruas forem aprimoradas, por meio de solicitações da comunidade ou quando doadas por parceiros privados. Programas do tipo "adote uma árvore" podem ajudar na manutenção contínua.

ÁREAS DE ESTAR

Programas de áreas de estar aumentam a quantidade de assentos ou bancos públicos nas vias urbanas, tornando-as mais confortáveis. Por meio de iniciativas como "streetseat" ou parklets, as cidades fornecem licenças legais para que proprietários privados locais ou grupos acadêmicos transformem vagas de estacionamento em pequenos espaços sociais ou "parques de bolso".

PRAÇAS

A transformação de ruas em praças proporciona a criação de espaços públicos de qualidade e novos destinos dentro dos bairros. Muitas vezes implementados em conjunto com parceiros locais para apoiar a manutenção contínua, estes são lugares ideais para incorporar espaços para as crianças brincarem e para os cuidadores socializarem.

Visão Zero para Jovens

Localização: Cidade do México, México

Organizações executoras: Prefeitura da Cidade do México, Instituto de Políticas para o Transporte e o Desenvolvimento, FIA Foundation

VISÃO GERAL

O Visão Zero para Jovens é um programa criado para expandir as estratégias do Visão Zero desenvolvidas para a cidade. A iniciativa se concentra na transformação da infraestrutura viária ao redor das escolas, aumentando a conscientização sobre a segurança no trânsito e melhorando a aplicação da lei. Também capacita funcionários municipais e tomadores de decisão para planejar, implementar e avaliar o programa.

Em 2018, o programa lançou seu primeiro projeto-piloto na zona escolar em torno da Escola Secundária nº 4 "Moisés Sáenz". A intervenção física foi planejada e implementada com o apoio da comunidade escolar, incluindo alunos, pais e professores. Uma intervenção temporária, que testou uma nova geometria da via e do cruzamento, foi rapidamente convertida em uma transformação permanente da rua. Durante a fase seguinte, a cidade usará essa experiência como base para a implementação do projeto em outras quatro escolas.

DESTAQUE

Walk and Bike to School Days

Localização: EUA

Organizações executoras: National Center for Safe Routes to School, diversas

VISÃO GERAL

Milhares de eventos são organizados todos os anos em cidades dos EUA para promover deslocamentos a pé e de bicicleta até a escola. Somente em 2018, o National Center for Safe Routes to School (ou Centro Nacional de Rotas Seguras para a Escola, a agência coordenadora do programa Walk and Bike to School Days, em português, "Dias de Caminhar e Ir de Bicicleta para a Escola"), registrou mais de 3.200 eventos de "Dia de Ir de Bicicleta para a Escola", que ocorrem todo mês de maio, e 5.600 eventos de "Dia de Caminhar para a Escola", realizados todo mês de outubro.

Os "Dias de Caminhar para a Escola" tiveram início em 1997 como eventos de um dia. O sucesso da iniciativa levou à criação do "Dia de Ir de Bicicleta para a Escola" em 2012. Esses eventos funcionam como campanhas de conscientização sobre a segurança no trânsito e os benefícios da caminhada e do uso de bicicletas, mas também têm gerado uma discussão mais ampla a respeito de rotas seguras para a escola. Diversas comunidades nos Estados Unidos já se beneficiaram de programas de caminhada e bicicleta, de longo prazo e de melhorias na infraestrutura.

Há também uma plataforma on-line que ajuda as comunidades a planejar seus próprios eventos e a compartilhar histórias de sucesso para inspirar outras pessoas.

DESTAQUE

7.5 | Aloque recursos financeiros

Fontes sustentáveis de financiamento são essenciais para a criação de ruas seguras para crianças. É preciso também considerar a manutenção, os reparos e as operações ao planejar o orçamento dos projetos. Os governos locais devem ter como objetivo alocar pelo menos 33% do total dos investimentos destinados às iniciativas de transporte na infraestrutura dedicada a pedestres, ciclistas e usuários de transporte coletivo.[3]

A saúde econômica permanente de uma cidade é fortemente influenciada por sua política de investimentos em transporte e pela saúde de suas populações mais jovens. Embora nas cidades diversas necessidades concorram por recursos financeiros limitados, é primordial garantir que as alocações orçamentárias priorizem ruas para crianças por meio de investimentos estruturais e orçamentos de manutenção.

Deve-se levantar investimentos privados, empréstimos bancários de desenvolvimento e contribuições municipais para investir na saúde e no bem-estar da próxima geração. Ao planejar ruas para crianças, as cidades obtêm benefícios indiretos e de longo prazo de melhoria da saúde pública, qualidade ambiental e prosperidade econômica.

Alavancando fundos para ruas para crianças

Milão, Itália

Exija e incentive que **novos empreendimentos** forneçam infraestrutura de qualidade para pedestres, ciclistas e usuários de transporte coletivo, ou para ruas adjacentes. Considere adicionar uma taxa de impacto dedicada a melhorar a conectividade do bairro.

Estabeleça **programas de subsídio financiados pelo governo** para melhorar as ruas próximas às instalações para crianças.

Crie **fundos de transporte urbano** para receber recursos provenientes de taxas de estacionamento.

Gere receita **cobrando pelo acesso de veículos particulares a áreas congestionadas**. Reinvista-a em ruas para crianças.

Revise os **orçamentos existentes para operação e manutenção** a fim de identificar onde mudanças de geometria de ruas e instalações mais seguras podem ser implementadas dentro do orçamento disponível.

Considere usar fontes de **financiamento privado**, como financiamentos coletivos, subsídios e patrocínios corporativos, para as intervenções temporárias.

Faça parcerias com as **associações de comerciantes locais** para a manutenção dos projetos. Crie sinergia entre os projetos físicos e os programas. Elabore programas que deem suporte às transformações físicas e incluam financiamento para operações e manutenção.

Certifique-se de que os orçamentos dos **departamentos de parques, paisagismo e transporte** tenham fundos para manter os projetos de praças.

Distribua **orçamentos de investimento estrutural** para beneficiar as crianças de maneira igualitária, em detrimento dos veículos particulares.

Utilize **fundos de bancos de desenvolvimento** para melhorar as ruas do bairro e o acesso ao transporte coletivo.

Política de Transporte Não Motorizado

DESTAQUE

Localização: Nairóbi, Quênia

Organizações executoras: Programa Compartilhe a Rua das Nações Unidas para o Meio Ambiente, Condado da Cidade de Nairóbi, apoio da FIA Foundation

Realização: 2015-atualmente

VISÃO GERAL

Para reforçar a prática da caminhada e o uso de bicicletas, o Condado de Nairóbi alocou 20% de seu orçamento relativo à construção de vias em infraestrutura para transportes não motorizados. Como resultado, agora todos os novos projetos de construção de ruas têm a obrigação de melhorar as condições para pedestres e ciclistas, e seus orçamentos devem incluir fundos para a manutenção contínua.

Política de Orçamento de Transporte

DESTAQUE

Localização: Chennai, Índia

Organização executora: Greater Chennai Corporation

Realização: 2014-atualmente

VISÃO GERAL

Essa política exige que pelo menos 60% do orçamento para transportes de Chennai seja alocado para o redesenho da rede de transporte urbano e visa tornar as caminhadas e uso de bicicletas mais seguros e agradáveis. Como resultado da iniciativa, a Greater Chennai Corporation implementou mais de 50 km de calçadas largas e tem a ambiciosa meta de construir uma rede de pedestres segura e contínua ao longo de pelo menos 80% de todas as ruas.

7.6 | Mensure o impacto

Medir e monitorar o impacto de um projeto ou programa é importante para defendê-lo, entender o que funciona, obter suporte e assegurar o financiamento para mudanças de longo prazo. Os indicadores do projeto devem incluir avaliação quantitativa e qualitativa e ser mensurados antes, durante e após a implementação.

A medição das melhorias físicas e operacionais pode demonstrar tanto o progresso de curto prazo como o sucesso de longo prazo, e o impacto de vários projetos, programas e políticas pode ser medido na escala de bairro ou de toda a cidade. *Para mais informações, ver Apêndice D e Guia Global de Desenho de Ruas – Capítulo 3.*

Mudanças físicas e operacionais → Mudanças de uso e atividade → Impactos resultantes

POR EXEMPLO:

Mudanças físicas e operacionais	Mudanças de uso e atividade
Extensão de calçadas adicionadas ou melhoradas	Quantidade de crianças caminhando por instalações seguras
Extensão da nova infraestrutura cicloviária protegida	Quantidade e porcentagem de crianças e cuidadores que usam a infraestrutura cicloviária
Raios de conversão mais fechados	Redução da velocidade dos veículos em conversão
Redução do limite de velocidade	Velocidades médias dos veículos e porcentagem de veículos em alta velocidade
Tempo adicional para a fase de pedestres no ciclo dos semáforos	Porcentagem de crianças atravessando a rua com segurança, obedecendo às fases do semáforo
Áreas sem carros ou outros novos espaços públicos	Quantidade de crianças e cuidadores visitando, passando tempo e brincando no espaço
Árvores plantadas	Quantidade de crianças interagindo com a natureza
Novos bancos instalados nas calçadas	Quantidade e porcentagem de crianças e cuidadores sentados

Impactos resultantes

- Número de crianças mortas ou gravemente feridas nas ruas
- Porcentagem de crianças que praticam o mínimo recomendado de atividade física por dia
- Redução dos sinistros de trânsito
- Porcentagem de cuidadores que se sentem seguros nas ruas
- Taxas de crianças com doenças respiratórias e crônicas
- Porcentagem de crianças e cuidadores em áreas situadas a cerca de 15 minutos de caminhada de escolas, parquinhos e espaços públicos
- Taxas reduzidas de crianças expostas a níveis de ruído acima do padrão de 55 dB
- Taxas reduzidas de crianças e gestantes expostas à poluição atmosférica frequente
- Crianças e cuidadores experimentando interações sociais positivas

Dicas para a coleta de dados

SEMPRE COLETE DADOS DE ANTES

Isto é fundamental: sem eles, não há base de comparação ou parâmetro para medir o impacto.

CONDUZA PESQUISAS QUALITATIVAS

As pesquisas garantem que eventuais acontecimentos individuais, que podem depor contra um projeto, não ofusquem seu sucesso geral. Elas permitem que um amplo grupo de pessoas forneça informações e podem ser essenciais para expandir os projetos ou torná-los permanentes.

MENSURE O QUE IMPORTA MAIS

Utilize estrategicamente os recursos para mensurar os desafios do projeto e seus objetivos, tais como a melhoria da segurança no trânsito, a inclusão de opções de mobilidade, a redução do tempo dos trajetos e a oferta de mais espaço para brincadeiras e para passar o tempo. É impossível medir tudo, por isso escolha os indicadores mais importantes.

COLETE INFORMAÇÕES VISUAIS DE ANTES E DEPOIS

Fotos e vídeos de transformações de ruas com crianças e cuidadores fazendo uso dos espaços são essenciais para comunicar os desafios existentes, mostrar quem está usando a rua e como as atividades podem mudar com o passar do tempo.

COLETE DADOS QUANTITATIVOS

Realizar contagens do tipo “antes e depois” de crianças e bebês usando diferentes meios de transporte ou passando um tempo na rua pode informar se um projeto atingiu seus objetivos.

MENSURE AO LONGO DO TEMPO

Para balizar o sucesso de um projeto ao longo do tempo, repita a coleta de dados imediatamente após a implementação, depois de vários dias ou semanas e depois de vários meses. Identifique a hora do dia ou o dia da semana mais relevante para entender melhor o impacto sobre crianças e cuidadores.

CurieuzeNeuzen Vlaanderen/Ciência Cidadã

Localização: Flandres, Bélgica

Organização executora: Universidade da Antuérpia

Realização: maio de 2018

VISÃO GERAL

O CurieuzeNeuzen Vlaanderen é um projeto de ciência para o qual 20.000 cidadãos mediram a qualidade do ar perto de suas casas ao longo de maio de 2018. O objetivo era montar um mapa detalhado da qualidade do ar da região de Flandres, na Bélgica, nas cidades e no campo. Os participantes instalaram um dispositivo de medição simples e padronizado em uma janela de suas residências voltada para a rua para medir a concentração média de dióxido de nitrogênio (NO_2), um importante indicador da poluição causada pelo tráfego. A qualidade do ar pode variar significativamente em curtas distâncias, especialmente devido ao efeito desfiladeiro urbano: os poluentes se acumulam em concentrações mais altas em ruas estreitas e mal ventiladas, com mais veículos motorizados. Por causa dessa qualidade variável do ar, são necessários muitos locais de medição para avaliar adequadamente a capacidade preditiva do modelo de qualidade do ar. Nesse projeto, a ajuda dos cidadãos é extremamente valiosa para coletar dados suficientes sobre a distribuição espacial da qualidade do ar.

Rotas para a Escola

Localização: México

Organizações executoras: Liga Peatonal, Bernard van Leer Foundation

Realização: 2017-atualmente

VISÃO GERAL

A Liga Peatonal (em português, "Liga de Pedestres"), organização focada em proporcionar rotas seguras para as escolas, criou uma ferramenta on-line que ajuda as comunidades a avaliar a segurança no entorno escolar por meio de um mapa interativo, a identificar as mudanças necessárias na infraestrutura, a implementar melhorias físicas ou programas e a envolver as autoridades locais. O site funciona como um tutorial para capacitar as comunidades. Ele oferece três diferentes documentos para avaliar a segurança no trânsito, que variam em níveis de dificuldade e investimento, e oferece informações tais como fotografias e recursos financeiros necessários para os potenciais projetos a serem implementados, incluindo "Rotas para a Escola", "Ônibus da Caminhada", alargamento de calçadas e instalação de mobiliário urbano.

As comunidades aprendem sobre os processos de implementação do projeto, inclusive sobre as aprovações oficiais necessárias e as recomendações para criar campanhas ou organizar apresentações. O projeto Caminito de la Escuela (em português, "Pequeno Caminho da Escola") também tem uma biblioteca on-line com dados, modelos de documentos oficiais e informações sobre políticas.

Ao compartilhar informações detalhadas, porém claras, este guia é uma ferramenta poderosa para chamar os cidadãos à ação.

Fontes

Gwangju, Coreia do Sul

Agradecimentos

Global Designing Cities Initiative

Abhimanyu Prakash
Ankita Chachra
Anna Siprikova
Annie Peyton
Brianna Williams
Eduarda Aun
Eduardo Pompeo Martins
Fabrizio Prati
Hayrettin Günç
Kat Gowland
Lucia De La Mora Colunga
Majed Abdulsamad
Najwa Doughman
Skye Duncan
Solomon Green-Eames

National Association of City Transportation Officials

Aaron Villere
Alex Engel
Becca Freer
Celine Schmidt
Corinne Kisner
Dana Jacks
Jenny O'Connell
Kate Elliott
Kate Fillin-Yeh
Katya Tabakina
Laurie Alemian-Derian
Matthew Roe
Nicole Payne
Sasha Berger
Sindhu Bharadwaj
Yadira Cabrera
Zabe Bent

Bernard van Leer Foundation

Cecília Vaca Jones
Dareli Hammond
Ester Goh
Hannah Wright
Julien Vincelot
Maria Elena Tabares
Michael Feigelson
Patrin Watanatada

Bloomberg Philanthropies

Kelly Henning
Kelly Larson
Rebecca Bavinger

FIA Foundation

Agnieszka Krasnolucka
Natalie Draisin
Rita Cuypers
Saul Billingsley

Fondation Botnar

Susanna Hausmann-Muela

Bloomberg Associates

Janette Sadik-Khan
Nicholas Mosquera
Seth Solomonow
Andy Wiley-Schwartz

Principais colaboradores

Fatima Nawshin Terin
Francisca Benitez-Beas
Gabriela Callejas
Julie Kwon
Saeb Ali Khan

CONSULTORES

Brenna Hassinger-Das
Janett Jiménez Santos
Joan Wolbier
Grace Duggan
Lennart Nout

COLABORADORES GLOBAIS

África do Sul

Cidade do Cabo
Claire Enslin
Lars Espeter
Rebecca Campbell

Albânia

Tirana
Simon Battisti
Valbona Koci

Austrália

Sydney
Leanne Bridges

Áustria

Viena
Edgar Jimenez

Bélgica

Gante
Dries Gysels

Bolívia

La Paz
Sdenka Narváez

Brasil

Fortaleza
Beatriz Rodrigues
Dante Rosado
Ezequiel Dantas
Thais Paiva
Recife
André Arruda
Rio de Janeiro
Clarisse Cunha Linke
São Paulo
Carolina Padilha
Daphne Savoy
Irene Quintáns
Leticia Leda Sabino
Murilo Casagrande
Ramiro Levy
Renato Forster

Canadá

Montreal
Andrée-Anne D'Amours
Isabelle Guy
Ottawa
Kristie Daniel
Winnipeg
Jamie Hilland
Shoni Madden

Chile

Santiago
Constanza Abusleme
Daniel Lanfranco Sagaris

China

Shenzhen
Lei Yuechang
Wenfeng Huang
Yiyi Liu
Zhou Xuerui

Colômbia

Bogotá
Angélica Piedad Sánchez Picón
Carlos Urrego
César Manuel Mariño Ávila
Claudia Andrea Diaz Acosta
Lina Andrea Garcia Mejia
Medellín
Carlos Pinto
Sebastián González Bolívar
Silvia Shrubsall

Coreia do Sul

Seul
Jihee Namgung
Suwon
Soo Jin Chung

Dinamarca

Copenhagen
Christopher Martin
Johan Heichelmann
Kristoffer Holm Pedersen
Lars Gemzøe

Espanha

Barcelona
Carolina Solis Bonini
Daniel Lorenzo
David Asparo Huix
Las Palmas de Gran Canaria
Adan Jorge Davila Medina
Madri
Inés Sánchez de Madariaga
Valência
Francesc Arechavala Roé

Estados Unidos

Austin, TX
Jay Crossley
Rani Lueder
Baltimore, MD
Beth Blauer
Berkeley, CA
Tracy McMillan
Boston, MA
Andres Sevtsuk
Emily Rackleff
Michael Evans
Boulder, CO
Louise Chawla
Mara Mintzer
Chapel Hill, NC
Seth LaJeunesse
Charlotte, NC
Martin Zimmerman
Chicago, IL
David Pulsipher
Sasha Lavoie
Stephen Heiny
Detroit, MI
Erika Linenfelser
Eugene, OR
Shane MacRhodes
Filadélfia, PA
Meghan Talarowski
Littleton, CO
David Pulsipher
Long Beach, CA
Allan Crawford
Los Angeles, CA
James Rojas
Margot Ocañas
Naria Kiani
Valerie Watson
Nova York, NY
Aimee Gauthier
Alexandra Lange
Alison Collard de Beaufort
Aminah Ricks
Chelsea Yamada
Erwin Figueroa
Heather Thompson
Janine Yoong
Kaja Kühl
Kim Wiley-Schwartz
Leni Schwendinger
Mac Levine
Marianna Vaidman Stone
Mike Lydon
Nidhi Gulati
Overland Park, KS
Brian Geiger
Portland, OR
Scott Batson
São Francisco, CA
Tom Rickert
Seaside, FL
Victoria Derr
Seattle, WA
David Driskell
Dawn Hemminger
Lizzie Moll
Nancy Pullen-Seufert
Washington, DC
Anna Bray Sharpin
Benjamin Welle
Claudia Adriazola-Steil
Eric Feldman
Jacob Mason
Jen De Melo
West Palm Beach, FL
Ana Maria Aponte

França

Aix-en-Provence
Jeffrey Witte

Gana

Acra
Samuel Boamah Danquah

Geórgia

Tbilisi
Gela Kvashilava

Grécia

Tessalônica
Maria Sitzoglou

Holanda

Amsterdã
An-Jes Oudshoorn
Laura Hakvoort

Índia

Bangalore
Manju George
Chennai
Archna Menon
Shreya Gadepalli
Nova Déli
Sarika Panda Bhatt
Kolkata
Megha Tyagi

Israel

Jerusalém
Liyat Esakov Ben Shitrit
Tel Aviv
Bosmat Sfadia-Wolf
Itai Palti

Itália

Milão
Demetrio Scopelliti

Japão

Tóquio
Shingo Sekiya

México

Cidade do México
Aldo González Barrera
Dhyana Quintanar Solares
Jorge Jordi Cáñez

Nepal

Lalitpur
Vibek Gupta

Nova Zelândia

Auckland
Alex Bonham
Kathryn King
Ludo Campbell-Reid
Nicole Thompson
Christchurch
Josie Schroder

Peru

Lima
Augusto Mostajo
Carlos Javier Vega
Cynthia Shimabukuro

Quênia

Nairóbi
Christopher Kost
Naomi Mwaura

Reino Unido

Hampshire
James Bradford
Julio Urzua
Londres
Anoush Darabi
Christopher Martin
Kimberly McArthur
Lisa Witter
Matt Whitney
Sam Williams

Ruanda

Kigali
Julian Ingabire

Rússia

Moscou
Bella Filatova
Daria Raspopina

Senegal

Dakar
Karima Grant

Suécia

Estocolmo
Alexander Ståhle

Ucrânia

Kharkiv
Tetyana Zhydkova

Vietnã

Hanói
Tran Thi Kieu Thanh Ha

COLABORADORES DOS ESTUDOS DE CASO E DESTAQUES

Escola Primária Bophirima

Ayikai Poswayo, Amend

Melhorias de zonas escolares

Jihee Namgung, Universidade Nacional de Seul

Lane Tech High School

David Smith, Departamento de Transportes de Chicago

Play Around the City

Michael Evans, Gabinete do Prefeito do New Urban Mechanics

Urban Thinkscape

Brenna Hassinger-Das, Universidade Pace
Kathy Hirsh-Pasek, Brookings Institution/ Universidade de Temple
Molly A. Schlesinger, Universidade de Temple

Escola Primária Justin Kabwe

Ayikai Poswayo, Amend

Potgieterstraat

Elger Blitz, Carve

Parques del Río

Sebastián González Bolívar, LATITUD

Queens Boulevard

Ben Schwed, Departamento de Transportes da Cidade de Nova York
Olivia Gibbeson, Departamento de Transportes da Cidade de Nova York
Chris Brunson, Departamento de Transportes da Cidade de Nova York

Olhe o Degrau

Gabriela Callejas, Cidade Ativa
Ramiro Levy, Cidade Ativa

Tiramarama Way

Nicole Thompson, Wraight + Associates

Ônibus de trânsito rápido (BRT)/ Metrobús

Janett Jiménez Santos

Parada de ônibus com arte pública

Bella Filatova, Buro Druzhba

Growing Up Boulder

Mara Mintzer, Growing Up Boulder
Louise Chawla, Universidade do Colorado Boulder

Semana de Design de Shenzhen

Zhou Xuerui, Shenzhen Urban Planning and Design Research Institute Co., Ltd.
Lei Yuechang, Shenzhen Urban Planning and Design Research Institute Co., Ltd.
Yiyi Liu, Shenzhen Urban Planning and Design Research Institute Co., Ltd.

Playing Out

Alice Ferguson, Playing Out

Playground Móvel de Sábado à Noite

Kristie Daniel, HealthBridge Foundation of Canada
Tran Thi Kieu Thanh Ha, HealthBridge Foundation of Canada

Programa Primeiro as Crianças

Juliana Andrea Zambrano Moncada, Secretaria de Mobilidade de Bogotá

A-MA-Zone

Soo Jin Chung, Suwon Research Institute

CRÉDITOS DAS IMAGENS

Todas as fotografias utilizadas neste guia foram tiradas pelos autores, exceto as especificadas a seguir. **Introdução:** xiv em cima, à esquerda cortesia de Oded Antman/ Bernard van Leer Foundation; em cima, ao centro Atelier Barda; em cima, à direita Prefeitura de Tirana; no meio, à esquerda Moritz Bernoully, Autoridad del Espacio Público; ao centro Aromeiazero; embaixo, ao centro Allan Crawford; embaixo, à direita ITDP India Programme; xv no meio, à esquerda Rebecca Bavinger; em cima, ao centro All Things Boulder; no meio, ao centro Rory Williams; no meio, à direita FIA Foundation; embaixo, à esquerda Coletivo MOB - Movimente e Ocupe o seu Bairro. **1 Focando nas crianças:** 3 ITDP India Programme; 5 à direita Mélanie Dusseault para a Prefeitura de Montreal. **2 Desenhando em múltiplas escalas:** 20 Victor Macêdo. **3 Estratégias de desenho de ruas:** 40 em cima, à esquerda Amend; em cima, à direita Amend; embaixo, à esquerda Amend; embaixo, à direita Amend; 41 em cima, à esquerda KaBOOM!; em cima, à direita KaBOOM!; embaixo, à direita KaBOOM!; 42 embaixo, à esquerda Partnership for Road Safety; 43 em cima, à direita Prefeitura de Chicago; embaixo, à direita Jihee Namgung; 44 em cima, à esquerda Prefeitura de Tirana, em cima, à direita Prefeitura de Tirana; embaixo, à direita Simon Battisti; 45 em cima, à direita Héctor Rios Vega; no meio, à direita Héctor Rios Vega; embaixo, à direita Gabinete do Prefeito do New Urban Mechanics; 46 em cima, à esquerda SLA, em cima, à direita SLA; 47 em cima, à direita Yoav Peled, embaixo, à esquerda Yoav Peled; embaixo, à direita Yoav Peled; 48 em cima, à esquerda Sahar Coston-Hardy, cortesia de Playful Learning Landscapes; em cima, à direita, Sahar Coston-Hardy, cortesia de Playful Learning Landscapes; embaixo, à direita, Sahar Coston-Hardy, cortesia de Playful Learning Landscapes; 49 em cima Sahar Coston-Hardy, cortesia de Playful Learning Landscapes; embaixo Sahar Coston-Hardy, cortesia de Playful Learning Landscapes; 50 em cima, à esquerda Gwangju Biennale Foundation; em cima, à direita Gwangju Biennale Foundation; no meio, à direita Gwangju Biennale Foundation; embaixo, à direita Gwangju Biennale Foundation; 51 em cima, à esquerda Associação Comunitária de East Ballard; em cima, à direita Associação Comunitária de East Ballard; no meio Associação Comunitária de East Ballard; embaixo, à direita Associação Comunitária de East Ballard. **4 Transformando as ruas:** 53 Sebastián González Bolívar, Alejandro Arango; 56 Amend, Edward Echwalu; 58 no meio Cidade Ativa; 59 à esquerda Amend, Edward Echwalu; no meio Megha Tyagi; 62 à esquerda Amend, à direita Amend; 66 Carolina Solis Bonini; 68 em cima, à direita cortesia de Dhiraj Singh/Bernard van Leer Foundation; embaixo, à direita Tim Gill; 72 em cima, à esquerda Carve; em cima, à direita Carve; embaixo Carve; 73 em cima Mélanie Dusseault para a Prefeitura de Montreal; embaixo Mélanie Dusseault para a Prefeitura de Montreal; 80 à esquerda Miran Kambic; à direita Miran Kambic; 81 em cima, à esquerda Miran Kambic; em cima, à direita Miran Kambic; embaixo Miran Kambic; 84 em cima, à esquerda Gabriela Callejas; em cima, à direita ITDP; embaixo, ao centro FIA Foundation; 88 em cima, à esquerda Sebastián González Bolívar, Alejandro Arango; em cima, à direita Sebastián González Bolívar, Alejandro Arango; embaixo Sebastián González Bolívar, Alejandro Arango; 89 em cima, à esquerda Moscow Municipal Services Complex; em cima, à direita Moscow Municipal Services Complex; embaixo Moscow Municipal Services Complex; 90 à esquerda Departamento de Transportes da Cidade de Nova York; à direita Departamento de Transportes da Cidade de Nova York; 91 em cima, à esquerda Departamento de Transportes da Cidade de Nova York; em cima, ao centro Departamento de Transportes da Cidade de Nova York; em cima, à direita Departamento de Transportes da Cidade de Nova York; embaixo Departamento de Transportes da Cidade de Nova York; 94 ao centro Alto Perú; à direita Chat Travieso; 95 à direita HIK Ontwerp; 98 à esquerda Cidade Ativa; à direita Cidade Ativa; 99 em cima, à esquerda Cidade Ativa; em cima, à direita Cidade Ativa; embaixo Cidade Ativa; 100 em cima Think City; embaixo Think City; 101 em cima Wraight + Associates; embaixo Natta Summerky, cortesia de PFS Studio; 102 Miguel Gomez Petti; 104 Miguel Gomez Petti; 108 Gabriela Callejas; 109 Cesar Manuel Mariño Avila. **5 Elementos de desenho de ruas:** 110 Leanne Bridges, Prefeitura de Sydney; 116 à esquerda cortesia de INFANT; 121 em cima, à direita Alto Perú; embaixo, à esquerda KaBOOM!, The Urban Conga Inc.; embaixo, à direita Gabinete do Prefeito do New Urban Mechanics; 125 em cima Janett Jimenez-Santos; no meio Zicla; embaixo Buro Druzhba; 129 embaixo Prefeitura de Milão; 130 à esquerda Jarno Kraayvanger; 131 à esquerda Fatima Nawshin Terin; ao centro Sebastián González Bolívar, Alejandro Arango; à direita Pensa. **6 Como fazer a mudança acontecer:** 134 Pinar Gedikozer; 140 em cima Jairo Rosales; ao centro Semana de Design de Shenzhen; embaixo Colecamins Carlos Alcañiz; 143 em cima, ao centro Ocupa Tu Calle; em cima, à direita Edgar Jimenez; no meio, à esquerda André Arruda; no meio, ao centro Future Planners, Aminah Ricks; no meio, à direita Maria Sitzoglou; embaixo, à esquerda Rich Conyngham; embaixo, ao centro Buro Druzhba; embaixo, à direita Bruna Sato, Metrópole (São Paulo); 144 em cima Jade Cody, Growing Up Boulder; ao centro Semana de Design de Shenzhen; embaixo Semana de Design de Shenzhen; 145 em cima Gabriela Callejas; no meio RedOCARA; embaixo www.trafikkagenten.no; 148 em cima Asheville on Bikes; no meio Justin Mitchell; embaixo www.livingstreet.org; 151 Emma Hull, Playing Out; embaixo Alice Ferguson, Playing Out; 152 em cima, Kounkuey Design Initiative; embaixo Think Playgrounds; 153 embaixo Stad Hoogstraten. **7 Expandindo:** 154 Karin Lundgren; 157 à esquerda Conselho de Pontevedra; à direita Conselho de Pontevedra; 158 em cima, à esquerda Secretaria de Mobilidade de Bogotá; em cima, à direita Secretaria de Mobilidade de Bogotá; embaixo, à direita Secretaria de Mobilidade de Bogotá; 159 em cima Secretaria de Mobilidade de Bogotá; em cima, ao centro Secretaria de Mobilidade de Bogotá; embaixo, ao centro Secretaria de Mobilidade de Bogotá; embaixo Secretaria de Mobilidade de Bogotá; 161 em cima Martin Zimmerman/City Wise Studio USA; embaixo Martin Zimmerman/ City Wise Studio USA; 164 em cima Tim Gill; no meio Prefeitura de Edmonton; embaixo Jihee Namgung; 165 no meio Ayuntamiento de Madrid, PEZarquitectos SLP; embaixo Como Anda; 167 em cima ITDP; embaixo National Center for Safe Routes to School; 169 em cima FIA Foundation; ao centro ITDP India Programme; embaixo ITDP India Programme; 171 em cima Image CurieuzeNeuzen/ Universidade da Antuérpia; embaixo Liga Peatonal. **Fontes:** 172 Gwangju Biennale Foundation; 187 em cima Peatónito Peatón; embaixo Roberto Guardia Ramírez, Director de Planificación de la Movilidad Urbana Sostenible. El Alto – Bolívia.

Notas

1 Focando nas crianças

1. "8 Things to Remember about Child Development." Center on the Developing Child at Harvard University. Disponível em: https://developingchild.harvard.edu/resources/8-things-remember-child-development/. Acesso em: 19 nov. 2019.
2. "Importance of Early Childhood Development: Early Brain Development and Human Development." Encyclopedia on Early Childhood Development. Disponível em: http://www.child-encyclopedia.com/importanceearly-childhood-development/according-experts/early-brain-development-and-human. Acesso em: 19 nov. 2019.
3. "Baby's Brain Begins Now: Conception to Age 3." Urban Child Institute. Disponível em: http://www.urbanchildinstitute.org/why-0-3/baby-and-brain. Acesso em: 19 nov. 2019.
4. Grantham-Mcgregor, Sally, Yin Bun Cheung, Santiago Cueto, Paul Glewwe, Linda Richter, and Barbara Strupp. "Developmental Potential in the First 5 Years for Children in Developing Countries." *The Lancet* 369, n. 9555 (2007): 60-70.
   "Brain Architecture." Center on the Developing Child at Harvard University. Disponível em: https://developingchild.harvard.edu/science/key-concepts/brain-architecture/. Acesso em: 19 nov. 2019.
5. Ibid.
6. Csibra, G., & Gergely, G. (2009). Natural pedagogy. *Trends in Cognitive Sciences*, 13, 148-153.
   Chi, M. T. H. (2009). Active-constructive-interactive: A conceptual framework for differentiating learning activities. *Topics in Cognitive Sciences*, 1, 73-105.
   Hassinger-Das, B., Toub, T. S., Zosh, J. M., Michnick, J., Hirsh-Pasek, K., & Golinkoff, R. M. (2017). More than just fun: A place for games in playful learning. *Infancia y Aprendizaje* 40, 191-281.
7. Lester S, Russell W. Children's right to play: An examination of the importance of play in the lives of children worldwide. *Working papers in early childhood development*, n. 57. The Hague, The Netherlands: Bernard van Leer Foundation; 2010.
   Zosh, J., Hopkins, E. J., Jensen, H., Liu, C., Neale, D., Hirsh-Pasek, K., Solis, S. L., & Whitebread, D. (2017). Learning through play: A review of the evidence. Billund, Denmark: The LEGO Foundation.
8. "Streets for Life: Safe and Healthy Journeys for the Children of Latin America and the Caribbean." FIA Foundation. Disponível em: https://www.fiafoundation.org/media/596965/streets-for-life-en.pdf.
   "Dekra Road Safety Report 2019: Children on the Road." Dekra, 2019. Disponível em: https://www.dekra.com/media/dekra-evs-report-2019-en-92-0509.pdf.
9. "Make Roads Safe: Action on Global Road Traffic Injuries." FIA Foundation, 2017. Disponível em: https://www.fiafoundation.org/media/429430/mrs-booklet-pages.pdf.
10. Global Status Report on Road Safety 2018. Genebra, Suíça: World Health Organization (Organização Mundial da Saúde), 2018.
11. Rosén, Eric and Ulrich Sander. "Pedestrian fatality risk as a function of car impact speed," Accident Analysis and Prevention 41, n. 3 (2009).
12. Billingsley, Saul. "Unfinished Journey: The Global Health Response to Children & Road Traffic." FIA Foundation, 2018. Disponível em: https://www.fiafoundation.org/media/551645/unfinished-journey-reports-preads.pdf.
13. "Children and Air Pollution." American Lung Association. Disponível em: https://www.lung.org/our-initiatives/healthy-air/outdoor/air-pollution/children-and-air-pollution.html. Acesso em: 19 nov. 2019.
14. Cohen, Sheldon, David C. Glass, and Jerome E. Singer. "Apartment Noise, Auditory Discrimination, and Reading Ability in Children." *Journal of Experimental Social Psychology* 9, n. 5 (1973): 407-22.
15. 81% of adolescents (age 11 to 17) worldwide were insufficiently physically active in 2010 ("81% dos adolescentes entre os 11 e os 17 anos em todo o mundo não eram fisicamente ativos o suficiente em 2010"). "Global Status Report on Noncommunicable Diseases." World Health Organization (Organização Mundial da Saúde), 2014. Disponível em: https://apps.who.int/iris/bitstream/handle/10665/148114/9789241564854_eng.pdf?sequence=1.
16. Mp, Desai, Sharma R, Riaz I, Sudhanshu S, Parikh R, and Bhatia V. "Worldwide Trends in Body-Mass Index, Underweight, Overweight, and Obesity from 1975 to 2016: A Pooled Analysis of 2416 Population-Based Measurement Studies in 128.9 Million Children, Adolescents and Adults." *Yearbook of Paediatric* Endocrinology, novembro de 2018. Disponível em: https://doi.org/10.1530/ey.15.13.20.
   "Tenfold Increase in Childhood and Adolescent Obesity in Four Decades: New Study by Imperial College London and WHO." World Health Organization (Organização Mundial da Saúde). Disponível em: https://www.who.int/news-room/detail/11-10-2017-tenfold-increase-in-childhood-and-adolescent-obesity-in-four-decades-new-study-by-imperial-college-london-and-who. Acesso em: 19 nov. 2019.
17. Ferguson, Kim T., Rochelle C. Cassells, Jack W. Macallister, and Gary W. Evans. "The Physical Environment and Child Development: An International Review." *International Journal of Psychology* 48, n. 4 (2013): 437-68.
18. Lawrence, Eric D., Nathan Bomey, and Kristi Tanner. "Death on Foot: America's Love of SUVs Is Killing Pedestrians." *Detroit Free Press*, 1º de julho de 2018. Disponível em: https://www.freep.com/story/money/cars/2018/06/28/suvs-killing-americas-pedestrians/646139002/.

19. Moore, T.H.M., J.M. Kesten, J.A. López-López, S. Ijaz, A. Mcaleenan, A. Richards, S. Gray, J. Savović, and S. Audrey. "The Effects of Changes to the Built Environment on the Mental Health and Well-Being of Adults: Systematic Review." *Health & Place* 53 (2018): 237-57.
Haidt, Jonathan, and Pamela Paresky. "By Mollycoddling Our Children, We're Fuelling Mental Illness in Teenagers | Jonathan Haidt and Pamela Paresky." The Guardian, 10 de janeiro de 2019. Disponível em: https://www.theguardian.com/commentisfree/2019/jan/10/by-mollycoddling-our-children-were-fuelling-mental-illness-in-teenagers.

20. Telama, Risto. "Tracking of Physical Activity from Childhood to Adulthood: A Review." *Obesity Facts* 2, n. 3 (2009): 187-95.
Malina, Robert M. "Adherence to Physical Activity From Childhood to Adulthood: A Perspective From Tracking Studies." *Quest* 53, no. 3 (2001): 346–55.

2 Desenhando em múltiplas escalas

1. National Association of City Transportation Officials. *Urban Street Design Guide*. Washington, DC: Island Press, 2013.
2. "The State of the World's Children 2012: Children in an Urban World." Unicef, 2012. Disponível em: https://www.unicef.org/sowc2013/files/SOWC_2012-Executive_Summary_EN.pdf.

3 Estratégias de desenho de ruas

1. A. Bartmann, W. Spijkers and M. Hess, "Street Environment, Driving Speed and Field of Vision." *Vision in Vehicles III*. Amsterdam: Elsevier, 1991.
2. Tefft, Brian C. "Impact Speed and a Pedestrians Risk of Severe Injury or Death." PsycEXTRA Dataset, 2011. Disponível em: https://doi.org/10.1037/e550422012-001.
3. "Relationship Between Lane Width and Speed: Review of Relevant Literature." Columbia Pike Street Space Planning Task Force and Parsons Transportation Group, 2003. Disponível em: https://nacto.org/docs/usdg/review_lane_width_and_speed_parsons.pdf.

5 Elementos de desenho de ruas

1. Eric Feldman, "Child-Friendly Cities: What my toddler taught me about city design." Plan. Place Blog. Disponível em: http://planplaceblog.com/2015/01/20/child-friendly-cities/. Acesso em: 19 nov. 2019

2. *More than Swings and Roundabouts: Planning for Outdoor Play.* London: National Children's Bureau, 2002.

3. "At Your Fingertips: The 8 Types of Learning Styles." SkillsYouNeed. Disponível em: https://www.skillsyouneed.com/rhubarb/fingerprints-learning-styles.html. Acesso em: 19 nov. 2019.
"Overview of Learning Styles." Learning Styles Online, 2004. Disponível em: https://www.learning-styles-online.com/overview/. Acesso em: 19 nov. 2019.

4. Lueder, Rani. *Ergonomics for Children: Designing Products and Places for Toddler to Teens* (S.l.: CRC Press, 2019): 854.
Wells, Nancy M. "At home with nature: Effects of 'greenness' on children's cognitive functioning." *Environment and behavior* 32, n. 6 (2000): 775-795.

5. Schepers, J. P., P. A. Kroeze, W. Sweers, and J. C. Wüst. "Road factors and bicycle–motor vehicle crashes at unsignalized priority intersections." *Accident Analysis & Prevention* 43, n. 3 (2011): 853-861.
Taylor, Andrea Faber, Angela Wiley, Frances E. Kuo, and William C. Sullivan. "Growing up in the inner city: Green spaces as places to grow." *Environment and Behavior* 30, n. 1 (1998): 3-27.

6. Bruntlett, Chris, and Melissa Bruntlett. "Exploring Groningen's Fietsstraats: The 'Bike Streets' That Treat Cars as Guests", 6 de agosto de 2016. Disponível em: https://dailyhive.com/vancouver/exploring-groningen-fietsstraats-bike-streets.

7. United Nations High Commissioner for Refugees (Alto Comissariado das Nações Unidas para os Refugiados – ACNUR). "How Night-Time Street Lighting Affects Refugee Communities", 2017.

8. "Outdoor Lighting Basics." International Dark-Sky Association, 24 de outubro de 2018. Disponível em: https://www.darksky.org/our-work/lighting/lighting-for-citizens/lighting-basics/.

6 Como fazer a mudança acontecer

1. "Child-Friendly Places." Children's Environments Research Group. Disponível em: https://cergnyc.org/portfolio/child-friendly-places. Acesso em: 20 nov 2019.

2. Hassinger-Das, B., Bustamante, A. S., Hirsh-Pasek, K., Golinkoff, R. M., Magsamen, S., Robinson, J. P., & Winthrop, R. (2018). *Learning Landscapes: Can urban planning and the learning sciences work together to help children?* Global Economy and Development Working Paper 124. Washington D.C.: The Brookings Institution.

3. "Convention on the Rights of the Child." OHCHR (Alto Comissariado das Nações Unidas para os Direitos Humanos – ACNUDH). Disponível em: https://www.ohchr.org/en/professionalinterest/pages/crc.aspx. Acesso em: 20 nov. 2019.
Wingspread Declaration of Principles for Youth Participation in Community Research and Evaluation. Disponível em: http://www.ssw.umich.edu/public/currentProjects/youthAndCommunity/pubs/SymposiumII.pdf

4. Derr, Victoria, Louise Chawla, and Mara Mintzer. *Placemaking with Children and Youth: Participatory Practices for Planning Sustainable Communities*. New York, NY: New Village Press, 2018. p. 47.

5. Derr, *Placemaking with Children and Youth*.
"Building Better Cities with Young Children and Families. How to Engage Our Youngest Citizens and Families in City Building: A Global Scan of Best Practices." 8 80 Cities. Disponível em: https://www.880cities.org/wp-content/uploads/2017/11/BvLF-8-80-Cities-Report-Final.pdf.

6. Some case studies show that art and play methods are the most effective for ages from 4 to 11 ("Alguns estudos de caso mostram que os métodos artísticos e lúdicos são os mais eficientes para crianças entre os 4 e os 11 anos").
Derr, *Placemaking with Children and Youth*.

7. Play Streets Toolkit Version 2, agosto de 2017, Co-Design Studio. Disponível em: https://playingout.net/wp-content/uploads/2019/03/ONLINE-VSN_Playing-Out-manual-edit-25.02.19.pdf
Ferguson, Alice. "Playing out: a grassroots street play revolution." *Cities & Health* (2019): 1-9.

8. "The Movement For Open Streets." Open Streets Project, Disponível em: https://openstreetsproject.org/.

7 Expandindo

1. Gill, Tim. "Building Cities Fit for Children: Case Studies of Child-Friendly Urban Planning and Design in Europe and Canada." Winston Churchill Memorial Trust, 2017. Disponível em: https://www.wcmt.org.uk/sites/default/files/report-documents/Gill T Report 2017 Final_0.pdf.

2. Kyttä, Marketta. "The Extent of Children's Independent Mobility and the Number of Actualized Affordances as Criteria for Child-Friendly Environments." *Journal of Environmental Psychology* 24, n. 2 (2004): 179-98.

3. How to develop an NMT strategy or policy. Funding for NMT, ITDP. Disponível em: http://35.180.172.57/guide/nmt-strategy-elements/funding-for-nmt/.

Fontes

1. Suttie, Jill. "What Happens When Kids Help Design Our Cities." Greater Good. Disponível em: https://greatergood.berkeley.edu/article/item/what_happens_when_kids_help_design_our_cities. Acesso em: 20 nov. 2019.

2. Blincoe, Kate. "Risk Is Essential to Childhood – as Are Scrapes, Grazes, Falls and Panic | Kate Blincoe." The Guardian. Guardian News and Media, 14 de outubro de 2015. Disponível em: https://www.theguardian.com/commentisfree/2015/oct/14/risk-essential-childhood-children-danger.

3. Hoy, Selena. "Why Little Kids in Japan Are So Independent." CityLab, 24 de maio de 2018. Disponível em: https://www.citylab.com/transportation/2015/09/why-are-little-kids-in-japan-so-independent/407590/.

Referências

Gerais

Alexander, Christopher, Sara Ishikawa, and Murray Silverstein. *A Pattern Language: Towns, Buildings, Construction*. New York: Oxford University Press, 1977.

"Amsterdam Children Fighting Cars in 1972." Bicycle Dutch, 25 de setembro de 2017. Disponível em: https://bicycledutch.wordpress.com/2013/12/12/amsterdam-children-fighting-cars-in-1972/.

Armborst, Tobias, Daniel D'Oca, Riley Gold, and Georgeen Theodore. *The Arsenal of Exclusion & Inclusion*. New York; Barcelona: Actar, 2017.

Bernard van Leer Foundation. *Urban95: An Urban95 Starter Kit, Ideas for Action*. The Hague: Bernard van Leer Foundation, 2018.

"Bike Share Station Siting Guide." National Association of City Transportation Officials, 2016. Disponível em: https://nacto.org/wp-content/uploads/2016/04/NACTO-Bike-Share-Siting-Guide_FINAL.pdf

"Born Thriving, Volume 1: Framework Document." Qendra Marrëdhënie, 2019.

"Born Thriving, Volume 2: Design Guidelines." Qendra Marrëdhënie, 2019.

Bornat, Dinah. *Housing Design for Community Life: Researching How Residents Use External Spaces in New Developments*. London: ZCD Architects, 2016.

"Bridging the Gap: Your Role in Transporting Children with Disabilities to School in Developing Countries." Access Exchange International, 2017. Disponível em: https://www.globalride-sf.org/TransportingChildren/GuideToSchool.pdf.

Bruntlett, Melissa, and Chris Bruntlett. *Building the Cycling City: the Dutch Blueprint for Urban Vitality*. Washington: Island Press, 2018.

"The Case for Healthy Places: Improving Health Outcomes Through Placemaking." Project for Public Spaces, 2016. Disponível em: https://uploads-ssl.webflow.com/5810e16fbe876cec6bcbd86e/5a626855e27c0000017efc24_Healthy-Places-PPS.pdf.

"Child Health Initiative: A New Partnership for the Global Goals, Protecting the Rights of Children to Safe and Healthy Mobility Free from Road Traffic Danger and Air Pollution." Child Health & Mobility. Disponível em: https://www.childhealthinitiative.org/. Acesso em: 20 nov. 2019.

"Cities Alive: Designing for Urban Childhoods." Arup, 2017. Disponível em: https://www.arup.com/-/media/arup/files/publications/c/cities_alivedesigning_for_urban_childhoods.pdf

"Compendium of Best Practices of Child Friendly Cities 2017." Bernard van Leer Foundation, 2017. Disponível em: https://bernardvanleer.org/publications-reports/compendium-of-best-practices-of-child-friendly-cities-2017/

"Convention on the Rights of the Child." United National Human Rights Office of the High Commissioner (Alto Comissariado das Nações Unidas para os Direitos Humanos – ACNUDH), 1989. Disponível em: https://www.ohchr.org/en/professionalinterest/pages/crc.aspx.

DePillis, Lydia. "It's Hard to Build Cities for Kids. But Do They Really Need Them?" The Washington Post. WP Company, 3 de maio de 2019. Disponível em: https://www.washingtonpost.com/news/storyline/wp/2014/08/19/its-hard-to-build-cities-for-kids-but-do-they-really-need-them/.

"Designing for All Ages & Abilities: Contextual Guidance for High-Comfort Bicycle Facilities." National Association of City Transportation Officials, 2017. Disponível em: https://nacto.org/wp-content/uploads/2017/12/NACTO_Designing-for-All-Ages-Abilities.pdf.

Donoff, Gabrielle, and Rae Bridgman. "The Playful City: Constructing a Typology for Urban Design Interventions." *International Journal of Play* 6, n. 3 (fevereiro de 2017): 294–307.

"Don't Give Up at the Intersection." National Association of City Transportation Officials, 2019. Disponível em: https://nacto.org/wp-content/uploads/2019/05/NACTO_Dont-Give-Up-at-the-Intersection.pdf.

Fahey, Anna, and Jennifer Langston. "Family-Friendly Cities Archives." Sightline Institute, 12 de julho de 2012. Disponível em: https://www.sightline.org/series/family-friendly-cities/.

"Families WILL Choose to Live Downtown, If We Design for Kids!" Planetizen. Disponível em: https://www.planetizen.com/node/58567. Acesso em: 19 nov. 2019.

Gehl, Jan. *Cities for People*. Washington, DC: Island Press, 2010. Publicado no Brasil sob o título *Cidades para Pessoas* (São Paulo: Perspectiva, 2013).

Gehl, Jan. *Life between Buildings: Using Public Space*. Washington, DC: Island Press, 2011. Publicado em Portugal sob o título *A vida entre edifícios* (Lisboa: Tigre de Papel, 2017).

Gill, Tim. "Building Cities Fit for Children: Case Studies of Child-Friendly Urban Planning and Design in Europe and Canada." Winston Churchill Memorial Trust, 2017. Disponível em: https://www.wcmt.org.uk/sites/default/files/report-documents/Gill T Report 2017Final_0.pdf.

Gill, Tim. *No Fear: Growing up in a Risk Averse Society*. London: Calouste Gulbenkian Foundation, 2012.

Gill, Tim. "Designing Cities for Outdoor Play." Encyclopedia on Early Childhood Development. Disponível em: http://www.child-encyclopedia.com/outdoor-play/according-experts/designing-cities-outdoor-play. Acesso em: 20 nov. 2019.

Groskop, Viv. "The Popsicle Test: What Makes a City Good for Children?" The Guardian. Guardian News and Media, 21 de agosto de 2015. Disponível em: https://www.theguardian.com/cities/2015/aug/21/city-good-children-popsicle-test-crime-property-play.

"Growing Up: Planning for Children in New Vertical Communities: Draft Urban Design Guidelines." City of Toronto, 2017. Disponível em: https://www.toronto.ca/legdocs/mmis/2017/pg/bgrd/backgroundfile-103920.pdf.

"Guidelines for Regulating Shared Micromobility, Second Version." National Association of City Transportation Officials, 2019. Disponível em: https://nacto.org/wp-content/uploads/2019/09/NACTO_Shared_Micromobility_Guidelines_Web.pdf

Islam, Mohammed Zakiul, Robin Moore, and Nilda Cosco. "Child-Friendly, Active, Healthy Neighborhoods." *Environment and Behavior* 48, n. 5 (2014): 711–36.

Jacobs, Jane. *The Death and Life of Great American Cities*. New York: Vintage Books, 1961. Publicado no Brasil sob o título *Morte e Vida de Grandes Cidades* (São Paulo: Martins Fontes, 2000).

Karssenberg, Hans. *The City at Eye Level: Lessons for Street Plinths. Delft*: Eburon, 2016. Publicado no Brasil sob o título *A Cidade ao Nível dos Olhos: Lições para os Plinths* (Porto Alegre: EdiPUCRS, 2015).

Krishnamurthy, Sukanya, Chris Steenhuis, Daniek Reijnders, and Tamy Stav. Bernard van Leer Foundation, 2018. "Child-Friendly Urban Design: Observations on Public Space from Eindhoven (NL) and Jerusalem (IL)." Disponível em: https://bernardvanleer.org/app/uploads/2018/05/Child-friendly-urban-design.pdf.

Lange, Alexandra. *The Design of Childhood: How the Material World Shapes Independent Kids*. Bloomsbury, 2019.

Lange, Alexandra. "How Teen-Focused Design Can Help Reshape Our Cities." Curbed. Curbed, 7 de dezembro de 2017. Disponível em: https://www.curbed.com/2017/12/7/16746468/design-parks-skateboarding-teens.

Lange, Alexandra. "The Summer Idyll of Free-Range Children Should Last All Year." The New Yorker. The New Yorker, 28 de agosto de 2018. Disponível em: https://www.newyorker.com/culture/cultural-comment/the-summer-idyll-of-free-range-children-could-last-all-year.

Lynch, Kevin. *Growing up in Cities Studies of the Spatial Environment of Adolescence in Cracow, Melbourne, Mexico City, Salta, Toluca, and Warszawa*. Cambridge, Mass.: MIT Press, 1977.

Lueder, Rani, and Valerie J. Berg Rice. *Ergonomics for Children: Designing Products and Places for Toddlers to Teens*. New York: Taylor & Francis, 2008.

"Managing Mobility Data." International Municipal Lawyers Association and National Association of City Transportation Officials, 2019. Disponível em: https://nacto.org/wp-content/uploads/2019/05/NACTO_IMLA_Managing-Mobility-Data.pdf

Murray, Christine. "What Would Cities Look like If They Were Designed by Mothers? | Christine Murray." The Guardian. Guardian News and Media, 27 de agosto de 2018. Disponível em: https://www.theguardian.com/commentisfree/2018/aug/27/architects-diversity-cities-designed-mothers.

National Association of City Transportation Officials. *Blueprint for Autonomous Urbanism, Second Edition*. New York, NY: National Association of City Transportation Officials, 2019.

National Association of City Transportation Officials. *Global Street Design Guide*. Washington, DC: Island Press, 2016. Publicado no Brasil sob o título *Guia Global de Desenho de Ruas* (São Paulo: Editora Senac São Paulo, 2018).

National Association of City Transportation Officials. *Transit Street Design Guide*. Washington, DC: Island Press, 2016.

National Association of City Transportation Officials. *Urban Bikeway Design Guide, Second Edition*. Washington, DC: Island Press, 2014.

National Association of City Transportation Officials. *Urban Street Design Guide*. Washington, DC: Island Press, 2013.

National Association of City Transportation Officials. *Urban Street Stormwater Guide*. Washington, DC: Island Press, 2017.

New York City Department of City Planning. *Active Design Guidelines: Promoting Physical Activity and Health in Design*. New York, NY: NYC Department of City Planning, 2010.

New York City Department of City Planning. *Active Design: Shaping the Sidewalk Experience*. New York, NY: NYC Department of City Planning, 2013.

New York City Department of Health. *Active Design: Playbook for Early Childhood Settings*. New York, NY: NYC Department of Health, 2017.

New York City Department of Transportation. *Street Design Manual*. New York, NY: NYC Department of Transportation, 2009.

"Shaping Urbanization for Children: A Handbook on Child-Responsive Urban Planning." Unicef, 2018. Disponível em: https://www.unicef.org/publications/files/UNICEF_Shaping_urbanization_for_children_handbook_2018.pdf.

Sim, David, and Jan Gehl. *Soft City: Building Density for Everyday Life*. Washington, DC: Island Press, 2019.

"Space to Grow: Ten Principles That Support Happy, Healthy Families in a Playful, Friendly City." Bernard van Leer Foundation and Gehl Institute, 2018. Disponível em: https://gehlinstitute.org/wp-content/uploads/2018/04/GehlInstitute_SpaceToGrow_single_pages.pdf.

Speck, Jeff. *Walkable City Rules: 101 Steps to Making Better Places*. Washington, DC: Island Press/Center for Resource Economics, 2018.

"Toolkit for Measuring Urban Experiences of Young Children." Bernard van Leer Foundation and Gehl Institute, 2018. Disponível em: https://bernardvanleer.org/app/uploads/2018/10/Urban95-Field-Guide.pdf.

Urhahn. *The Active City*. Amsterdam, 2017.

"Want to Future-Proof Your City? Design for Its Youngest Residents." Apolitical, 8 de dezembro de 2017. Disponível em: https://apolitical.co/solution_article/want-future-proof-city-design-youngest-residents/.

Ward, Colin. *The Child in the City*. London: Bedford Square Press, 1990.

"What Do Women and Girls Want From Urban Mobility Systems?" Ola Mobility Institute, 2019. Disponível em: https://olawebcdn.com/ola-institute/ola_women_and_mobility.pdf.

Whyte, William H. *The Social Life of Small Urban Spaces*. Project for Public Spaces, 1980.

"Women's Safety and Security: A Public Transport Priority." International Transport Forum, 2018.

"Women and Children's Access to the City." Institute for Transportation & Development Policy, 2018. Disponível em: https://itdpdotorg.wpengine.com/wp-content/uploads/2018/08/Women-and-Childrens-Access-to-the-City_ENG-V1_Jun-2018.pdf.

Toolkit for Child Health & Mobility in Africa. Disponível em: https://www.childmobility.info/. Acesso em: 20 nov. 2019.

"Vision Zero for Youth: Making Streets Safer One School Zone at a Time." Institute for Transportation & Development Policy and FIA Foundation, 2018. Disponível em: https://itdpdotorg.wpengine.com/wp-content/uploads/2018/09/Informe_ENG_web.pdf.

Segurança viária

"Accessible Shared Streets." US Department of Transportation Federal Highway Administration, 2017. Disponível em: https://www.fhwa.dot.gov/environment/bicycle_pedestrian/publications/accessible_shared_streets/fhwahep17096.pdf.

Billingsley, Saul. "Unfinished Journey: The Global Health Response to Children & Road Traffic." FIA Foundation, 2018. Disponível em: https://www.fiafoundation.org/media/551645/unfinished-journey-report-spreads.pdf.

Deegan, B. "Light Protection of Cycle Lanes." *International Transport Forum Discussion Papers*, 2018.

Global Status Report on Road Safety 2018. Genebra, Suíça: World Health Organization (Organização Mundial da Saúde), 2018.

Pedestrian Safety: a Road Safety Manual for Decision-Makers and Practitioners. (Disponível em português sob o título *Segurança de Pedestres: Manual de Segurança Viária para Gestores e Profissionais da Área*.) Genebra, Suíça: World Health Organization (Organização Mundial da Saúde), 2013.

Poswayo, Ayikai, Simon Kalolo, Katheryn Rabonovitz, Jeffrey Witte, and Alejandro Guerrero. "School Area Road Safety Assessment and Improvements (SARSAI) Programme Reduces Road Traffic Injuries among Children in Tanzania." *Injury Prevention* 25, n. 5 (2018): 414–20. Disponível em: https://doi.org/10.1136/injuryprev-2018-042786.

"Road Safety: Basic Facts." Word Health Organization (Organização Mundial da Saúde). Disponível em: https://www.who.int/violence_injury_prevention/publications/road_traffic/1_Road_Safety_Basic_Facts.pdf?ua=1.

"Safe Routes to School Guide." National Center for Safe Routes to School, 2007. Disponível em: http://guide.saferoutesinfo.org/pdf/SRTS-Guide_full.pdf.

"Star Rating for Schools." ("Avaliação com estrelas para escolas") iRAP. Disponível em: https://www.irap.org/project/star-rating-for-schools/. Acesso em: 20 nov. 2019.

"Streets for Life: Safe and Healthy Journeys for the Children of Latin America and the Caribbean." FIA Foundation. Disponível em: https://www.fiafoundation.org/media/596965/streets-for-life-en.pdf.

"Streets for Walking & Cycling: Designing for Safety, Accessibility, and Comfort in African Cities." Institute for Transportation & Development Policy and UN Habitat, 2018. Disponível em: https://www.itdp.org/wp-content/uploads/2018/07/Streets-for-walking-and-cycling.pdf.

Saúde

"Air Pollution and Child Health: Prescribing Clean Air." (Disponível em português sob o título *Poluição do Ar e Saúde Infantil: Prescrevendo Ar Puro*). Genebra, Suíça: World Health Organization (Organização Mundial da Saúde), 2018. Disponível em: https://www.who.int/ceh/publications/Advance-copy-Oct24_18150_Air-Pollution-and-Child-Health-merged-compressed.pdf?ua=1.

Chipps, B. E. "Association of Improved Air Quality With Lung Development in Children." *Pediatrics* 136, Supplement (January 2015).

"Effects of Air Pollution on Children's Health and Development: A Review of the Evidence." World Health Organization (Organização Mundial da Saúde). Regional Office for Europe & European Centre for Environment and Health. Copenhagen: WHO Regional Office for Europe, 2005.

Evans, G.W., and K.T. Ferguson. "Built Environment and Mental Health." *Encyclopedia of Environmental Health*, 2011, 446-49.

Sharma, Ashish, and Prashant Kumar. "A Review of Factors Surrounding the Air Pollution Exposure to in-Pram Babies and Mitigation Strategies." *Environment International* 120 (2018): 262-78.

Desenvolvimento infantil

Bernard van Leer Foundation. *A Good Start for All Children: Annual Report 2018*. The Hague: Bernard van Leer Foundation, 2019.

Bernard van Leer Foundation. *Early Childhood Matters*. The Hague: Bernard van Leer Foundation, 2018.

David, Thomas, and Carol Simon. Weinstein. *Spaces for Children: the Built Environment and Child Development*. New York: Plenum, 1987.

Chawla, Louise. "Benefits of Nature Contact for Children." *Journal of Planning Literature* 30, n. 4 (2015): 433-52.

Kyttä, Marketta. "The Extent of Children's Independent Mobility and the Number of Actualized Affordances as Criteria for Child-Friendly Environments." *Journal of Environmental Psychology* 24, n. 2 (2004): 179-98.

Brincar

Harper, Phineas. "Phineas Harper on Playgrounds: 'Why Are Children Instructed to Play in Ways Predetermined by Adult Designers?'." Dezeen. Dezeen, 30 de março de 2017. Disponível em: https://www.dezeen.com/2017/03/28/phineas-harper-opinion-children-playgrounds-play-predetermined-adult-designers/.

Helleman, Gerben. "Playable Cities: What?" Urban Springtime, 16 de maio de 2019. Disponível em: https://urbanspringtime.blogspot.com/2018/07/playable-cities-what.html.

"KaBOOM! Play Everywhere: Understanding Impact." Gehl and KaBOOM!, 2018. Disponível em: https://media4.kaboom.org/app/assets/resources/000/002/836/original/Play-Everywhere-Understanding-Impact-Gehl-Evaluation.pdf.

Krishnamurthy, Sukanya, Chris Steenhuis, and Daniek Reijnders. "Mix & Match: Tools to Design Urban Play." Disponível em: https://bernardvanleer.org/app/uploads/2018/05/Mix-Match-Tools-to-design-urban-play.pdf

Krysiak, Natalia. "Where do the Children Play? Designing Child-Friendly Compact Cities." Australian Institute of Architects, 2018.

Laboratorio para la Ciudad. *Jugar La Cuidad*. Mexico City: Laboratorio para la Ciudad, 2016.

Moore, Robin C., Susan M. Goltsman, and Daniel S. Iacofano. *Play for All Guidelines: Planning, Design and Management of Outdoor Play Settings for All Children*. Berkeley, CA: MIG Communications, 1997.

"Play Streets: A Case Study: Harvest Home Play Streets in East Harlem and the South Bronx." Transportation Alternatives, 2011. Disponível em: transalt.org/sites/default/files/news/reports/2011/PlayStreets_CaseStudy.pdf.

"Play Streets: Los Angeles Pilot Program Report, August 2015-2016." Kounkuey Design Initiative and Los Angeles Department of Transportation, 2016. Disponível em: https://www.dropbox.com/s/0gy8nqd0881d3av/PlayStreets_Report [high resolution].pdf?dl=0.

"Playing in Town and City Centres." Richter Spielgeräte GmbH, n.d. Disponível em: https://www.richter-spielgeraete.de/playing-in-town-and-city-centres-603.html?file=tl_system/content/en/05_Documents/Downloads/Catalogs/Playing in Town and City Centres/Playing_in_Town_and_City_Centres.pdf.

"Playful Learning Playbook." Brookings Institute and Learning Landscapes. Disponível em: https://www.brookings.edu/wp-content/uploads/2018/11/Playful-Learning-Playbook.pdf.

Talarowski, Meghan. "London Study of Playgrounds: The Influence of Design on Play Behavior in London vs New York, San Francisco, and Los Angeles." Studio Ludo and RAND Corporation, 2017. Disponível em: https://static1.squarespace.com/static/562e1f86e4b0b8640584b757/t/5a4cdf2f0d929722a0ed3085/1514987350174/LondonFullStudyReport.pdf.

"Take the Checkup." Recess Lab. Disponível em: https://www.recesslab.org/checkup/. Acesso em: 20 nov. 2019.

Toprak, Cagdas, Joshua Platt, Hsin Yang Ho, and Florian Mueller. "Cart-Load-o-Fun." *CHI 13 Extended Abstracts on Human Factors in Computing Systems on - CHI EA 13*, 2013.

Voce, Adrian. *Policy for Play: Responding to Children's Forgotten Right*. Bristol: Policy Press, 2015.

Yogman, Michael, Andrew Garner, Jeffrey Hutchinson, Kathy Hirsh-Pasek, and Roberta Michnick Golinkoff. "The Power of Play: A Pediatric Role in Enhancing Development in Young Children." *Pediatrics* 142, n. 3 (2018).

Participação e engajamento de crianças

Bishop, Kate, and Linda Corkery. *Designing Cities with Children and Young People beyond Playgrounds and Skate Parks*. New York: Routledge, 2017.

"Building Better Cities with Young Children and Families." Bernard van Leer Foundation, 2017. Disponível em: https://www.880cities.org/wp-content/uploads/2017/11/BvLF-8-80-Cities-Report-Final.pdf.

Derr, Victoria, Louise Chawla, and Mara Mintzer. *Placemaking with Children and Youth: Participatory Practices for Planning Sustainable Communities*. New York, NY: New Village Press, 2018.

Driskell, David. *Creating Better Cities with Children and Youth: A Manual for Participation*. Routledge, 2017.

Hart, Roger A. "Stepping Back from 'The Ladder': Reflections on a Model of Participatory Work with Children." *Participation and Learning*, 2008, 19-31.

Mintzer, Mara, "How Kids Can Help Design Cities" ("Como Crianças e Jovens Podem Ajudar a Projetar Cidades"), gravado em novembro de 2017 em Denver, EUA, TED video, 14:17. Disponível em: https://www.ted.com/talks/mara_mintzer_how_kids_can_help_design_cities.

"Module on Child Functioning: Manual for Interviewers." Unicef, 2018. Disponível em: https://data.unicef.org/resources/module-on-child-functioning-manual-for-interviewers/.

Tang, Jennifer. "Children's Citizenship & Participation in Governance." Children's Environments Research Group, 18 de outubro de 2014. Disponível em: https://cergnyc.org/archives/1477.

Apêndice A | **Tabela de conversão**

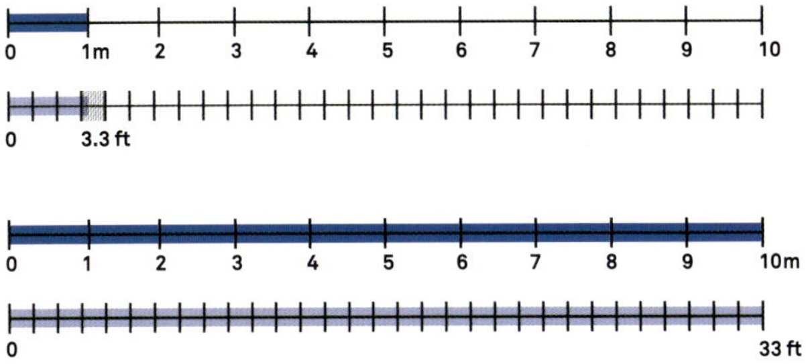

Tabela de conversão de distâncias

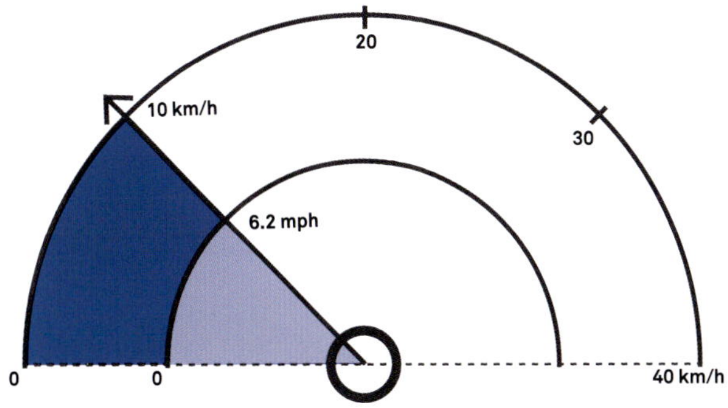

Tabela de conversão de velocidade

DISTÂNCIA

0,1 m = 0,33 pés

0,5 m = 1,65 pés

0,6 m = 2 pés

1,0 m = 3,3 pés

1,2 m = 4 pés

1,5 m = 5 pés

1,8 m = 6 pés

2,0 m = 6,6 pés

2,5 m = 8,2 pés

3,0 m = 10 pés

3,2 m = 10,5 pés

3,3 m = 10,85 pés

3,5 m = 11,48 pés

3,6 m = 11,8 pés

4,0 m = 13,12 pés

4,5 m = 14,75 pés

5,0 m = 16,4 pés

6,0 m = 19,5 pés

10 m = 33 pés

20 m = 65,6 pés

30 m = 98,4 pés

40 m = 132,21 pés

50 m = 164 pés

60 m = 196,85 pés

70 m = 228,65 pés

80 m = 262,5 pés

90 m = 295,3 pés

100 m = 330 pés

VELOCIDADE

1 km/h = 0,62 mph

5 km/h = 3,1 mph

10 km/h = 6,2 mph

15 km/h = 9,3 mph

20 km/h = 12,4 mph

30 km/h = 18,6 mph

40 km/h = 24,8 mph

45 km/h = 27,9 mph

50 km/h = 31 mph

60 km/h = 37,2 mph

Apêndice B | **Argumentando a favor das crianças**

A priorização de crianças nas políticas e projetos relacionados ao desenho de ruas deve ser acompanhada por um forte compromisso político. Planejar e implementar ruas para crianças hoje significa assumir uma visão em relação ao futuro e incentivar a sociedade a construir um consenso sobre questões importantes como segurança, saúde, educação, igualdade social e economia. Para fazer uma forte defesa desses projetos, use os dados coletados durante o processo de planejamento, destacando os principais problemas que as crianças enfrentam no contexto local e comunicando os benefícios esperados uma vez que os projetos de rua estejam implementados.

Argumentos para gerar uma forte defesa

AS CRIANÇAS ESTÃO MORRENDO, VAMOS SALVAR SUAS VIDAS

Nenhuma criança merece morrer em sinistros de trânsito. As lesões causadas pelo trânsito são a principal causa de morte entre os jovens: todos os dias, 500 crianças morrem e outras milhares ficam gravemente feridas. Identifique e compartilhe a quantidade de crianças mortas ou gravemente feridas nos sinistros de trânsito locais.

CRIANÇAS MAIS SAUDÁVEIS, ADULTOS MAIS SAUDÁVEIS

Investir em ruas melhores para crianças significa investir em sua saúde no presente e no futuro. As estatísticas locais de saúde podem mostrar o quanto as crianças estão sofrendo de doenças respiratórias devido à poluição do ar gerada pelos veículos motorizados ou à falta de atividade física. Sempre que possível, mapeie essas estatísticas ou sobreponha-as com os dados sobre acesso a espaços públicos, rodovias e outros. Muitas condições ambientais prejudiciais, incluindo a poluição sonora e a falta de acesso à natureza, podem estar conectadas com problemas de saúde mental e distúrbios de sono e de aprendizagem.

MAIS CRIANÇAS – E MENOS VEÍCULOS – USANDO AS RUAS

O uso excessivo e a dependência de carros estão associados à poluição do ar e às mortes no trânsito. A redução da quantidade de veículos motorizados em circulação melhora a qualidade do ar e, ao mesmo tempo, torna as ruas mais seguras e recreativas. O transporte coletivo economiza tempo e espaço. Use os dados sobre transferência modal das autoridades de trânsito para mostrar como as crianças circulam pela cidade e chegam à escola, ou para avaliar quanto tempo passam dentro dos veículos. Menos veículos significam mais crianças!

DEIXE AS CRIANÇAS BRINCAREM

Muitas cidades oferecem poucas oportunidades para brincar, impossibilitando, muitas vezes, que se dedique o tempo diário ideal para realizar essa atividade. Para defender o aumento das oportunidades de brincar, destaque os benefícios da brincadeira para o desenvolvimento infantil e as desvantagens de sua falta.

AS CUIDADORAS ESTÃO ISOLADAS

A depressão pós-parto entre as mulheres pode estar associada à falta de acesso e de oportunidades de usar os espaços e serviços públicos. Dados relacionados à saúde das mulheres podem revelar como a criação de ruas que estimulem as interações sociais e forneçam acesso seguro a serviços essenciais melhorará sua saúde e bem-estar.[1]

TODAS AS CRIANÇAS MERECEM UM COMEÇO JUSTO E IGUALITÁRIO

Os níveis de pobreza são geralmente mais altos entre as crianças do que em qualquer outra faixa etária. Identifique o perfil familiar das populações de baixa renda e argumente que investir nas crianças dessas áreas levará à redução das disparidades econômicas e sociais.

MAIS CRIANÇAS SIGNIFICAM MAIS NEGÓCIOS

Tornar as ruas amigáveis às famílias gera bairros economicamente mais vibrantes. Realize contagens de crianças e cuidadores em todas as ruas e compare os números com a quantidade de lojas, restaurantes e serviços e as receitas que estes negócios geram.

CRIANÇAS ENGAJADAS, CIDADÃOS ENGAJADOS

A exposição à diversidade de usuários e de atividades que acontecem nas ruas pode aumentar a consciência das crianças sobre as questões locais e também oferecer oportunidades de interações sociais com outras crianças e com os adultos. Essas experiências podem fortalecer o sentimento de pertencimento e cidadania. Além disso, quando estão mais presentes e visíveis utilizando as ruas, as crianças também se fazem mais presentes na mente dos formuladores de políticas públicas e gestores públicos.

AS CRIANÇAS PRECISAM DE MOBILIDADE INDEPENDENTE PARA UM DESENVOLVIMENTO ADEQUADO

As crianças estão sujeitas a riscos devido aos ambientes pouco seguros que priorizam veículos, e os cuidadores acabam ficando sobrecarregados com a falta de opções seguras de mobilidade. Estudos mostram que, para as crianças se desenvolverem adequadamente, incluindo o desenvolvimento da percepção de risco, elas precisam de um ambiente que as ajude a exercer sua independência e a assumir riscos seguros – mas não um ambiente tão inseguro que possa lhes oferecer riscos de lesão ou morte.[2]

AS CRIANÇAS TORNAM OS ESPAÇOS PÚBLICOS MAIS SEGUROS

A presença de crianças e cuidadores, especialmente mulheres, sinaliza para as pessoas que um espaço público é seguro. Crianças circulando sem supervisão aumentam a percepção de segurança e confiança na comunidade. Em todo o mundo, as crianças podem realizar pequenas tarefas por conta própria em diferentes idades; no entanto, em países com uma forte cultura de caminhada, bicicletas e uso de transporte coletivo, as crianças andam pelas ruas de maneira autossuficiente mais cedo. Use estatísticas criminais para defender políticas nacionais que promovam a mobilidade ativa e para requerer que as autoridades locais estabeleçam limites de velocidade mais baixos.[3]

Peatónito

DESTAQUE

Localização: Cidade do México, México

Realização: 2001-atualmente

VISÃO GERAL

Peatónito é um *luchador* (em português, "lutador") mascarado e um super-herói ativista pelos direitos e segurança dos pedestres. Seu o objetivo é construir uma cidade para pessoas, e não para veículos particulares. Peatónito busca atingir esse objetivo por meio de exibições públicas: simulando empurrar os veículos que invadem as travessias de pedestres, pintando faixas de pedestres em cruzamentos perigosos, andando em cima dos veículos que estacionam nas calçadas, ajudando pessoas vulneráveis a atravessar a rua e denunciando às autoridades os obstáculos aos pedestres.

Além de trabalhar pela cidade, Peatónito tem um trabalho administrativo: ele é especialista em acessibilidade para pedestres e trabalha como assessor de governos em todo o México. Também participa de intervenções táticas de urbanismo, as quais chama de "*guerrillas* urbanas ambulantes".

Peatónito vem trabalhando com crianças em todo o mundo. No México, ele ajudou a organização Camina a redesenhar cruzamentos próximos a escolas e se envolveu com o Peatoniños, o programa oficial de ruas de lazer da Cidade do México.

Zebras Educadoras Urbanas

DESTAQUE

Localização: La Paz, Bolívia

Realização: 2001-atualmente

VISÃO GERAL

A segurança nas ruas pode ser ensinada de forma divertida. Zebras Educadoras Urbanas (em espanhol, "Cebras Educadores Urbanos") é um programa financiado pela cidade de La Paz que visa reduzir tanto as lesões causadas pela falta de segurança no trânsito quanto as infrações cometidas pelos motoristas. Os participantes, vestidos com fantasias de zebra, alertam os motoristas para a existência de travessias de pedestres e de semáforos e ajudam os pedestres a atravessar a rua com segurança.

Além de aumentar a conscientização e a segurança, o programa investe na comunidade local. Jovens de comunidades conflituosas e de baixa renda são treinados e podem participar do programa em troca de serviços de apoio e de uma bolsa mensal. Tendo acesso à educação e, muitas vezes, a uma primeira oportunidade de emprego, muitos participantes conseguem encontrar novos empregos e buscar o ensino superior. O programa começou com 24 participantes e, atualmente, 225 "zebras" promovem a segurança dos pedestres por toda La Paz. Desde a sua criação, em 2001, o programa Zebras Educadoras Urbanas já envolveu mais de 6.000 adolescentes. Ele foi replicado em outras cidades bolivianas, como Sucre e El Alto.

Apêndice C | **Inclua crianças em todas as políticas e planos**

As oportunidades de criar políticas e planos que requeiram, permitam, proíbam, incentivem, guiem ou atualizem as práticas correntes para priorizar crianças devem ser identificadas nos níveis local, regional ou nacional. Elas podem ajudar a alinhar as agendas de âmbito mais amplo e de longo prazo e, ao mesmo tempo, promover os pequenos detalhes que impactam a qualidade de implementação dos projetos cotidianos. Essas políticas e planos devem ser revisados com regularidade para que se possa testar sua relevância e efetividade e devem ser sustentados pela alocação de recursos quando necessário. A lista a seguir fornece alguns exemplos para inspirar a mudança em políticas e planos.

Nível	Tipo de política	Ideias sobre o que procurar, alterar ou adicionar
Local	Planos de metas e planos diretores municipais	• Inclua a saúde e o bem-estar de crianças nas visões gerais e crie metas específicas que aumentem sua segurança nas ruas. • Permita e incentive a combinação de usos e densidades mais altas, criando bairros onde se possa caminhar e andar de bicicleta. • Exija proximidade entre moradias, espaços públicos e serviços como escolas e centros de saúde. • Crie zonas familiares e zonas de baixa velocidade. • Defina formas de engajamento de crianças e cuidadores nos processos de planejamento. • Alinhe os múltiplos planos setoriais que tratam de infraestrutura viária, planejamento urbano, transporte, espaços abertos e áreas verdes, educação e saúde. • Estabeleça marcos claros e mensuráveis para trabalhar em direção às metas de longo prazo, esclareça quem é responsável por cada ação e aloque os recursos de forma compatível.
	Planos de mobilidade	• Reconheça crianças, jovens e cuidadores como usuários dos serviços e espaços de mobilidade e promova suas necessidades específicas. Configure programas de contagem desagregados por atributos como gênero, status do cuidador e outros para coletar dados específicos. • Priorize a caminhada, a bicicleta e o transporte coletivo sobre os veículos particulares. • Reconheça o transporte multimodal e a necessidade de construir uma infraestrutura que permita o uso de diversas opções de meios de transporte. • Colete dados, disponibilize-os entre os órgãos e defina mecanismos para implementar e monitorar esse banco de dados. *Para mais informações, ver Managing Mobility Data.* • Exija que as escolas desenvolvam “planos de viagem” e criem mecanismos para monitorá-los; implemente as atualizações necessárias para melhorar os trajetos de ida e volta para a escola. • Defina programas para garantir rotas seguras para a escola e órgãos municipais para implementá-los. • Defina “ruas escolares” como ruas fechadas temporária ou permanentemente em frente a escolas e outras instituições e exija que os órgãos de trânsito as implementem. • Desenvolva políticas locais de estacionamento: remova o estacionamento mínimo e defina o estacionamento máximo para empreendimentos locais e estabeleça preços com base na demanda para vagas de estacionamento na rua. • Defina limites de velocidade em todas as ruas para maximizar a segurança de todos os usuários. • Designe áreas ou bairros exclusivos para pedestres. • Planeje a micromobilidade compartilhada fornecendo uma rede de espaços seguros e protegidos para andar, correr, entre outras atividades. • Defina onde os dispositivos de micromobilidade compartilhados devem ser usados. Assim como muitas cidades descobriram que as ciclofaixas protegidas proporcionam locais seguros para os ciclistas, restringir bicicletas e equipamentos semelhantes nas calçadas pode minimizar conflitos com os pedestres. • Aloque fontes de financiamento para projetos e programas que priorizam a mobilidade de crianças e cuidadores.
	Planos de mobilidade ativa e de transporte não motorizado	• Priorize a caminhada e a bicicleta. • Estabeleça uma visão e metas específicas para o planejamento e a implementação da mobilidade ativa. • Defina redes de pedestres e cicloviárias e áreas prioritárias para melhorias. • Tenha como referência os códigos e guias existentes ou novos que regulam a implementação e construção de infraestrutura.

Nível	Tipo de política	Ideias sobre o que procurar, alterar ou adicionar
Local	Planos de bairro	• Inclua a saúde e o bem-estar das crianças na visão geral e crie metas específicas que aumentem sua segurança nas ruas. • Incentive a combinação de usos e densidades mais altas perto do transporte coletivo. • Restrinja o estacionamento na rua e fora dela para liberar espaço para outros usuários. • Exija proximidade entre habitação, espaços públicos e serviços como playgrounds, escolas e centros de saúde para criar "bairros de 15 minutos". • Crie redes de mobilidade que reconheçam as necessidades de crianças e cuidadores e incentivem a caminhada, a bicicleta e o uso de transporte coletivo.
	Visão Zero, Safe Routes to School (Rotas Seguras para a Escola) e planos de segurança viária	• Estabeleça uma visão e metas que priorizem a segurança das crianças e as elevem como uma população prioritária. • Defina conjuntos de iniciativas, incluindo políticas, programas e projetos que aumentem a segurança de crianças e cuidadores nas ruas. • Defina espaços e ferramentas para envolver crianças e cuidadores durante o desenvolvimento e a implementação de planos. • Defina limites de velocidade em todas as ruas para maximizar a segurança para todos os usuários. • Defina campanhas que incentivem a mudança de comportamento dos motoristas. Use dados locais de segurança viária para comunicar sua urgência e importância. • Alinhe os diversos planos setoriais que tratam da segurança. • Estabeleça uma força-tarefa intersetorial para supervisionar e atribuir responsabilidades a cada órgão.
	Planos de sustentabilidade	• Reconheça e exalte os benefícios da caminhada, da bicicleta e do uso de transporte coletivo para fazer frente às mudanças climáticas e outras questões ambientais. • Priorize a infraestrutura para o transporte sustentável por meio da alocação de espaço viário e investimentos. • Identifique redes locais abrangentes de transporte coletivo e cicloviárias com a contribuição da comunidade e desenvolva um plano de fases e orçamento para implementação.
	Planos de mobilidade escolar	• Colete dados e analise os padrões de percursos da comunidade escolar. • Defina metas de transferência modal para aumentar a quota de usuários das opções de mobilidade ativa. • Crie estratégias de comunicação para informar os benefícios dos trajetos ativos às comunidades escolares. • Crie iniciativas educacionais para promover trajetos ativos.
	Códigos de zoneamento	• Restrinja, imponha, permita ou incentive determinados usos e densidades do solo, promovendo a proximidade entre residências e serviços e incentivando o uso de meios de transporte ativos. • Permita o uso do térreo em ruas comerciais ou de uso misto para estimular a vigilância natural e ambientes vibrantes nas ruas. • Defina regulamentos para rebaixo de meio-fio, estacionamento mínimo e máximo, frequência de entradas de edifícios e transparência do andar térreo, que podem influenciar diretamente a experiência dos pedestres. • Incentive ou exija a implantação de bicicletários e estacionamentos de carrinhos de bebês.

Nível	Tipo de política	Ideias sobre o que procurar, alterar ou adicionar
Local	Políticas e códigos do órgão de transporte coletivo	• Planeje rotas e locais de paradas de transporte coletivo convenientes e igualitárias, que atendam crianças e cuidadores, incluindo serviços durante todo o dia. • Estabeleça tarifas a preços justos, acessíveis ou gratuitas para crianças e cuidadores. • Revise a política de tarifas de transporte público e elimine práticas como transferências pagas, que tornam mais difícil ou caro para crianças e cuidadores usar o transporte coletivo. Elimine as tarifas para crianças e implante programas de tarifas gratuitas ou com desconto para outros usuários, de acordo com sua necessidade. • Defina velocidades máximas de deslocamento, especialmente em torno de escolas e outros equipamentos frequentemente usados por crianças e cuidadores. • Defina métodos para o posicionamento frequente de travessias de pedestres e semáforos nas redes de transporte coletivo. • Forneça padrões mínimos e orientações de projeto e posicionamento de paradas acessíveis de transporte coletivo, bem como de design de veículos de transporte acessíveis. Ofereça espaços maiores nas paradas e portas de embarque dos veículos para acomodar carrinhos e cadeirinhas de bebê. Forneça assentos confortáveis, sombra e proteção contra intempéries, além de iluminação adequada ao longo das rotas de transporte coletivo. • Observe que, em muitos casos, o transporte público pode ser regulamentado em nível regional ou nacional.
	Diretrizes, códigos e manuais de desenho de ruas	• Defina a geometria da rua: determine larguras mínimas para calçadas e faixas livres considerando as necessidades de crianças e cuidadores, forneça orientações e padrões mínimos para travessias de pedestres, estabeleça dimensões mínimas para ciclovias, defina larguras máximas para faixas de tráfego e raios mínimo e máximo para cruzamentos. • Defina os materiais locais permitidos, exigidos ou recomendados para superfícies e instalações. Forneça especificações conforme necessário. • Estabeleça padrões locais para espaçamento e níveis de iluminação pública. • Defina requisitos mínimos para arborização e paisagismo nas ruas. • Delineie possibilidades e requisitos para elementos autônomos e mobiliário em ruas e praças, considerando especificações como materiais e disposição, além de dimensões e espaçamentos mínimos. • Permita e incentive a criação de parklets e vagas de estacionamento para carrinhos de bebê ou bicicletas na rua.
	Guias de desenho de espaços públicos, praças, plantio e paisagismo	• Defina os materiais adequados para o contexto local e para garantir a acessibilidade e o conforto de crianças e cuidadores. • Oriente o plantio de árvores e a instalação de mobiliário, considerando o clima local, para criar um ambiente amigável às crianças. • Exija plantio de árvores e instalação de assentos mínimos. • Defina "zonas de descanso" e forneça diretrizes para instalações e comodidades que beneficiem crianças e cuidadores.
	Estatutos de pedestres	• Reconheça os direitos dos pedestres. • Reconheça crianças, jovens e cuidadores como pedestres com necessidades específicas. • Elimine todas as leis que criminalizam a caminhada e a bicicleta, como as leis de uso de capacete e de travessia fora da faixa de pedestres.
	Outras portarias locais	• Regule e aloque recursos para programas e projetos específicos, como "ruas abertas". • Concentre-se no desenvolvimento da primeira infância, fornecendo acesso a destinos de alta qualidade como creches, escolas e clínicas de bem-estar. • Exija a criação de espaços públicos que ofereçam oportunidades de brincar e interagir com a natureza para cuidadores, bebês, crianças pequenas e crianças mais velhas.

Nível	Tipo de política	Ideias sobre o que procurar, alterar ou adicionar
Regional e nacional	Medidas para crianças, famílias e mulheres	• Assegure o direito das crianças e dos cuidadores de se locomoverem com segurança e independência. • Assegure o direito das crianças de brincar e participar de projetos públicos e tomadas de decisão. • Assegure o direito das crianças de acessar os serviços e espaços da cidade. • Proíba a discriminação, especialmente de crianças, jovens e mulheres.
	Limites de velocidade	• Permita que os municípios estabeleçam limites de velocidade para maximizar a segurança de todos os usuários de todas as vias, incluindo as estradas estaduais e federais que passam por jurisdições locais.
	Políticas e códigos de mobilidade e trânsito	• Reconheça crianças, jovens e cuidadores como usuários dos serviços e espaços de mobilidade e promova suas necessidades específicas. Colete dados sobre os usuários da rua e do transporte coletivo desagregados por atributos como gênero, status do cuidador e outros. • Priorize a caminhada, a bicicleta e o uso do transporte coletivo sobre os veículos particulares ao definir políticas e requisitos de infraestrutura. • Defina as tipologias de ruas e determine os limites máximos de velocidade. • Certifique-se de que as estradas nacional e regionalmente designadas que passam por áreas urbanas não sejam projetadas de acordo com códigos rodoviários, mas adotem geometrias e velocidades de ruas urbanas. • Exija mecanismos para envolver crianças e famílias no desenvolvimento de planos locais de mobilidade. • Crie mecanismos financeiros para custear projetos locais que priorizem a segurança de crianças e cuidadores que usam as ruas. • Defina visões e metas nacionais para priorizar a segurança, a acessibilidade e o bem-estar de crianças e cuidadores que utilizam ruas e serviços de mobilidade. • Exija que órgãos estaduais e municipais alinhem as agendas locais. • Defina zonas de baixa velocidade, tais como zonas escolares, e exija que os governos locais as implementem. • Defina "ruas escolares" como ruas fechadas temporária ou permanentemente em frente a escolas e outras instituições e exija que os governos locais as implementem.

Apêndice D | **Exemplos de indicadores**

Coletar e analisar indicadores de projeto permite aos profissionais mensurar o impacto de seus projetos ao longo do tempo e comunicar seu sucesso a um público mais amplo, além de construir evidências e ajudar a refinar e atualizar as práticas, as políticas públicas e os processos locais. Cada indicador deve ser cuidadosamente selecionado com base nos recursos, na disponibilidade de tempo e na intenção do projeto. Nem todo indicador será relevante para todos os projetos ou contextos. *Para mais informações, ver capítulo 7.6 e Guia Global de Desenho de Ruas – Apêndice B.*

Mudanças físicas e operacionais

Categoria	Indicador
Infraestrutura para pedestres	• Porcentagem da rede com (ou comprimento total de) calçadas pavimentadas • Porcentagem da rede com (ou comprimento total de) calçadas de acessibilidade universal • Porcentagem de rede com (ou comprimento total de) calçadas com faixa livre de pelo menos 1,8 m de largura • Porcentagem de calçadas contínuas • Porcentagem de ruas com iluminação pública • Porcentagem de ruas sombreadas • Porcentagem de ruas com árvores e paisagismo • Quantidade de cruzamentos com travessias seguras de pedestres em todos os trechos • Distância entre as diversas travessias de pedestres • Distância/comprimento das travessias de pedestres • Porcentagem de travessias elevadas de pedestres e travessias com rampas de pedestres • Porcentagem de semáforos com fase adequada para travessia de pedestres • Aumento de permeabilidade e de opções de rotas de pedestres • Porcentagem de ruas com espaços de descanso e brincadeiras • Quantidade de elementos lúdicos e de aprendizagem adicionados • Quantidade de assentos adicionados • Área ou comprimento de espaços ou praças exclusivas para pedestres
Infraestrutura cicloviária	• Porcentagem da rede com (ou comprimento total de) ciclovias protegidas • Porcentagem da rede com (ou comprimento total de) ciclofaixas recreativas • Porcentagem da rede com (ou comprimento total de) vias cicláveis • Porcentagem da rede com (ou comprimento total de) infraestrutura cicloviária com pelo menos 2,4 m de largura • Comprimento total de rede cicloviária segura e conectada • Quantidade de cruzamentos protegidos para ciclistas • Quantidade de semáforos dedicados para bicicletas • Quantidade e densidade de vagas de estacionamento para bicicletas • Quantidade de estações de reparo de bicicletas, barras de apoio para os pés e para as mãos, sinalização orientativa e outras comodidades • Presença de sistemas de compartilhamento de bicicletas que atendem crianças e cuidadores • Distância entre estações de compartilhamento de bicicletas • Porcentagem de bicicletas compartilhadas com cadeirinhas • Presença de escolinhas de mobilidade locais para ensinar a andar de bicicleta
Infraestrutura de transporte coletivo	• Porcentagem da rede com (ou comprimento total de) faixas exclusivas de transporte coletivo • Porcentagem de paradas de transporte coletivo com embarque acessível • Porcentagem de paradas de transporte coletivo em áreas com fachadas ativas, uso público noturno e iluminação adequada • Porcentagem de paradas de transporte coletivo com comodidades básicas para proporcionar conforto e conveniência, como sanitários públicos e bebedouros • Porcentagem de paradas de transporte coletivo com horários, informações em tempo real e sinalização orientativa • Porcentagem da frota de transporte coletivo usando energia de fontes limpas • Existência de tarifas reduzidas de transporte coletivo • Porcentagem da frota de transporte coletivo com espaço a bordo dedicado para cadeiras de rodas, carrinhos de bebê e assentos prioritários

Categoria	Indicador
Arborização e paisagismo	• Quantidade de árvores plantadas • Área de infraestrutura verde • Área de piso permeável
Uso do solo	• Porcentagem de creches, escolas, mercearias e equipamentos de serviços de saúde localizados a 15 minutos a pé uns dos outros • Porcentagem de quadras com fachadas visualmente ativas, incluindo parques, praças e áreas verdes • Porcentagem de lotes vagos transformados em espaços públicos
Poluição sonora e do ar	• Presença de zonas sem buzina e sem veículos em marcha lenta • Presença de zonas de baixa emissão • Presença de regiões sem veículos ou zonas de acesso limitado
Velocidade e segurança viária	• Porcentagem de áreas de vizinhança caracterizadas como zonas de baixa velocidade • Porcentagem de ruas com limite máximo de velocidade de 30 km/h • Porcentagem de faixas de tráfego em ruas urbanas com 3 m de largura ou menos • Porcentagem de cruzamentos com raios de esquina reduzidos

Mudanças de uso e atividade

Categoria	Indicador
Pedestres	• Porcentagem de mulheres, gestantes, pessoas com deficiência, bebês, crianças pequenas e jovens entre os pedestres • Porcentagem de crianças que usam as ruas de forma independente • Porcentagem de crianças que vão para a escola a pé • Porcentagem de crianças e cuidadores que usam o mobiliário urbano • Porcentagem de crianças servidas por ruas com árvores e paisagismo • Porcentagem de crianças brincando nas calçadas (sozinhas ou juntas, de forma estruturada ou não) • Porcentagem de cuidadores envolvidos em conversas com crianças ou outras pessoas • Porcentagem de pessoas que consideram as ruas limpas
Ciclistas	• Porcentagem da população atendida por infraestrutura cicloviária • Porcentagem de mulheres e crianças entre todos os ciclistas • Porcentagem de crianças indo de bicicleta para a escola • Porcentagem de crianças entre os 10 e os 12 anos que se sentem confortáveis pedalando
Usuários de transporte coletivo	• Qualidade de serviço (frequência e pontualidade) • Tempo médio de trajeto pela cidade • Porcentagem da população atendida pelo sistema de transporte coletivo • Porcentagem de cuidadores que esperam por mais de 10 minutos em paradas e terminais de transporte coletivo • Porcentagem da receita despendida no transporte coletivo • Porcentagem da frota de transporte coletivo que usa energia de fontes limpas
Velocidade e segurança viária	• Velocidades veiculares médias • Porcentagem de todos os motoristas que obedecem aos limites de velocidade • Porcentagem de todos os motoristas que obedecem às regras de preferência dos outros usuários • Quantidade de crianças que são levadas de carro para a escola

Impactos resultantes

Categoria	Indicador
Qualidade do ar	• Concentrações diárias de $PM_{2.5}$, PM_{10}, NO_2 e outros poluentes atmosféricos • Porcentagem de crianças e gestantes frequentemente expostas à poluição do ar ambiente • Porcentagem de crianças com doenças respiratórias e crônicas • Porcentagem de veículos de baixa emissão
Segurança viária	• Taxas de mortalidade em ocorrências relacionadas ao trânsito (mortos ou gravemente feridos por 100.000 habitantes) • Quantidade de crianças mortas ou gravemente feridas nas ruas • Porcentagem de veículos em alta velocidade
Poluição sonora	• Porcentagem de crianças expostas a níveis de ruído acima do padrão de 55 dB • Redução dos níveis de ruído de veículos, incluindo caminhões
Saúde e doenças crônicas	• Porcentagem de crianças que praticam o mínimo diário recomendado de atividade física • Porcentagem de crianças que sofrem de doenças crônicas • Porcentagem de crianças e cuidadores que vivenciam interações sociais positivas
Segurança pessoal	• Porcentagem de cuidadores que se sentem seguros nas ruas • Taxa de criminalidade por 100.000 habitantes
Impactos ambientais	• Porcentagem de crianças e cuidadores em contato diário com a natureza • Biodiversidade
Acesso a serviços	• Porcentagem de crianças e cuidadores que levam até 15 minutos nos percursos até os serviços essenciais • Porcentagem de crianças que vivem a até 15 minutos de caminhada da escola • Porcentagem de crianças que vivem a até 10 minutos de bicicleta da escola • Porcentagem de crianças que vivem a até 15 minutos de caminhada de um parquinho • Porcentagem de crianças que vivem a até 10 minutos de bicicleta de um parquinho
Governança	• Porcentagem de mulheres em cargos de decisão responsáveis pelas políticas urbanas e de mobilidade • Porcentagem dos recursos municipais alocados para iniciativas de melhoria do ambiente construído em apoio a crianças e famílias • Presença de cargos de defesa da criança no governo municipal e regional
Programas	• Quantidade e frequência de eventos ao ar livre, como ruas abertas, ruas de lazer e ruas escolares • Quantidade de crianças e cuidadores atendidos pelos programas
Participação	• Quantidade de membros da comunidade, crianças e cuidadores que participam de reuniões públicas, audiências e atividades de sensibilização • Porcentagem de usuários satisfeitos com a infraestrutura de pedestres, cicloviária e de transporte coletivo • Porcentagem de usuários que se sentem seguros e confortáveis